이토록
영화로운
수업

이토록 영화로운 수업

초판 1쇄 발행 2025년 3월 28일

지은이 / 차승민

발행 / 케렌시아
인쇄 / (주)다해씨앤피
일원화 구입처 / 031-407-6368 (주)태양서적
등록 / 2021년 11월 18일 (제386-2021-000096호)
이메일 / niceheo76@gmail.com

ISBN 979-11-985243-6-2 (03370)

값은 표지에 있습니다.
저작권법에 따라 한국 내에서 보호를 받는 제작물이므로 무단 전재 및 복제를 금합니다.

차승민 지음

이토록
영화로운
수업

영화로 수업하는 교사를 위한 안내서

케렌시아

들어가며

영화는 매력적인 교육자료다.

자료로서 영화의 독특함 때문에 부담을 느끼면서도 영화를 수업에 활용하려는 이유는 영화만이 가진 매력 때문이다. 2시간이란 긴 분량을 가지고 있지만, 기승전결의 완결성이 있는 가장 접근하기 쉬운 경로의 예술 작품이다. 거기다 다른 어떤 예술 장르보다 콘텐츠가 풍부하며, 무엇보다 학생들의 넋을 빼놓기 충분한 몰입감을 주기에 이보다 더 매력적인 교육자료는 찾기 어렵다. 더군다나 지금 학생들은 어느 세대보다 영상에 익숙하고, 텍스트를 읽는 것보다 영상을 보는 것이 더 친숙하다. 잘만 활용하면 효과적인 교육자료로 쓰기에 매력은 차고 넘친다.

영화는 독특한 교육자료다.

이것은 영화의 예술적 가치와 수업의 가치 차이에서 오는 특성에서 나타난다. 영화는 그 자체로 예술적 완결성을 가진다. 하지만 수업에서는 그 지위가 좀 달라진다. 수업은 교사와 학생이 주고받는 상호작용으로 이뤄진다. 상호작용을 하려면 교사와 학생을 이어주는 공통의 연결점이 필요하다. 그것이 수업자료다. 수업은 교사의 발화에서 시작된다. 발화에 이어, 수업이란 틀 안에서 공통의 관심사를 끌어낼 자료가 자연스럽게 제시된다. 여기서 자료는 텍스트, 그림, 사진, 멀티미디어 자료 등 다양하다. 영화도 수업 안에 들어오면 하나의 수업자료가 된다. 그런데 영화는 덩치가 너무 커서 수업에 이용하기엔 부담이 된다. 영화를 다 보고 수업을 하기 위해선 다른 교육자료와 차별화된 접근과 수업설계가 필요하다.

영화는 고민이 필요한 교육자료다.
영화를 효과적으로 수업에 활용하려면 교사는 고민이 된다. 평소 일상적인 교수-학습의 방식으로는 영화를 수업 안에 담기 어렵다. 영화 수업을 위해선 몇 가지 절차를 밟아야 한다. 좋은 영화를 선정하고, 수업에 적용할 방법을 구안하며, 실제 수업을 통해 상호작용하고, 그 결과를 남기며 피드백한다는 점에선 일반적인 수업 형태에 영화를 통상적인 동영상 수업자료로 투입하는 것이라 여기겠지만, 이걸 하나하나 살펴보면 만만하지 않다. 무엇보다 고민되는 것은 수업으로 본 영화가 학생마다 다른 느낌과 이미지로 재구성된다는 점이다. 영화 본연의 메시지가 있더라도 학생의 삶과 경험의 편린이 영화와 결합하면 새로운 생각과 느낌으로 변주된다.
생각과 전혀 다르게 수업이 전개될 수도 있어서 의도하지 않은 결과가 나와 실망할 수도 있고, 의도하지 않은 방향이라도 교사와 학생이 힘을 합쳐 새로운 배움의 지평을 열 수도 있다. 매력과 까다로움, 거기에 어디로 전개될지 모른다는 불확실성까지 있지만, 평소 수업에서 느끼기 어려운 경험을 기대할 수 있기에 영화는 고민되면서도 복합적인 교육자료다.

  영화는 교사의 성찰을 돕는다.
  가르치고 배우는 것은 의외로 보수적인 활동이다. 그러기에 교사는 예측과 실현이 가능한 영역에서 수업을 구안하지만, 실제 수업에서는 예측 불가한 상황이 발생하는 경우가 많다. 이런 상황을 어떻게 대처하느냐에 따라 교사는 성찰의 기회를 가진다.
  영화를 감상하는 것만으로 성찰이 된다는 뜻이 아니다. 영화 수업을 통해 학생과 함께 감상하는 것은 맞지만, 이것으로 성찰하진 않는다. 좋은 영화를 선정하기에 선정된 영화에 내포된 예술적 혹은 의미의 가치가 낮지 않다. 그러나 영화 수업을 한다고 해서 교사가 반드시 성찰을 한다는 것은 아니다. 영화 수업을 설계하고, 영화를 선정하며 무엇보다 학생과 함께 보고 수업을 진행하는 과정에서 의도하지 않는 방향으로 갈 때 비로소 교사는 성찰의 관문에 선다. 영화 수업은 교사가 의도하지 않는 돌발 상황이 매번 생긴다. 영화를 보는 학생의 태도와 해석이 제각각이기 때문이다. 이때 교사는 예측한 수업의 방향과 전혀 다른 전개에서 새로운 가르침과 배움의 방식을 터득한다. 교사가 주도하던 평소의 방식과 달리, 교사 역시 새로운 상황에서 학생들과 머리를 맞대고, 함께 고민하며 보다 나은 혹은 다른 방식을 찾아가는 것이다. 교사와 학생이 가르치고 배우는 역할에서 잠시 벗어나 인간 대 인간으로서 서로 삶의 방식과 경험을 나누고 그 속에서 자신과 타인과 공동체를 돌아보는 경험을 할 수 있다. 예측하지 못했기에 어색함과 호기심이 공존하는 특이한 경험을 영화 수업을 통해 할 수 있다.

성찰은 스스로 돌아보고 정리하는 과정이다. 성찰은 일정에 맞춰 할 수 있는 것이 아니다. 의도하지 않은 상황에서 사고와 관념의 틀이 어긋나거나 깨질 때 혼란이 생기지만, 그것을 헤쳐가는 과정 자체가 중요하다. 여기서 성찰의 기회가 생긴다. 그러나 수업 상황에서 성찰까지 가기엔 쉽지 않다. 수업은 의도성이 강한 활동으로 교사는 사전에 수업의 방향과 형식을 설계한다. 하지만 영화 수업을 할 때는 예상하지 못한 곳에서 돌발 상황이 일어난다. 이것은 영화가 가진 예술적 매력과 시선을 잡아끄는 독특함 때문이다. 이때 영화는 우리 삶으로 깊숙이 들어온다. 정교하게 들어오는 것이 아니라 어설프게 느낀다. 영화 수업에선 우리 마음을 흔드는 이런 영화 장면이 언제 어디서 나올지 예측할 수 없다. 감상을 한 학생이 어떻게 받아들였는지 예상하기 어렵기 때문이다. 논리가 아닌 감정의 영역에서 더욱 그렇다. 이럴 때 성찰의 기회가 생긴다.

영화는 교사에게 유연함을 요구한다.

영화를 교육자료로 쓰기 위해선 좋은 영화를 선정해야 한다. 선정한 영화는 다시 수업의 자료로 가공해야 한다. 그렇다고 영화를 잘라서 수업 시간에 맞추면 온전한 감상이 어렵다. 이것은 전체의 내용을 한 책 읽기와 온 책 읽기로 접근하는 영화감상 수업의 본질에도 어긋난다. 긴 영상을 보기 어려워하는 지금의 학생들에게 장편 영화를 고수하는 것에 부담과 무리가 있는 것도 사실이다. 이런 교육 현장의 현실을 반영하면서도 영화의 가치를 교육적으로 승화시키기 위해선 보다 깊은 사유가 필요하다.

교사의 유연함은 여기에 필요하다. 사고의 유연함뿐 아니라 수업 상황 인식과 전개 방식 모두에 유연함이 요구된다. 한마디로 영화 수업은 '배가 산으로 가도 되는' 수업이라는 마음으로 해야 필요한 순간에 유연함이 발휘될 수 있다. 수업에서의 유연함은 교사로서 갖추고 싶은 매력적인 자세지만, 일상 수업에서 유연함을 발휘하기 쉽지 않다. 영화 수업은 공식적 교육활동과 잠재적 교육활동의 경계에 존재한다. 형식과 과정은 있지만, 정해진 것이 없는 형태의 수업 과정을 구안해보는 것이다. 4시간 혹은 그 이상을 할애하면서도 별다른 활동 구안 없이 즉흥적으로 진행할 수 있다는 것에 매력을 느끼는가?

이 상황에 매력을 느껴야 영화 수업은 가치가 생긴다. 이것을 시도하기가 불안하다면 무엇으로 해소할 수 있을까? 그 불안까지 없애줄 획기적인 교육이론과 방법은 나 역시 찾지 못했다. 그러나 20년 이상 좌충우돌하며 영화 수업을 한 기록인 이 책을 통해 다소나마 줄일 수 있기를 바란다.

차례

들어가며 ⋯ 5

제1장
영화가 교실로 온 까닭 _ 교육과 영화의 만남

영화로 수업한다는 것 ⋯ 15
영화 수업으로 변화하는 아이들 ⋯ 33
영화 수업으로 변화하는 교사 ⋯ 43
영화를 읽는다는 것 ⋯ 50
영화 읽기와 리터러시 ⋯ 67
영화감상과 독서 ⋯ 78

제2장
영화가 교육과정에 빠진 날 _ 영화 수업을 위한 준비

시간 확보하기 ⋯ 89
영화 수업의 법적 근거 ⋯ 97
영화의 주제와 교과를 연결하기 ⋯ 102

제3장

이보다 더 좋을 순 없다 _ 영화 수업 실천

어떤 영화를 선택해야 할까	⋯ 111
영화 수업의 일반적인 흐름	⋯ 124
감상 후에 하면 좋은 활동	⋯ 131
수업하기 좋은 주제별 영화	⋯ 147
영화 수업에 유용한 14가지 팁	⋯ 171

제4장

아이의 마음을 읽는 완벽한 방법 _ 영화로 읽는 아이의 심리

다툼을 보면 아이가 보인다	⋯ 183
오해와 갈등을 겪는 아이들	⋯ 199
현실을 극복하려 노력하는 마음	⋯ 222
친구를 사귀고 싶어 하는 마음	⋯ 232
어른이 되고 싶은 마음	⋯ 242

주제별 영화	⋯ 251
나오며	⋯ 396

1장

영화가
교실로 온 까닭

교육과 영화의 만남

이 장에서는 영상에 익숙한 아이들이 영화와 만났을 때 어떤 교육적 의미가 있는지 찾아본다. 교육적 의미를 찾는 것은 영화 수업을 어떻게 정의하고 분류하는지부터 시작해야 한다. 이것을 통해 영화가 수업으로 진행될 때 어디까지 할 수 있고, 어디까지가 한계인지 밝히고자 한다.

영화로 수업한다는 것에는 영화감상과 비평 그리고 제작의 영역을 다 아우른다. 영화 감상을 잘하면 비평과 제작도 잘할 수 있다는 것은 아니다. 감상과 제작은 영화라는 공통점이 있을 뿐 수업의 의도와 전개가 전혀 다른 분야다. 대신 비평이란 중간 영역은 감상과 제작을 연결해주는 고리가 된다.

영화가 가진 교육적 의미와 그것을 수업으로 구현했을 때 어떤 효과를 기대할 것인지 밝히고자 한다. 따라서 이 책에서는 제작의 영역은 다루지 않는다. 하지만 영화 제작 역시 교육적 활동으로 많이 활용되고 있어 그 의미가 무엇인지 대략적인 안내는 한다. 교육영화 제작에 관한 좀 더 깊이 있는 내용은 『세상에서 가장 쉬운 교육영화 수업』1을 소개하고 일부 발췌한다.

영화로
수업한다는 것

영화 수업의 교육적 가치

'영화는 교육적으로 가치로운가?'

아주 기본적이면서도 매우 어려운 질문이다. 비슷하면서도 약간 다른 텍스트인 책으로 이 문제를 비유해보자.

'책은 교육적으로 가치로운가?'

책 자체는 교육적 가치가 있을 수도 있고 없을 수도 있다. 책은 책일 뿐이다. 그것을 읽어야 비로소 그 안에 담긴 내용과 가치가 독자에게 들어온다. 그럼, 혼자 읽기만 하면 그것으로 교육적 가치가 있는가? 그것도 아니다. 책을 읽은 다음 스스로 읽은 것을 정리하고 내용에 관해 대화하거나 표현하는 것을 통한 타인과의 상호작용이 있어야 한다. 우리는 이것을 의사소통이라 하고, 이를 통해 지식과 감정의 이해와 교류가 생긴다. 수많은 독서 모임이나 동아리가 생겨나서 책을 읽고 내용에 대한 해석과 감정을 나누는 이유가 바로 이 때문이다.

그렇다면 아무 책이나 읽고 무엇이든 의사소통하면 교육적 가치가 있는가? 그렇지 않다. 성인이라면 스스로 혹은 모임이나 동아리에서 좋은 책을 선택할 수 있지만, 미성숙한 아이라면 발달 수준과 흥미를 고려해서 누군가가 골라주는 도움이 필요하다. 최소한 아이의 발달 수준에 맞는 몇 가지를 제시해주고 아이가 선택할 수 있게 해줘야 한다.

책이 교육적 텍스트라고 하는 데는 별 이견이 없다. 그러나 '영화는 교육적으로 가치로운가?'라는 질문에는 선뜻 가치 있다고 대답하기 어렵다. 물론, 좋은 책이 많듯이 좋은 영화도 많다.

하지만 영화 자체가 교육적인 가치를 지닌 자료라고 생각하기보다는 좋은 오락거리로 여긴다. 영화를 오락거리라 여기는 것에는 좋은 교육자료는 아니라는 편견도 있다. 이런 편견은 나쁜 의도에서 생긴 것은 아니다. 대부분 관객은 일상의 고단함을 스크린에 펼쳐지는 영화를 통해 푼다. 영화를 즐기는 것은 큰 지적 노력 없이도 가능하다. 다른 예술 장르에 비해 진입장벽이 낮고, 멀티플렉스 같은 극장으로 가는 접근성도 좋으며, 발달된 인터넷 환경 덕분에 극장을 찾지 않아도 가정에서 넷플릭스나 디즈니플러스 등 다양한 OTT(Over The Top) 서비스를 통해 접할 수 있다.

그렇다면 이런 편견은 왜 생겼을까? 결국, 영화는 오락물의 하나일 뿐 교육적 가치는 없다는 것이 상식으로 굳어졌기 때문이다. 교사 역시도 이런 편견에 자유롭지 않다. 영화를 의미 있게 보고 그것을 삶으로 돌아보는 활동을 해보지 않았기 때문이다. 이걸 다시 교육의 장으로 환류시켜 생각해보자.

영화가 주가 되는 수업을 해보지 않았기 때문일까? 영화가 주는 느낌과 감정을 자신의 경험에 비추어 표현해보는 기회가 없었기 때문은 아닐까? 영화가 주는 중요한 메시지로 아이들과 토의, 토론을 해보지 못했기 때문은 아닐까? 영화 수업에 대한 편견은 어떤 형태로든 수업의 장을 통해 검증해보지 않아서다. 하지만 분명한 것은 자율적 선택을 통해 영화로 수업을 한다면 책과 같은, 혹은 오히려 책으로는 할 수 없는 다른 수업 모습과 형태를 구안할 수도 있다. 궁극적으로 아이가 영화를 수업의 형태로 접하고 그 안에서 영화 읽기, 자신의 감정 정리, 선택 그리고 표현 활동까지 하는 수업을 기획하고 연출할 수 있다. 거기다 아이들이 좋아하고 재미있어하는 영화가 무수히 많다.

영화교육은 영화 수업을 전제로 한다. 더 세밀하게 말하면, 이 책에서 앞으로 영화 수업이라 함은 영화감상 수업을 말한다. 흔히 '영화교육'이라고 하면 아이들이 영화를 제작하는 데 필요한 제반 교육을 생각하며, 실제 영화교육 연구학교 등에서도 영화 제작에 중점을 두는 경우가 많다. 한마디로 영화 제작을 잘하기 위해서 영화감상은 보조 활동 혹은 사전 활동으로 여긴다.

하지만 나는 영화감상을 중심으로 하는 수업을 말해보려 한다. 영화를 수업 현장에 들여오고 함께 보며 그것을 통해 무언가를 표현하는 것을 통틀어 '영화감상 수업'이라고 말할 수 있다. 영화제작 수업이 가치가 없다는 것은 아니다. 수업의 방향과 다루는 분야가 다를 뿐이다. 이 책은 감상교육을 중점으로 풀어나가려고 한다.

영화가 교육적으로 가치가 있으려면 어떤 형태로든 수업이란 틀 안으로 들어오게 해야 한다. 영화를 수업의 중요 자료로 삼고, 교사와 아이들이 영화를 읽고 감정 교류와 표현의 기회를 가질 때 비로소 교육적 가치를 발휘한다.

아이들은 영상에 익숙하다

명탐정 코난, 뽀로로, 백설공주 등의 애니메이션을 아이들도 알고 있다.
아이들이 영상물에 많이 노출되어 있다.

앞의 문장은 영상물에 대한 긍정적인 시선이고, 뒤의 문장은 부정적인 시선이다. 두 가지 시선은 각각 충분한 이유와 근거가 있는데, 부정적인 시각이 더 우세하다. 하지만 과거보다 아이들이 영상물을 많이 접한다는 사실은 부정할 수 없다.

어린 시절 영상물을 접한 아이들은 영상 자체에 대한 거부감은 적은 반면 내용의 이해도는 날이 갈수록 떨어진다. 특히, 자극적이고 짧은 영상이 대세가 된 요즘은 5분 이상 넘어가는 영상도 지루해하는 아이가 많다. 종이 교과서가 디지털로 변화하는 시기인 만큼 영상이 교육 현장에 퍼지는 속도와 영향력은 갈수록 커진다. 나 역시 영화를 통한 교육을 주장하고 있지만, 이런 현실에 대해 걱정이 크다. 활자 텍스트의 가치를 누구보다 잘 알고 있는 교사들은 이런 현실을 우려한다. 활자를 구닥다리로 폄하할 수 없다. 영상이 아무리 정교해도 기억이 되려면 재구조화가 필요하다. 재구조화는 자기만의 해석을 통해 영상 속 정보를 자기의 이미지로 만드는 과정을 거친다. 자기만의 이미지는 기억 혹은 정보가 된다. 따라서 재구조화 과정이 없는 영상 시청은 교육적으로 큰 의미가 없다.

 그렇다면 대안을 찾아야 한다. 영화는 수업이란 과정을 통해 교육적 텍스트로 거듭난다. 영화는 다른 어떤 영상물보다 스토리 연결성이 탄탄한 서사구조를 가지고 있다. 이것은 수업을 통해 장기기억으로 연결할 기회를 제공해줄 수 있다. 교사는 이 과정이 어렵지 않다. 이미 활자 텍스트를 장기기억으로 저장하는 방법에 관해선 많은 연구가 되어 있고, 그것을 실현하는 것이 수업이다. 영화에 대한 편견을 줄이고, 교육적 가치를 부여하면 수업으로 연결하는 과정은 의외로 간단하다.

 그러기 위해선 수업하기 좋은 영화를 찾아야 한다. 영화는 상영 등급 혹은 관람 등급이 있어 관람 가능 연령을 구분하고 있다. 그러나 그것으로 교육적 가치까지 부여되는 것은 아니다. 영화를 교육적으로 이용하기 위해서는 교사의 교육적 선택이 필요하다. 교사는 수업의 성패가 아이들의 집중력에 달렸다는 사실을 잘 안다. 그래서 아이의 흥미를 끌기 위한 발문, 수업 방법을 개선하려는 노력을 많이 한다.

 영상물은 기본적으로 아이의 흥미를 끈다. 아이들이 알고 있는 만화 주인공들을 이야기하는 것만으로도 아이들의 수업 참여도는 매우 높아진다. 이유가 무엇일까? 많이 봐서 익숙하고 거기다 매우 흥미롭고 신나기까지 하기 때문이다.

 지금은 성인이 된 아들이 대여섯 살 때 TV를 너무 많이 봐서 걱정한 때가 있었다. 교사인 아내가 처음에는 아들에게 잔소리하며 TV 시청에 간섭했는데, 어느 순간 지쳤는지 아들과 같이 보기 시작했다. 그 모습에 어이가 없어 내가 옆에 앉아 잔소리하며 같이 보다 결국 가족 모두 TV 앞에서 히죽거리며 한참을 봤다. 그렇게 한동안 가족 모두 보다가 어느 순간부터 보지 않기 시작했다. 아들이 다른 놀이에 집중하며 TV를 멀리했기 때문이다.

거기서 두 가지를 배웠다. 첫째는 영상물이 중독성이 강하기는 하지만, 그 안에 포함된 가치나 메시지는 긍정적인 것이 많다는 것이고, 두 번째는 못 보게 하려고 제한을 둔다고 해서 영상물을 보고 싶어 하는 아이의 욕망 자체를 없앨 수는 없다는 것이다.

대부분의 아이가 학교에 입학하기 전부터 이미 많은 영상물을 봤다고 전제하는 것이 수업 설계에 유리하다. 물론, 영상물보다 책을 많이 접한 아이도 있다. 경험상 책을 잘 보는 아이는 영상물을 긍정적으로 보며 지나친 중독이나 탐닉의 증상은 잘 보이지 않았다. 영상물에 익숙한 아이에게 영화 수업은 좋은 영화를 찾아보고 영화를 읽는 능력을 기를 기회가 된다. 이런 과정을 거치면서 경험하는 영상 독해력은 활자를 기반으로 한 문해력으로 이어질 수 있다. 소설을 원작으로 한 영화를 보고 난 뒤 그 소설을 읽도록 한다면 쉽게 이해될 것이다. 영상의 특징을 이해하면서 자연스럽게 책에 접근하도록 할 수 있다.

영화는 긍정적인 효과와 부정적인 효과를 다 지니고 있는, 교육적으로 이중적 속성을 내포하고 있는 특이한 자료다. 이중적 속성을 가진 영화에서 교육적 효과를 뽑아내기 위해서는 교사의 교육적 역량을 발휘해야 한다. 그러려면 다른 교육자료보다 훨씬 깊이 있는 연구가 필요하다. 쉽게 접할 수 있고 누구나 접했던 것이며 교사와 아이 모두 익숙하다는 장점이 있지만, 교육의 장으로 연결하려면 쉽지 않은 어려움도 존재한다. 이것이 영화 수업이 대중화되기 어려운 이유 중 하나다.

쉽게 생각한 영화감상 수업이 실제 해보니 쉽지 않은 이유가 여기에 있다.

그렇다면 다시 고민이 생긴다. 수업자료는 차고 넘칠 만큼 많고 많은데, 다루기도 어렵고 수업으로 구안하기는 까다로우며 설정한 목표에 도달할지 장담할 수 없는 자료인 영화를 단지 아이들이 좋아하고 이미 많이 접해봤다는 이유로 수업자료로 활용하기에는 두려움이 생긴다. 영화 혹은 영상물에 대한 긍정적이고 부정적인 이중적 속성 앞에서 교사는 선택의 기로에 놓인다. 하지만 분명한 것은 부정적인 속성에 매몰되어 포기하기엔 영화가 가진 긍정적인 교육자료로서의 가능성이 크다.

활자를 기반하여 가르쳤던 전통적인 방식이 어려움을 겪고 있다. 하지만 활자의 가치는 죽지 않았다. 영상에 익숙한 아이들을 영상으로 시작해서 활자로 안내하거나, 최소한 자기 생각이나 느낌을 영상 언어 혹은 그와 유사한 다른 형태의 표현으로 나타낼 수 있도록 하는 수업의 설계가 필요하다. 그러기 위해서 교사의 인식 전환이 중요하다. 교사는 영화나 영상에 대한 긍정적인 면을 먼저 받아들여야 한다. 활자의 중요성과 영상의 부정적 측면을 고려해서 수업 설계를 해야 한다. 교과서의 지문 대신 영화를 보지만, 영화에 담긴 영상 언어를 이해하는 방법은 교과서에 나오는 지문을 해석하는 방식을 쓰는 것이다. 이것은 전통적인 수업 방식을 차용한다.

영화에 관해 잘 모른다고 해서 너무 걱정할 필요는 없다. 국어의 문학을 가르칠 때 교사는 소설가가 아니더라도 소설을 가르치고, 시인이 아니더라도 시를 가르칠 수 있는 것과 같다. 대신 해석의 주도권을 교사가 가져야 한다. 이런 과정을 거쳐야 영화가 가지고 있는 긍정적인 메시지와 영상물 자체를 좋아하는 아이들의 성향을 이용해 집중력을 높이는 수업을 설계하고 운영하는 토대를 마련할 수 있다.

함께 보는 것의 교육적 가치

영화가 그 자체만으로 교육적 가치를 지닌다고 말하기 어렵다. 그러나 수업의 형태로 교사가 선택하고 아이와 함께 보는 것이라면 교육적 가치를 부여할 수 있다.

영화 수업을 하면서 가장 늦게 알았지만, 깨닫고 난 이후 지금까지 가장 중요하게 생각하는 것은 바로 '함께 보기'였다. 무언가를 함께 본다는 것의 가치를 다시 한번 생각해봐야 한다. 함께 영화를 본다는 것은 수업 시간 교과서를 함께 읽는 것과 같다. 교사와 아이가 함께 본다는 것은 단순히 내용을 함께 파악하는 것보다 더 확장된 개념이다. 같은 공간에서 함께 영화를 본다는 것은 좀 더 강렬한 느낌이다.

친구나 연인과 함께 영화를 보고 영화에 관한 이야기를 나누며 자신의 감상을 정리해본 경험이 있을 것이다. 논리적인 언어가 아니라 감성적인 언어로 대화를 주고받으며 느끼는 감정의 교류가 수업 현장에서 구현될 수 있다는 것은 무엇보다 매력적이다. 점점 더 개인화되고 배려와 존중에 대해 무감각해지는 요즘 아이들에게는 교사와 함께, 그리고 다른 친구들과 함께 영화를 보고 그 느낌을 공유하는 것만으로도 훌륭한 수업이 된다. 특히, 학교폭력과 갈등이 심한 요즘 영화 수업을 통해 타인과 공감하는 일은 새로운 인성교육의 방법으로 연구하고 실행할 충분한 가치가 있다. 또한, 교사가 함께 영화를 보고 수업을 진행하는 것은 '영화 보는 것=노는 것=교사의 수업 방기'라는 공식을 허물 수 있는 가장 적극적인 교육활동이 된다.

'함께 본다'를 좀 더 들여다보자. 영화를 함께 보는 아이의 처지에서는 두 편의 영화를 보는 것과 같다. 하나는 영화 자체를 보는 것이고, 또 하나는 교사가 선택한 영화를 보는 것이다. 교사가 선택한 영화를 본다는 것은 수없이 많은 영화 중에 그 작품을 선정한 교사의 의도를 학생이 경험한다는 뜻이다. 교사의 의도는 영화를 설명하고, 안내하며 영화의 메시지가 잘 전달될 수 있는 교사의 활동을 통해 전해진다. 이것은 수업에 있어 매우 중요한 활동이다. 영화가 가진 본래의 내재적 가치나 메시지가 온전하게 아이들에게 전달되긴 쉽지 않다. 가치나 메시지를 감싸고 있는 영상적 자극 때문에 자칫 아이들이 잘못 해석할 수 있기 때문이다. 강렬한 장면이나 대사 하나 때문에 그 영화의 주된 가치나 메시지가 묻히는 경우가 허다하다. 이럴 때 교사의 설명과 안내는 영화의 주된 가치나 메시지가 왜곡되지 않게 하는 중심축이 된다. 교사 역시 영화에 대한 완벽한 해석을 전달하려는 강박은 버려야 한다. 주인공의 입장에서 왜 저런 말과 행동을 하는지 아이들에게 알리고 환기시키는 것 자체가 교육활동이다. 당시의 시대적 배경을 알려주거나 영화 속 환경을 함께 살펴보는 것도 괜찮다. 필요하다면 교사의 견해를 제시하는 것도 좋다. 아이들과 동등한 자격에서 의견을 제시한다면 일방적인 전달을 벗어나 교사와 아이가 서로 의견을 교환하는 좀 더 흥미로운 수업도 가능하다.

이런 활동은 평소 수업에서 볼 수 없는 독특한 분위기를 연출한다.

같은 공간에서 같은 영화를 보고 있으면서도 아이들은 자신의 해석과 선생님의 안내를 동시에 경험한다. 이것은 영화의 강렬한 영상 때문에 생기는 맥락의 오해를 줄일 수 있을 뿐 아니라 아이와 교사가 관객이라는 같은 처지에서 영화 속 이야기를 함께 여행하는 동반자의 느낌이 들게 한다.

그런 과정 속에 아이는 자연스럽게 영화의 바다에 빠져 이야기에 몰입할 수 있고, 교사는 어느 장면에서 아이들이 어려워하는지, 잘 빠져드는지를 파악할 수 있어 향후 수업의 방향이 예상치 못하게 진행된다고 해도 능히 그럴 수 있음을 받아들일 수 있다.

영화 수업은 한 책 읽기, 온 책 읽기와 같다

영화 수업의 교육적 의미와 가치를 '한 책 읽기'와 '온 책 읽기'로 설명할 때 교사나 아이가 가장 쉽게 받아들인다. 한 책 읽기란 말 그대로 반 전체 아이가 하나의 책을 선택해서 읽는 것이고, 온 책 읽기란 그냥 읽는 것이 아니라 책에 담긴 여러 가지 이야기를 생각해보며 눈과 머리 그리고 마음을 다 이용해서 읽는 것을 말한다. 영화 수업은 한 책 읽기와 온 책 읽기를 한 번에 그리고 동시에 활용할 수 있는 수업이다.

한 반이 한 책을 모두 다 읽으려면 상당한 시간이 필요하다. 한 책 읽기를 하고 나서 온 책 읽기를 시도하려고 하면, 학생 개인별 수준 차이와 먼저 본 아이들의 망각 때문에 온전히 되기가 쉽지 않다. 하지만 한 책 읽기와 온 책 읽기를 한 번이라도 시도해본 교사들은 한결같이 긍정적인 효과를 경험한다.

영화 수업이 인정받을 수 있었던 것은 한 책 읽기와 온 책 읽기가 국어 수업에서 교과서에 실릴 만큼 대중화되었던 것도 큰 영향을 줬다. 어부지리 같지만, 영화 수업에 대한 편견을 일거에 불식시킬 정도로 강력한 도움이 되었다.

한 책 읽기와 온 책 읽기 그리고 영화 수업의 가장 큰 강점은 기승전결의 서사를 다각적 혹은 입체적으로 접근할 수 있다는 점이다. 이것은 단순한 책 읽기, 영화 읽기를 넘어 리터러시(literacy)의 단계로 접근하는 큰 변환점이 되었다.

주인공의 처지에서, 주인공을 둘러싼 타인의 처지에서, 주인공과 타인을 바라보는 관객의 처지에서 혹은 주변 환경과 역사적 배경을 둘러보며 인물과 사건을 입체적으로 살펴보는 활동은 문학작품과 영화를 깊이 있게 들여다보는 의미 있는 기회가 되었고, 이것은 수업으로 인정받으며 영화 수업에도 큰 전환을 이루게 되었다. 황순원의 소설을 원작으로 한 영화 '소나기'나 '우리들' 등 몇 편의 영화가 국어 교과서에 수록된 것도 한 책 읽기와 온 책 읽기가 일상화되면서 생긴 모습이다.

'어떤 영화를 볼 것인가?'와 '얼마만큼의 수업 시간을 확보할 수 있는가?' 하는 문제만 해결된다면 영화는 훌륭한 읽기 자료로 활용할 수 있다. 교육과정 재구성 혹은 창의적 체험활동으로 확보한 4시간의 수업 시간으로 영화 수업을 해본다면 함께 책 읽기와 같은 교육적 효과를 거둘 수 있다.

아이와 교사 모두 성찰의 기회를 가진다

　오랜 기간 동안 영화 수업을 하기 위해 수많은 영화를 보았다. 수업용 영화를 선정하기 위해 수없이 많은 영화 중에서 보수적인 관점으로 160여 편을 선정했다. 영화 수업을 하다 보면 같은 영화를 몇 년에 걸쳐 계속 보는 경우도 있었다. 그러나 같은 영화를 보더라도 수업의 모습은 다 달랐다.

　영화 보는 과정은 단순히 스토리를 이해하고 내용을 분석하며 시사점을 찾는 단선형 구조로만 진행되지 않았다. 영화를 통해 수없이 많은 타인의 삶을 살펴보고 그것을 통해 자기 삶을 되돌아보았다. 옳고 그름을 따지기 전에 주인공이 왜 기뻐했고 슬퍼했으며, 왜 감동을 받고 위로를 얻었는지를 아이들과 함께 이야기했다.

　나는 아이들이 자연스럽게 영화 이야기를 할 수 있는 장을 마련했고 아이들은 자신이 느낀 것을 부담 없이 이야기했을 뿐이다. 기억을 되살려 잘 이야기하기 위해 감상평을 써보기도 했고, 인상적인 장면을 떠올리며 그림을 그려보기도 했다. 이 모든 과정은 영화를 통해 서로 감정을 주고받는 연습을 해본 것이다.

　점점 아이들은 고립되어 간다. 공동체의 삶을 지속하는 것보다 혼자 지내는 것이 더 유리하다고 여기는 아이가 늘어났다. 또 관계 형성을 어떻게 하는지 몰라 스스로 고립을 선택하는 경우도 있다. 하지만 이건 겉모습일 뿐이다. 고립되는 아이들의 내면은 불안으로 채워진다. 그런데 이걸 들키는 것도 두려워하기에 겉으로 드러내지 않고 감정과 생각을 숨기며 부정적인 타인의 평가를 받지 않을 방법을 찾으려 노력한다. 그런 자신을 숨기기 위해 겉으론 밝은 척, 센 척하지만 별 효과는 없다. 그것도 쉽지 않으면 포기하고 무력해진다. 고립되어 가는 아이들은 외로워진다. 그런 상황에서 감정을 주고받는 영화 수업은 고립되고 외로워하는 아이들의 돌파구가 된다.

감상에는 정답이 없다. 대신 자기 느낌과 생각을 솔직하게 드러낼 용기가 필요하다. 감상의 용기는 드러낼 용기다. 이것이 있어야 자신의 속마음을 드러내고 그걸 바탕으로 자연스러운 대화도 가능하다.

'자투라'를 보고 수업을 하던 중 철호(가명)가 특이한 발표를 했다.

"선생님, 이 영화에선 엄마가 나오지 않아요."

인상 깊은 장면을 말하는 활동을 하던 중 철호는 가족 영화인데 엄마가 없다는 것을 지적했다.

"맞아, 엄마가 없었어."

아이들이 웅성거렸다. '자투라'를 보고 형제의 갈등과 다툼 그리고 해결을 살펴보고 이야기를 나누는 수업을 설계했다. 그래서 보통은 영화 속 형제의 갈등과 실제 아이들 가정에서 생기는 갈등이 무엇이 같고 다른지 살펴보면서 형제, 자매, 남매에 대한 생각을 나누는 활동이 주를 이뤘다. 그런데 수업은 엉뚱한 방향으로 흘러 대니와 월터 형제에게 왜 엄마가 없는지에 관한 깊이 있는 토론이 갑자기 이뤄졌다.

철호는 평소 수업에 그리 집중력이 높거나 활동이 활발한 아이가 아니었다. 거기다 감정의 기복이 심해서 친구도 많지 않고 다소 고립된 외톨이 경향을 보였던 아이다. 하지만 그날은 달랐다. 철호가 의견을 제시하면 아이들이 맞장구를 치거나 반론을 제시했다. 내용은 엉성했지만 자세는 진지했고 신나는 분위기에 나도 아이들의 토론을 흥미롭게 경청했다. 무슨 내용으로 어떻게 결론이 났는지는 중요하지 않았다. 더 큰 반향은 그다음 날부터 생겼다.

철호는 아이들과 대화가 늘었다. 사실 철호는 부모는 이혼으로 아버지와 함께 살고 있었다. 철호에게 부모의 이혼은 깊은 상처가 되었다. 그런데 영화 수업에서 뜻하지 않게 부모의 부재에 대한 이야기를 친구들과 나눴고, 대니와 월터가 그렇게 싸운 것은 부모의 사랑을 받지 못했기 때문이라는 아이들의 견해에 철호는 마음 한편의 짐이 사라지는 느낌이 들었다. 다른 아이들도 철호를 대하는 자세가 달라졌다. 철호가 지닌 마음의 아픔을 영화 수업에서 본 것이다. 그건 철호가 직접 표현하면서 전달한 것은 아니다. 철호는 영화 속 주인공인 대니와 월터의 이야기를 한 것이다. 부모의 이혼이 자신에게 상처가 되었음을 담아 주인공의 입장으로 대신 말했을 뿐이다. 그런데 아이들은 이걸 읽었다. 영화를 읽고 철호의 말을 들으며 철호의 속마음을 읽었다. 그리고 철호를 이해했다. 이해가 되니 다툼이 줄었다. 철호는 마음의 짐을 덜어놓았고, 아이들은 철호를 있는 그대로 받아들였다.

영화 수업이 계속될수록 놀라운 일들이 벌어졌다. 아이들은 자신의 감정에 솔직해지기 시작했고 타인의 감정에 귀 기울이는 방법을 터득했다. 그런 아이들을 보면서 나 역시도 변화한다는 것을 느꼈다. 놀라운 경험이었다. '있는 그대로 보자', '느끼는 그대로 표현하자.' 이런 공감대의 형성은 서로 느낀 감정을 교류하는 것을 목표로 삼는 수업으로 발전했다.

나에게도 이런 경험은 특별하게 다가왔다. 자칫 무계획적으로 진행되거나, 별로 할 것이 없는 형태의 수업이라 망치지 않을까 하는 걱정도 있었다. 좋은 영화를 보고 이야기를 나누면 막연히 좋은 효과가 생길 것이라 여겼지만, 실제 겪어보니 그 효과는 상상 이상이었다. 영화 수업이 예상하지 못한 방향으로 흘러가도 어떻게 수습할지 걱정하기보다 아이를 믿고 진행해보기로 했다. 결국, 아이를 믿으려면 나 자신을 믿어야 한다는 것을 깨달았다. 그것이 영화 수업을 통해 얻은 성찰이다. 성찰은 아이와 교사 모두에게 동시에 일어났다. 아이를 믿는 교사를 통해 아이도 자신과 주변을 돌아보는 힘을 냈다. 그 과정이 돌고 돌아 서로 영향을 줬다.

물론, 한 번의 성찰적 경험이 모든 갈등을 한 번에 해소하지는 않는다. 삶은 영화가 아니듯, 또 다른 갈등이 생긴다. 하지만 성찰적 경험이 있었느냐 아니냐의 차이는 분명히 있다. 속이 빈 대나무가 곧게 뻗는 것은 단단한 마디가 있기 때문이다. 마디는 내실이 다져진 결과다. 겉으로 잘 보이지 않는 내실은 단단한 마디로 나타난다. 마디는 종결점이면서 새로운 시작점이다. 영화 수업을 통한 성찰은 튼튼한 마디를 만들어줬다. 마디는 아이들의 성장판 역할을 했다. 아이와 교사가 영화라는 매개체를 통해 서로 성찰을 돕는 기회는 영화 수업을 거듭할수록 늘어갔다.

영화 수업은 확장성이 있다

문학, 연극, 음악, 회화, 사진, 조각(건축). 영화에는 이 6가지 예술적 요소가 들어있는데, 복합적으로 섞여 있으면서도 영화라는 하나의 큰 덩어리로 묶여 있다. 각각의 요소를 간략히 알아보자.

먼저, 문학은 '이야기'로 해석하면 된다. 영화는 서사구조를 가진 하나의 이야기다. 그래서 모든 영화는 서사구조가 기본이 되는 드라마가 중심을 이룬다. 이야기는 흥미로우면서도 정교해야 한다. 그러기 위해 시나리오가 필요하다. 좋은 재료가 훌륭한 음식의 기초가 되듯, 좋은 이야기 구조는 좋은 영화의 기초가 된다.

다음은 연극으로, 배우들의 연기를 연극의 상황으로 보면 된다. 사실 영화는 연극과 많은 부분에서 유사하고 영화의 예술적 요소 가운데 연극은 가장 큰 비중을 차지한다. 관객은 배우의 대사를 통해 이야기의 중심인 사건의 구조를 파악하고, 표정과 억양 등 비언어적인 연기를 통해 다양한 감정과 표현을 읽는다.

영화의 예술적 요소 중 문학과 연극이 요리의 '주메뉴'와 같다면, 음악은 '주메뉴'를 풍성하게 해주는 보조 메뉴라 보면 된다. 음악은 독립된 예술 장르이지만, 영화에서는 영상을 보조하는 역할을 한다. 그래서 영화 음악은 관객의 몰입감을 높이거나 감정선을 더욱더 풍성하게 하여 더 큰 자극을 준다.

회화와 사진은 식탁과 같은 요소다. 음식을 차리는 식탁처럼 영화의 구성에서 바탕을 차지하는 요소다. 먼저, 회화를 보자. '미장센(mise en scene)'이란 영화 용어를 알면 영화와 회화의 관계를 이해하기 쉽다. 미장센은 무대 위에서 등장인물의 배치나 역할, 무대장치, 조명 따위에 대한 총체적인 계획이다. 영화의 화면 구성이 바로 미장센이고, 미장센의 기본 원칙은 회화의 기본 원칙에서 나왔다. 영화에서 필요한 가장 기본적인 회화의 원칙은 구도와 색감이다. 그래서 영화를 많이 보면 의도하지 않은 효과가 생기는데, 미술관에서 그림을 볼 때 어색하지 않고 익숙한 느낌을 준다. 그것은 영화의 화면 구성 대부분이 회화의 구도와 색감을 전제로 하기 때문이다.

  사진은 회화를 근간으로 좀 더 직접적으로 영화의 바탕을 이루는 요소다. 영화는 초당 24장의 사진의 집합체다. 자연스러운 모습으로 사진을 찍기 위해서는 연출이나 설정이 필요하다. 거기다 실제 모습과 화면의 모습은 다르기 때문에 그 역시도 조절해야 한다. 그래서 실제를 찍는 사진이 창작의 한 분야로, 예술로 인정받는 것이다. 회화보다 사진이 유리한 점이 있다. 재촬영으로 수정이 가능한 사진은 필요한 장면이 나올 때까지 찍을 수 있다. 감독은 원하는 장면을 찾기 위해 수없이 재촬영을 할 수 있다. 영화 속 배경(location)[1]은 영화가 가진 사진의 요소를 더욱더 풍성하게 해준다. 영화에 나오는 배경은 유명한 대도시의 멋진 곳이나 아름다운 풍경을 담고 있는 경우가 많다. 그것은 영화를 풍성하게 만든다. 특히, 대도시 랜드마크는 영화에서 배경으로 엄청나게 많이 나왔다. 영화 속엔 멋지고 아름다운 현지의 모습을 담은 장면이 무수히 많이 배경으로 나온다. 이것은 영화의 이야기를 풍성하게 해주기 위한 사진의 요소로 자연스럽게 연출할 수 있다.

  마지막으로 조각(건축)이 있다. 영화 속 장면은 평면으로 보이지만, 입체감 있게 나타내므로 조각적 요소가 있다. 영화와 건축의 공통점은 이렇게 생각해보면 된다. 건물의 창과 문을 어떻게 설계하느냐에 따라 이용하는 사람의 동선이 달라진다. 지금, 이 글을 읽고 있는 독자는 어디에 있는지 주변을 둘러보라. 어느 곳이든 상관없다. 자신은 원하는 대로 움직이고 있다고 여긴다. 하지만 관점을 조금만 달리해보자. 복

---

1 영화에서 로케이션(Location)은 제작된 세트를 벗어나 야외 촬영지에서 하거나 실제 현장에서 촬영하는 방식을 뜻한다. 현실감 있는 촬영을 위해 쓰인다.

도를 걷고, 계단을 오르내리고, 교실에 들어가며 심지어는 화장실을 사용하고 창문을 여닫는 것까지 자신의 의도대로 한다고 여기지만, 실제로는 그 건물을 설계한 자의 의도대로 움직인 것이다.

이걸 영화에 대입해보자. 영화도 연출을 통해 보여주고 싶은 것만 찍어 편집하여 보여준다는 점에서 건축적 요소가 있다고 할 수 있다. 관객은 자의적으로 영화를 보고 느끼며 해석한다고 여기지만, 실제로는 감독이 화면으로 보여주는 제한적인 정보를 해석하는 것이다. 영화의 장르 중에 다큐멘터리가 있는데, 이것은 실제 현실을 기반으로 하지만 감독의 의도가 그대로 들어있다고 볼 수 있다. 하나의 사건을 어떻게 해석하느냐에 따라 다른 결론에 도달한다. 미국이 자랑하는 서부개척사는 인디언의 입장에서는 부족의 수난사인 것처럼 말이다.

이렇게 각기 다른 6가지 예술적 요소가 한데 어우러져 영화라는 최종물로 관객에게 전해진다. 따라서 수업의 형태로 일관성 있게 학습활동을 꾸준히 하다 보면 영화를 통해 문학, 연극, 음악, 회화, 사진, 조각(건축)이라는 다른 예술적 경험을 자연스럽게 하는 효과가 있다.

예술교육에서 가장 중요한 것은 다양한 예술적 경험을 자연스럽게 해보는 것이다. 영화 수업은 기본적으로 영화를 읽고, 느낌을 말하고, 쓰고, 타인의 이야기를 듣는 과정이 주를 이룬다. 영화란 매개체 속에 6가지 예술적 요소가 있고 자기 느낌과 감정을 표현하기 위해 쓰고, 그리고, 표현하는 과정에서 영화 속에 포함된 예술적 요소를 자연스럽게 느낄 수 있고 표현할 수 있다.

영화 수업으로
변화하는 아이들

표현력이 늘다

오늘 6학년이 되어 처음 쓴 영화감상문과 마지막에 쓴 영화감상문을 비교하며 읽어보았다. 두 글을 읽으며 정말 놀랐다. 처음 쓴 글을 보고 너무 못 써서 놀랐고, 마지막에 쓴 글은 그 반대여서 한 번 더 놀랐다. 그러고 보니 이렇게 영화 수업을 하고 영화감상문을 쓰면서 나도 모르게 글 쓰는 실력이 정말 많이 늘었다는 것이 확 느껴졌다. 그래서 이번 영화 수업이 정말 도움이 많이 되었던 것 같다.

학기 초에 6학년 2반이 된 소감을 썼던 것을 보니 초등에서의 마지막 1년을 의미 있게 보내고 싶다고 했는데, 영화 수업과 미술 수업 등 새로운 것들을 해보아서 1년을 정말 의미 있게 보낸 것 같다. 1년 동안 소중한 추억을 많이 남기고 하루하루가 신나고 재밌었기에 지난 1년이 후회

되지 않는다.

그래도 중학생이 된 지금, 6학년 때가 많이 떠오른다. 수학여행 갔던 날. 전안 예술제 했던 날. 그리고 졸업식 등등 정말 알차고 바빴던 1년이었던 것 같다.

때론 정말 기억에 생생하게 남을 것 같은 1년. 1년 동안 소중한 추억을 만들어준 6-2반 친구들, 1년 동안 특별한 기회를 많이 주신 차승민 선생님.

정말 고맙고 감사했습니다.

- 2014년 6학년 김○○

네이버 카페인 '초등영화교실'엔 매년 아이들이 영화감상평을 적을 수 있는 게시판을 열어둔다. 일 년에 하나씩 열어주는데, 그 공간은 해가 바뀌어도 삭제하지 않고 놔둔다. 이전 학년에 남긴 선배들의 글은 그 뒤를 따라오는 후배들에게 희망과 용기를 준다.

아이들은 영화를 보는 것은 좋아하지만, 영화 속 이야기를 자신의 이야기로 연결해서 표현하는 것은 어려워한다. 아이들이 어려워한다는 것을 알지만, 그렇다고 해서 글쓰기 가이드를 주지 않는다. 이미 국어를 비롯해 교과 시간에 충분히 정리된 자료를 접했기 때문에 자유로운 표현이 가장 중심이 되어야 하는 영화감상 수업에서 정리된 가이드는 될 수 있으면 주지 않으려고 했다. 그런 면에서 선배들의 글은 글쓰기를 두려워하는 아이들에게 도움이 된다. 잘 쓴 글이 아니라 조잡한 (?) 첫 감상평에서 용기를 얻는다.

"작년 선배들이 처음 작성한 감상평을 보고, 가장 나중에 올린 감상평과 비교해보세요."

"여러분도 저런 글을 쓸 수 있습니다."

사실 감상평 쓰기는 처음부터 영화 수업에서 중요하게 생각한 활동은 아니었다. 수업 자체의 분위기는 자유로움을 유지했다. 감상은 자유롭게 할 수 있지만, 표현을 자유롭게 하는 건 그렇게 하라고 해서 할 수 있는 게 아니다. 표현은 연습이 필요하다. 물론, 교과수업 시간에도 배운 것은 어떤 형태로든 표현해야 한다. 실기 평가가 대표적인 예다. 고학년이 될수록 표현의 경험은 많음에도 실제 자신의 내면을 표현하는 것은 두려워한다. 그것은 정답을 찾으려고 하기 때문이다. 틀리면 안 된다는 생각이 강할수록 표현하는 데 두려움을 느낀다. 특히, 감상평을 적으라고 하면 더욱더 두려움이 크다. 그래서 글쓰기에 선행되어야 할 활동이 있다. 그것은 말로 표현해보는 것이다.

의사소통 능력이 신장되다

말을 잘하려면 잘 들어야 한다. 영화 수업 역시 마찬가지였다. 영화 자체를 잘 읽어내야 했다. 아이들의 영화 읽기는 논리적이지 않고 직관적이다. 그래서 서로 본 것을 퍼즐 맞추듯이 줄거리를 연결하고 빈 곳을 채우는 과정이 필요했다. 그런 다음엔 인상적인 장면을 말하고 자신의 느낌과 경험을 살려 이야기를 더 풍성하게 했다. 수업 시간에 영화 수다를 떠는 것이다. 그러다 보면 듣기 능력, 말하기 능력이 자연스럽게 신장되고 섬세한 관찰력도 생긴다.

하지만 처음부터 말을 잘하긴 어렵다. 거기다가 조리 있게 말하기는 더 어렵고 자신의 감정과 느낌을 살려 말하기는 더욱더 어렵다는 사실을 수업하면서 깨닫는다. '나도 발표를 잘하고 싶다.' 아이는 욕망이 생긴다.

"선생님 어떻게 하면 발표를 잘할 수 있나요?"

영화 보고 나서 자신의 생각과 느낌을 말할 수 있다면, 꼭 글로 표현할 필요가 없다고 했다. 하지만 정리하지 않은 상태에서 말하는 것이 어렵다는 것을 알게 된 아이들은 발표하기 전에 글로 쓰기 시작했다.

영화감상평 쓰기는 그렇게 생겨났다. 말하기를 잘하기 위해 쓰기를 활용했고, 잘하고 싶다는 욕망을 자극해 발표로 연결했다. 자기만의 독특한 생각을 표현하는 것은 욕망을 자극하는 불쏘시개가 되었다. 아이가 말하는 영화에 대한 느낌과 이야기 중에 재미있는 것에는 교사인 나부터 관심을 보여줬다. 아이가 표현을 먼저 하면 발표 자체는 그리 어렵지 않다. 교과 활동 시간에 잘 표현하지 않는 아이도 영화 수업에선 자기 생각과 느낌을 곧잘 표현했다. 정답을 잘 찾는 아이와 틀리지 않아야 한다고 생각하는 아이가 오히려 힘들어했다. 하지만 그 혼란은 그리 오래가지 않는다. '틀려도 괜찮아. 틀린 게 아니라 다른 거야', '새로운 것을 발견하면 그것부터 시작해서 새로운 이야기로 진행하자.' 영화 수업은 이런 암묵적인 규칙이 적용되었다.

토의나 토론할 것이 나오면 즉석에서 영화 속 장면과 상황을 꺼내 활동했다. 순전히 자기가 말을 잘하기 위한 것이지만, 상대방이 무슨 이야기를 하는지 듣는 능력도 늘어났다. 영화 수업은 자연스럽게 읽기, 말하기, 쓰기, 듣기 능력의 신장으로 이어졌다. 의사소통 능력의 끝판왕은 쓰기다. 한 편의 글쓰기가 된다는 것은 국어 능력이 종합적으로 학습되었다는 증거이며, 최종적으로 도달하는 학습의 결과다. 듣기와 읽기를 통해 정보를 획득하고, 말하기를 통해 표현한 것을 최종적으로 쓰기로 완결한다. 쓴다는 것 자체가 논리적이면서 정선된 활동이다. 말은 글에 비해서 비논리적이다. 또한, 말하는 중간에는 표정, 뉘앙스 등 비언어적인 표현을 사용하면서 말로 다 담지 못한 것을 보충할 수 있다. 들어주는 상대와 신뢰가 있으면 어색함은 줄어든다. 답이 없으니 표현은 자유롭다. 자유로운 상황에다 잘 표현하고 싶다는 욕망을 자극하면 유창한 표현으로 유도도 가능하다. 그러나 글은 다르다. 글은 쓰는 아이나 읽거나 듣는 상대 모두 얼마나 완결되었는지를 살핀다. 자유롭게 쓰라고 하지만 실제 자유롭게 써지지 않는 것은 글이 지닌 완결의 속성 때문이다.

이렇게 영화 수업을 통해 길러진 의사소통 능력이 감상문으로까지 연결되면, 또 다른 효과가 발생한다.

교과 수업의 이해도가 높아지다

아이들의 의사소통 능력이 높아지면서 뜻밖에 교과 수업에 도움이 되었다. 쓰기 능력 향상은 다시 듣고, 읽는 능력의 향상을 견인한다. 잘 쓰기 위해선 보다 정선된 경청의 듣기와 좋은 표현을 찾기 위한 읽기의 필요성을 아이 스스로 느낀다. 이것이 다른 교과에 적용되어 수업의 질이 높아졌다. 특히, 영화 수업은 학급 전체의 독해력과 의사소통력을 높여주는 효과가 있어 국어, 수학, 사회, 과학 교과서에 나와 있는 지문과 상황 등에 대한 이해도가 높아져 수업 효율이 향상되었다.

우리 반 선생님처럼 수업을 대충 하는 선생님은 없을 것이다. 하지만 우리 반 선생님 수업이 대충대충 진행된다고는 하지만 핵심은 빠지지 않는다.
중요한 건 예를 들어 쉽게 이해할 수 있도록 설명해주시고 핵심 포인트만 쏙쏙 잡아 중요한 것은 절대 놓치지 않는 수업이라고 할 수 있다.
차쌤의 수업은 아주 희귀한 수업이라고 할 수 있겠다.
선생님의 수업은 다른 곳에서는 절대 배울 수 없는 수업이다.

— 2012년 6학년 이○○

"공부가 쉬워졌어요."

영화 수업을 자주 하고 난 뒤 아이들은 공부가 쉬워졌다고 한다. 사실은 공부가 쉬워진 것이 아니라 아이들의 독해력과 이해력이 늘어난 것이다. 독해력과 이해력은 종합적인 문해력, 즉 리터러시 능력이 향상된 것이다. 독해력과 이해력의 바탕에는 영화를 볼 때 집중해서 보는 관찰력이 깔려있다. 관찰력은 듣고, 읽는 능력으로 전이된다. 관찰은 정보를 획득하는 능력이다. 관찰은 의도적이고 주의 깊게 해야 효과가 나타난다. 부산스럽다가도 관찰을 해야 할 때 자연스럽게 몰입하고 그 과정에서 대상의 본질이 무엇인지 파악하는 능력이 향상된다. 상대의 말을 듣는 것과 자료를 읽는 활동 역시 관찰과 같은 역할을 한다. 영화 수업은 자발적 흥미가 바닥에 깔려있을 때, 자기 이야기를 영화 속 이야기로 표현하려는 의도가 높을 때 더 효과적이었다. 의도적으로 주입한 것이 아니라 아이들이 능동적으로 참여하고 적극적으로 영화와 자기 이야기를 했을 뿐인데도 교과 수업에 대한 이해도가 높아져 갔다.

　아이들이 대충대충 수업한다고 느낀 것은 수업 내용의 핵심을 짚어 진행해도 충분히 이해가 되었기 때문이다. 실력이 늘어난 아이들은 표가 난다. 리터러시 능력이 향상되면서 글을 읽든, 영상을 보든 그 속에 담긴 핵심이나 내용의 본질에 빨리 접근하는 능력이 생겼다. 이런 능력은 여유를 가져온다. 배움의 과정에서 생긴 여유는 또 다른 효과를 낳았다. 그것은 자신과 타인의 삶을 돌아보기 시작했다.

타인의 삶을 보며 나를 돌아보고 친구를 이해하다

　영화 수업을 통해 아이들은 영화 속 상황과 주인공의 처지를 생각해 보고 그것을 바탕으로 자신과 친구, 가족 부모의 삶을 이해할 수 있었다. 대부분의 아이는 이런 접근을 영화 수업을 통해 처음 경험해보았다. 감상 후 영화 이야기를 나누면서 아이들은 '나만 그런 것이 아니었구나' 하는 것을 깨달았다. 영화 속 타인의 삶이었지만, 자기 삶과 전혀 다르지 않다는 것을 대화와 토의, 토론을 통해 자연스럽게 알게 된 아이들은 자신을 돌아보게 되었다.

　영화 수업은 자기중심적 사고에 머물러 있던 아이들에게 충격을 줬다. 그것은 교사인 내가 의도하고 설계해서 생긴 것은 아니었다. 자기중심적 사고에 갇힌 아이가 가장 먼저 충격받는 것은 영화 주인공들에서다. 찰스 디킨스의 장편소설을 영화화한 '올리버 트위스트'의 예를 들어보자. 아이들은 주인공 올리버의 삶과 상황을 보며 안타까워한다. 특히, 밥을 좀 더 달라는 올리버의 요구를 무시하는 것을 넘어 마치 큰 죄를 저지른 것처럼 벌주는 고아원 장면에 충격을 받는다. 왜 올리버가 밥을 더 달라고 말했는지, 왜 밥을 더 달라는 것이 죄악시되었는지 살펴보고 이야기를 나누면서 자연스럽게 아이들은 영화 이야기 속에서 자기 삶을 들여다보게 되었다. 주인공들의 감정에 대해 영화를 보고 난 후 다른 아이들과 의견을 나눴다. 이런 과정은 평소 생각을 달리하거나 이해하기 어려웠던 친구들과 공감의 교집합을 찾는 기회가 되었다. 정당한 것과 부당한 것의 차이와 자신과 타인에 대한 존중에 관한 의견을 주고받는 과정을 통해 공동체가 지향해야 할 가치에 대해서 함께 고민했다. 이것은 넓게는 민주시민교육의 기회였으며, 그 과정에서 지적 성장은 물론 정서적 성장도 할 수 있었다.

자유롭고 느슨하지만, 수업의 장에서 아이들은 점점 질서를 잡아갔다. 특별한 방법과 절차가 있는 건 아니었다. 그 과정에서 교사와 아이, 아이와 아이들 사이에는 미묘한 감정의 교감이 생겼다. 이건 수업하는 아이와 교사만이 느끼는 교감이다. 그러다 보니 다툼이 줄어들었다. 표현력이 늘어나니 주먹다짐이나 감정이 뒤틀려 수습할 수 없을 정도의 다툼이 벌어지는 일이 드물었다. 한 걸음 물러서서 감정을 추스르는 능력이 생겼다.

영화 수업을 통한 의사소통 능력의 신장은 아이의 삶 곳곳에서 긍정적인 영향을 미쳤다. 자신 있게 자기 느낌을 표현하면서도 상대방을 배려하는 방법을 익혔다. 실력이 늘어난 것이다. 실력은 지성으로 전이된다. 인성과 지성은 별개로 존재하지 않는다. 지성이 높아진 아이들은 인성도 향상된다.

눈빛이 변하는 아이들, 사춘기를 넘어서다

사춘기에 들어선 아이들은 겉으로는 밝아 보여도 속으로는 불만이 많다. 불만은 많지만 그걸 쏟아부을 만한 곳은 별로 없다. 어디 하소연이라도 하고 싶은데, 공부와 학업에 치이다 보면 이마저도 쉽지 않고 누군가 자기 뒷담화하지 않을까 하여 속마음을 털어놓는 것도 쉽지 않다. 안 그런 척하면서 다들 그러고 있다.

영화 수업은 아이들의 이런 속마음을 열어주는 공간이 된다. 영화 속 이야기라면 무엇이든 할 수 있고, 누구의 이야기든 들어줄 준비가 되어 있으니 말이다. 아이가 말하는 영화 이야기는 사실 자기 이야기지만, 자기 이야기를 한다는 생각은 하지 못한다. 하지만 듣는 아이는 찰떡같이 알아듣는다.

고민 속에 해결 방법도 스스로 찾는다. 영화 주인공이 고난과 역경을 어떻게 해결했는지 먼저 보여준다. 아이들은 그것을 찾아내고 감탄한다. 그리고 자기 삶을 돌아본다. 교사는 그 과정에 개입하는 것이 아니라 표현할 수 있도록 도와줄 뿐이다.

"왜 그렇게 생각해?"

"또 다른 이야기는 없니?"

아이들은 영화 속 이야기를 통해 자기 삶을 돌아보고 다시 다른 아이의 삶을 본다. 결국, 자기 삶의 이야기로 풀어내고 글로 쓴다.

영화 수업이 계속될수록 아이들의 눈빛이 변한다. 눈빛이 변하는 이유는 무엇일까? 자신과 타인의 삶을 이야기로 풀고 글로 쓴다는 건 인지와 지성이 발달했다는 증거다. 그것도 자발적 선택으로 시작했기에, 자신을 둘러싼 타인의 삶도 보이고 그 속에서 자신을 주체적으로 보기 시작하면서 눈빛이 변한다. 변한 눈빛은 자발성이며 이것은 주체적인 자신의 인식이다. 누가 시켜서가 아니라 스스로 해보려고 한다.

영화 수업이 계속될수록 마음의 상처가 치유된다. 마음의 상처는 어디에서 생겼을까? 어른이 아닌 아이들이 무슨 상처가 있겠냐고 여긴다면, 그건 아이를 몰라서 하는 소리다. 보통 10세 이후 아이는 정서적으로 부모에게 독립을 한다. 과거와 달리 지금의 아이들은 많은 혜택을 받고 풍요롭게 자라는 것 같아도 실제로는 많은 압박과 요구를 받는다. 그런 와중에도 정작 아이가 받아야 할 부모의 관심과 사랑은 받지 못하는 경우도 많다. 그것은 상처가 된다. 6학년쯤 된 아이는 아이 취급을 받고 싶어 하지 않는다. 그렇다고 어른으로 대하면 어색해한다. 겉으로는 어른스러운 척하지만, 내면의 아픔과 상처로 가슴 한가운데 구멍이 난 아이가 많다. 과거보다 더 많아지고 있다. 의도하지 않았지만, 영화 수업은 아이들이 자신의 아픔과 상처를 들여다보게 했다. 그 과정에서 혼란스러움도 있었지만, 적어도 아물지 않는 상처가 있더라도 덧나지 않게 한다. 자신의 상처를 부끄럽지 않게 바라보는 능력도 키운다. 나와 다른 상처가 있는 아이들이 자기 상처를 드러내는 것을 보며 용기를 얻는다.

'나만 그런 것이 아니었구나.'

아이들은 이런 느낌을 받으며 자신의 상처를 치유해간다. 영화 수업을 통해 그토록 부모와 교사를 힘들게 했던 사춘기를 극복하는 힘을 얻는다.

영화 수업으로
변화하는 교사

편견과 두려움의 벽에 서다

　내가 영화 수업을 처음 시작한 것은 1999년에서 2000년으로 넘어가는 시점이었다. 교사로서 큰 좌절을 맛본 뒤 가장 잘한다고 촉망받던 ICT 전문 교사의 길을 버리고 우연히 영화의 매력에 빠져 수업에 접목할 방법을 찾았다. 그 효과는 대단했다. 이건 영화가 좋아서, 내가 영화 수업을 잘해서가 아니었다. 운이 좋았을 뿐이다. 아이들은 영화를 좋아했고, 나 역시 영화에 빠져 수업에 쓸 영화를 찾느라 밤잠을 설쳐가며 보고 또 봤다.

　그로부터 몇 년의 시간이 흘렀고, 학급에서 몰래 하던 영화 수업을 정식으로 학급 특색 활동으로 하겠다고 선언한 후부터 학부모, 관리자, 동료 교사의 견제를 받았다. 견제는 직접적으로 대놓고 하진 않았지만, 대략의 맥락은 이러했다.

'영화 본다고 수업을 등한히 한다.'
'영화 본 아이들의 성적이 떨어진다.'
'괜히 이상한 수업 해서 학교 분위기를 이상하게 한다.'

대략 이런 견제는 영화 수업에 대한 편견과 선입견이 주를 이뤘다. 그땐 참 서럽고 힘들었다. 편견과 선입견의 벽은 크고 높아 보였다. 더 두려웠던 건 그런 편견과 선입견 앞에서 작아지는 나 자신이었다.

아무도 해보지 않은 것을 수업이란 이름으로 한다는 건 교육적인 정당성을 가져야 하는데, 누구도 대놓고 영화 수업을 응원해주진 않았다. 특히, 학교에선 교육과정에 의거해서 계획적인 수업을 해야 하는데, 검증되지 않은 영화 수업을 하는 교사를 공식적으로 인정해주는 관리자는 없었다. 공식적으로 인정해주진 않지만, 문제를 일으키지 않는 범위에서 묵인해줄 뿐이었다.

학부모의 견제는 더 직접적이었다. 학교에서 수업 시간에 영화를 보여준다는 것을 탐탁해하지 않았다. 성적에 관심이 많은 부모는 아이의 떨어진 성적표를 보고 교장실에 전화해서 항의하는 일도 있었다. 수업을 등한히 하며 영화를 본다는 이유였다.

관리자와 부모의 견제도 있었지만, 더 뼈아픈 것은 다른 교사의 견제였다. 영화 수업이 아이들에게 새로운 영향을 주기 시작하면서 혼자 튀지 말라는 동료 교사가 있었다. 영화 보는 것이 무슨 교육이냐며 힐난하기도 했다. 학부모들도 안 좋아한다고 걱정하듯 말해주는 선배 교사도 있었다. 근거가 무엇이냐고 물으면 말해줄 수 없다고 얼버무렸다. 나쁜 짓을 하는 것도 아닌데, 영화 수업이 비난받았던 이유가 무엇이었을까? 가장 큰 이유는 비교당한다는 걱정 때문이었다.

관리자와 학부모와 동료 교사의 견제는 편견 때문이었다. 그러나 편견보다 더 두려운 건 편견을 대하는 나 자신이 움츠러들고 무너지는 것이었다.

아이의 성장에 집중하다

견제 때문에 영화 수업을 포기하진 않았다. 그 이유는 무엇이었을까? 편견은 날카롭고 거대하게 보이지만, 의외로 구멍과 틈이 숭숭 뚫려있는 모래성과 같다. 새로운 것을 시도한다는 것은 결과가 검증되지 않았기 때문에 달리 생각하면 편견은 당연하다. 그렇다면, 결과로 검증하면 된다. 결과는 교육적이어야 한다. 교육적 검증은 아이가 성장하느냐에 있다. 하지만 성장을 결과의 증거로 삼는 데는 문제가 있다. 아이의 성장이 언제, 어디에서, 어떻게, 일어날지 모르기 때문이다. 그러기에 이걸 버틸 끈기가 필요하다.

영화 수업을 통해 아이가 성장한다는 나의 예측은 현실로 나타났다. 아이들의 수업 태도가 변한 것이다. 하지만 그것만으로는 성장의 증거로는 부족했다.

성장은 아름답기만 한 것은 아니다. 성장은 필연적으로 고통을 수반한다. 영화 수업을 하는 아이들은 성장을 위해 기꺼이 고통을 받아들였다. 그 고통이란 무엇인가? 어렵고 복잡한 것이 아니다. 자기 스스로를 들여다보고, 반성하며 실천 의지를 다지는 것이다. 그 실천이 무엇인가? 바로 태도의 변화와 제대로 된 공부의 시작이다.

자기를 조절하고 관리하는 태도의 변화는 수업의 시작과 끝을 지키고, 책상과 사물함을 정리하며, 공동체 생활에서 생기는 갈등을 해결하는 밑거름이 되었다. 이것이 관리자와 동료 교사들이 가진 의심의 눈초리를 완전히 거두진 못했지만, 상당 부분 누그러트렸다.

공부의 시작은 태도의 변화와 함께 일어났다. 특히, 사춘기가 되어 자녀가 부모의 말을 듣지 않아 갈등과 반목이 생겼던 가정에서의 변화가 놀라웠다. 시켜서 하던 공부에서 스스로 하는 공부의 가치를 알게 된 아이들은 부모의 편견을 불식시키는 데 결정적인 영향을 줬다. 이 모든 것이 오로지 영화 수업 때문인 것은 아니다. 하지만 아이의 성장에 가장 큰 영향을 준 수업임은 분명했다.

교사의 브랜드, 서사가 있는 교사가 되다

교사가 되고 나서 교육, 수업 등을 생각할 때 늘 근원적 고민이 있었다. 그것은 '무엇을 가르칠 것인가?'와 '어떻게 가르칠 것인가?'이다. 무수히 변천한 교육과정과 다양한 교수·학습 이론과 방법은 '무엇을'과 '어떻게'에 집중되어 있다.

그러나 간과한 것이 있다. 수업은 교사와 아이의 상호작용에서 비롯된다. 상호작용이 아이의 성장으로 연결되는 과정은 간단하지 않다. 기계적으로 묻고 답한다고 해서 상호작용이 긍정적으로 일어나는 것은 아니다. 그 속엔 신뢰와 믿음이 있어야 한다. 아이가 교사에 대한 신뢰와 믿음을 가져야 더 큰 효과를 발휘할 수 있다. 그러나 아이는 미성숙하다. 미성숙하다는 것은 자기중심성이 강하다는 뜻이고, 옳은 것보다는 익숙한 것, 해야 할 것보다는 재미있는 것에 관심을 더 기울인다는 뜻이다.

아이가 보기에 교사는 매력이 있어야 한다. 같은 것을 가르쳐도 매력이 넘치는 교사가 전달하는 것이 더 효과적이다. 매력은 단순히 외적인 요소에만 있는 것이 아니다. 물론 외모와 젊음 등 외적인 것이 처음엔 영향을 주지만, 그것으로 매력을 설명할 수 없다. 교사와 아이의 만남은 최소한 일 년을 지속하기에 외적인 것 이외에 또 다른 것이 필요하다.

그렇다면 교사의 매력에는 또 무엇이 있을까? 실력은 매력에 포함된다. 가르치는 실력은 딱히 정의하기 어렵다. 정의하기 어렵기에 우열을 가리기 어렵다. 실력을 계측하거나 수치화하기도 어렵다. 그렇다면 교사의 매력엔 또 무엇이 있는가?

열정이 있어야 한다. 가르치고 배우는 것은 기계적인 전달이 아니라 인간 대 인간의 상호작용이 전제된다고 했다. 열정은 교사와 아이 모두에게 필요하지만, 먼저 갖춰야 할 것은 교사다. 교사가 열정을 가지고 가르치면 좋다는 것은 누구나 알지만, 의무로서 열정을 강요한다면 효과가 없다. 교사는 가르치는 그 자체에 열정을 가져야 한다. 하지만 기나긴 시간 동안, 특히 나이가 들면서 젊음과 패기를 바탕으로 한 열정은 사그라진다. 나이가 든 경력 교사라고 해서 열정이 없는 것은 아니다. 젊음과 패기와 다른 또 다른 무언가의 열정이 존재한다. 그것은 무엇일까?

교사의 매력의 가장 큰 핵심은 바로 교사 자신의 서사(narrative, 敍事)다. 교사의 서사는 교사의 삶이 농축되어 담겨 있다. 그것이 아이에게 전달되는 것이다. 가르칠 내용을 잘 전달하는 수동적이고 기계적인 역할이 아니라 가르칠 내용이 이미 교사의 삶에 농축되고 응축되어 아이가 이해할 수 있는 삶의 언어로 구현되는 것이 교사의 서사다. 같은 내용이라도 서사가 있는 교사와 그렇지 않은 교사는 아이가 받아들이는 데 차이가 있다.

주변의 편견 속에서 시작했지만, 나는 누구보다 먼저 영화가 가진 가능성을 믿고 수업에 적용했다. 아이들은 내가 소개하는 영화를 본다. 어떤 영화를 소개하든 아이들은 믿고 본다. 지금 가르치는 아이들에게 꼭 필요한 메시지가 있다고 믿고 그것을 아이들에게 전한다. 영화에 담긴 메시지와 평소 학급에서의 상황을 연결하면, 왜 이 영화를 보는지 이유를 느낀다. 비로소 영화가 수업을 통해 학급의 삶으로 들어오는 순간이다. 더 깊은 이해를 위해 과거에 했던 다른 영화 수업에서의 경험도 내어놓는다. 필요하다면 내 과거 경험과 영화 속 상황도 결부시켜 수업의 장에 풀어 놓는다.

이것이 내가 했던 영화 수업의 모습이다. 그 과정에서 아이들의 시선을 사로잡고, 영화로 안내하며, 몰입할 수 있도록 유도하고, 영화를 본 뒤의 활동에서 아이들의 삶을 영화 속 상황과 결부시킬 수 있도록 먼저 나의 삶을 털어놓았다.

이것이 교사의 서사다. 나는 현재 최고의 영화교육 전문가로 불리고 있다. 영화교육 전문가는 나의 브랜드가 되었다. 나는 브랜드를 추구하진 않지만, 필요하면 이용한다. 목적은 영화 수업을 위해서다. 아이들이 교사를 믿게 하고, 그걸 지켜보는 학부모도 믿게 하며, 동료 교사와 관리자로부터 교육 전문가로 불리기 위해 브랜드가 필요하다고 여긴다면 적극적으로 쓴다. 나에게 브랜드는 영화교육을 소개하는 간판

일 뿐이다. 결국, 브랜드도 내 서사의 일부에 불과하다.

　교사의 서사는 기록으로 남는다. 무엇을 가르쳐야 했고, 왜 가르쳐야 했으며, 어떻게 가르쳤는지 기록을 남겨야 서사가 된다. 기록은 성공보다 실패가, 환희와 기쁨보단 단련의 아픔이, 드러난 성과보다 보이지 않더라도 성장의 고통이 담겨 있어야 가치가 있다. 그것을 가장 많이 읽는 독자는 기록을 한 자기 자신이고, 그 과정을 통해 교사의 서사는 깊이를 더 한다.

　서사는 무형의 기운으로 교사의 매력을 감싼다. 브랜드는 서사의 가장 핵심이 되는 무언가를 표상하는 하나의 상징이다. 편견에서 시작한 영화 수업은 오랜 기간을 단련하여 드디어 나의 서사가 되었다. 그것이 내가 발견한 영화 수업의 가장 큰 성과다.

　'무엇을 배우느냐? 어떻게 배우느냐?'

　이것은 교사의 시선이다. 아이의 처지에서 보면 더 중요한 것이 있다. 그것은 '누구로부터 배우느냐?'이다. 꼭 영화 수업, 영화교육이 아니더라도 가르치는 교사는 서사를 놓치지 않아야 한다.

영화를 읽는다는 것

영화교육은 다음과 같이 크게 세 가지로 나뉜다.

첫째. 영화를 통한 교육이다. 이것은 영화를 교재로 하거나, 영화를 본 다음 토론과 후속 활동을 하는 교육을 말한다.

둘째. 영화제작 교육이다. 이것은 영화를 제작하는 방법을 다루는 교육, 촬영 기법, 스토리 작성, 편집을 다룬다.

셋째. 영화에 대한 교육이다. 이것은 영화 자체에 대한 미학을 다루는 교육, 영화 역사, 비평과 평론 방법을 다룬다.[2]

앞서 언급했듯 이 책에서는 영화를 통한 교육, 즉 영화감상 수업을 중심으로 전개된다. 따라서 영화제작 교육은 크게 다루지 않는다. 『세상에서 가장 쉬운 교육영화 수업』에 현장 교사가 초중고 학생들과 정

---

2 구자경 · 이해중(2024) 세상에서 가장 쉬운 교육영화 수업, 푸른칠판. 16쪽

규과정 혹은 동아리 활동으로 영화제작 교육을 하며 작성한 기록이 있으므로 참고하기를 바란다.

영화 읽기의 시작은 시선 돌리기

 영화는 진입장벽이 가장 낮은 예술 장르다. 음악, 미술, 문학 등 다른 예술 장르에 비해 표현의 폭도 크고 확장성도 크다. 무엇보다 누구나 즐길 수 있다. 그래서 누구나 접하고, 접한 경험도 많다. 그래서 예술이면서 흔하게 소비된다. 그러나 엄연히 영화도 예술 장르이기 때문에 크든 작든 그 속엔 관객의 마음을 흔드는 의미가 들어 있다. 하지만 소비가 주목적인 관객이라면 말초적인 자극을 원하고, 그러다 보면 그 속에 들어있는 의미를 파악하기 어렵다.

"영화 한 편 보는데, 왜 진지해야 해요?"

이렇게 묻는다면 단호히 말한다.

"영화 수업을 하려면 좀 진지해져야 합니다."

 의미 있는 영화 수업을 하려면 영화라는 장르가 가지고 있는 고유의 특성은 알아야 한다. 그래야 그 속에 담긴 메시지가 무엇인지 찾을 수 있다. 걱정할 필요는 없다. 영화는 다른 예술 장르에 비해 진입 장벽이 낮다. 그래서 중요한 메시지도 어렵지 않게 찾을 수 있도록 해뒀다. 대신 시선을 달리 해야 한다.

 어린 시절 소풍에서 가장 즐거운 추억 중의 하나인 '보물찾기'를 떠올리면 된다. 찾는 아이는 엄청 힘들다고 생각하지만, 조금만 시선을 돌려보면 쉽게 찾을 수 있는 곳에 보물을 숨기기 마련이다. 핵심은 익숙한 것에서 이질적인 것을 찾도록 시선을 돌리는 것이다.

영화에 나오는 아이와 일상의 아이는 비슷하면서도 다르다. 영화 속 모습은 연출된 상황이다. 연출된 상황에서 아이의 모습은 하나 이상의 다른 이야기를 담고 있다. 이것을 찾는 것이 시선 돌리기다. 즉 영화에서 연출된 장면을 좀 더 깊이 관찰해서 이면의 이야기가 무엇인지 살피는 것이 시선 돌리기의 핵심이다. 영화 속 아이를 통해 현실의 아이를 보기 위해서 시선 돌리기는 반드시 필요하다.

장면과 맥락을 구분하여 영화 읽기

영화에서 장면과 맥락을 이해하기 위해선 미장센(mise en scene)과 몽타주(montage)란 영화 용어를 좀 더 깊이 이해할 필요가 있다. 영화는 초당 24장 이상의 연속된 사진의 집합체다. 사진은 그 자체로 완결성을 가진다. 한 장의 사진을 상상해보자. 사진 속엔 인물과 배경 그리고 구도가 배치된다. 색상과 소품들도 눈에 보인다. 미장센은 화면에 담긴 모든 배치를 뜻한다. 배치된 모든 것에는 의미가 있고, 의미 있는 배치가 설정된 한 장의 사진은 자체 완결성도 가진다. 미장센은 배치를 통해 장면을 표현하는 것이다.

각각의 완결성을 가진 사진은 이어 붙였을 때 비로소 이야기가 된다. 이것을 영상이라 한다. 영상을 어떻게 붙였느냐에 따라 다른 이야기가 나온다. 이것을 편집이라 한다. 글을 구성하기 위해선 문장과 문단을 배열해야 하듯, 영화도 인물과 대화와 장면을 어떤 순서로 이어 붙이느냐에 따라 이야기가 달라진다. 아무렇게 붙인다고 이야기가 되진 않는다. 그럴듯한 순서로 붙여야 하고, 이것을 맥락이라 한다. 영상을 편집하여 맥락 있는 이야기를 구성하는 것을 몽타주라고 한다.

한 장의 장면은 미장센의 원칙이 적용되고, 전체적인 이야기의 중심은 몽타주의 원칙이 적용된다. 그렇다면 영화를 볼 때 미장센과 몽타주 중 무엇이 먼저 보일까? 영화와 소설과 대화의 공통점은 이야기다. 그런 면에서 전체적인 서사와 이야기 구조를 다룬 몽타주가 먼저 보인다. 몽타주가 보인다는 것은 이야기의 맥락이 짚인다는 뜻이고, 이것은 눈과 귀로 들어오는 시각과 청각의 정보를 통해 머릿속에서 이야기가 재구성된다는 것을 의미한다. 이야기의 재구성은 감독의 의도한 대로 될 수도 있고, 아닐 수도 있다. 맥락을 이해했다고 완벽하게 이해하는 것은 아니다. 대략의 상황을 파악한 것이다.

몽타주가 보이고 난 뒤에 미장센이 눈에 들어온다. 이것도 대화의 상황을 유추해보면 이해하기 쉽다. 긴장된 상태에서 소개팅을 한다고 상상해보자. 떨리는 마음을 진정하고 대화를 이어가다 보면 평상심으로 돌아온다. 상대에게만 집중하며, 온 신경이 곤두서 있다가 안도감이 생기면 비로소 주위의 모습이 눈에 들어온다. 조명은 어떤지, 어떤 소품이 장식되었는지도 보인다. 미장센은 이런 것이다. 물론 소개팅 경험이 많다면, 자연스럽게 대화를 이어 나가면서 상대의 상태와 주변의 모습을 동시에 포착한다. 이것은 다시 이야기의 소재가 되어 더욱더 풍성한 대화가 되고, 만남의 성공 가능성을 높인다.

영화에서 몽타주와 미장센은 서로 물고 물리는 관계라 딱 떼어놓고 말하긴 어렵다. 특히, 개인적 성향의 차이로 어떤 이는 몽타주보다 먼저 미장센을 느끼기도 한다. 하지만 균형 잡힌 감상을 위해선 어느 쪽에 편향되어서는 곤란하다. 미장센을 앞세우면 장면이 강조되어 기억되는 반면, 전체적인 맥락을 놓치거나 왜곡할 수 있다. 몽타주를 앞세우면 장면의 미세한 차이를 알아채지 못해 대략의 흐름만 기억해서 이해했다고 생각하지만, 실제로는 중요한 정보를 발견하지 못하는 경우가 생긴다. 미장센을 강조하면 하나의 장면에 집착하게 되고, 몽타주를 강조하면 편집된 하이라이트와 전체의 차이를 구분하지 못하게 된다. 따라서 몽타주와 미장센이 균형을 이룬다는 것은 감상의 균형이고, 이는 곧 인식의 균형을 의미한다.

이것을 현실에 대입해보자. 우리는 끊임없이 관계를 맺으며 살고 있다. 관계 형성은 말과 글을 통해 이뤄진다. 말은 대화로 상대와 관계를 맺고, 글은 독서로 이어지고 이것은 저자와의 대화다. 대화는 현실 상대와 소통하는 것이라면, 독서는 과거 혹은 눈에 보이지 않는 저자와 소통하는 것이다. 대화가 말하고 들으며 이해하는 것이라면, 독서는 읽으면서 이해한다는 차이만 있을 뿐 장면과 맥락의 균형 즉, 인식의 균형은 여기서도 필요하다.

좀 더 자주 일어나는 대화의 상황으로 예를 들어보자. 대화를 해보면 논리성과 유창성을 통해 상대의 깊이를 알 수 있다. 그런데 잘 살펴보면 논리적으로 대화했다고 생각하지만, 녹음해서 다시 들어보면 비논리성이 더 많음을 알 수 있다. 유창하게 말하고, 귀 기울여 들었다고 해도 말은 글과 다른 특성 때문에 말한 사람의 의도를 듣는 사람이 충분히 이해하지 못할 수 있다. 이것은 대화의 즉시성과 비논리성을 보여준다. 장면과 맥락이 뒤죽박죽 섞여 대화를 하더라도 대화 자체는 이뤄진다. 토론이 아닌 이상 평상의 대화는 각자 하고 싶은 말을 하고

들을 때도 별다른 능력이 필요 없다. 잡담이라 불리는 이런 대화는 지속 가능하고 심지어는 그 자체를 즐긴다.

현실에선 장면 하나에 두 개 이상 혹은 더 많은 맥락이 연결된다. 대화하면서 장면 하나를 가져와 딱 부러지게 설명하면 시원하고 옳아 보인다. 여기다 관련 이론과 증거 그리고 전문가의 견해도 첨부하면 진실처럼 들린다. 그러나 다른 견해의 맥락이 배제된 장면만 해석하는 것은 편견과 오해를 가져오고, 이것은 편향으로 발전한다. 편향은 확신을 가져온다.

영화를 올바로 감상하고 그 속에 담긴 아이의 이야기를 편견 없이 받아들이기 위해선 자기 내면의 편견과 편향에 직면해야 한다. 영화에 나오는 주인공의 말과 행동 중에서 혐오하고 싫어했던 모습을 보면 본능적인 거부감을 느낀다. 하지만 조금 더 지켜보면 주인공의 부정적인 모습이 자기 모습과 별반 다르지 않다는 걸 발견한다. 믿고 싶지 않아 부정해보지만, 부정할 수 없는 순간이 다가오면 참을 수 없는 부끄러움이 몰려온다.

깨어있는 지성은 대단하고 특별한 것이 아니다. 체면을 차릴 줄 알고 부끄러움을 아는 염치(廉恥)를 가지는 것부터 시작한다. 자기 모습을 있는 그대로 받아들일 수 있는 마음가짐과 태도가 행동으로 나타날 때 지성은 인성으로 연결된다.

그렇다면, 장면과 맥락을 영화 속에서 어떻게 볼 것인지 본격적으로 풀어보자. 있는 그대로 보되, 이면의 맥락은 어떤 장면과 연결되는지, 장면은 어떤 맥락이 묶였는지 살펴본다.

선입견과 뒷담화를 통한 영화 읽기

선입견이 좋다고 하는 사람은 없다. 하지만 선입견이 없는 사람도 없다. 선입견은 본능이기 때문이다. 선입견이란 무엇인가? 타인과 연결된 대화와 관계 속에 얻은 언어적·비언어적 정보를 과거의 경험을 바탕으로 자신만의 해석을 하는데, 이것을 선입견이라고 한다.

선입견 자체는 옳고 그름을 판단할 수 없다. 과거 경험을 바탕으로 새로운 상황을 받아들이기 위해 좋은 것은 취하고, 불쾌한 것은 배제하기 위한 본능적인 행위다. 선입견 자체가 나쁜 것은 아니라고 해도, 잘못 해석하거나 판단했을 때 오는 불이익은 자신이 감수해야 하므로 선입견이 틀리지 않음을 확인하는 작업을 해야 한다.

그럼, 무엇으로 자신의 선입견을 검증할까? 관련된 책이나 검증된 정보를 찾아보며 확인하는 것이 가장 좋지만, 일상의 사건과 상황은 그럴 시간적 여유를 주지 않는 경우가 대부분이다. 그렇다면 찾아야 한다. 그것이 무엇일까?

놀랍게도 그것은 뒷담화다. 선입견과 마찬가지로 뒷담화도 떳떳하게 드러내고 하지 않는다. 또 뒷담화를 안 하는 사람도 거의 없다. 뒷담화 역시 선입견처럼 본능적인 불안에서 오는 자연스러운 행위다. 물론, 뒷담화는 비밀 유지가 필요하다. 그러려면 사건과 상황에 대한 자신의 해석이 맞는지 검증해줄 안전한 동료나 친구도 필요하다.

안전한 상대와 뒷담화는 평소 마음에 품었던 생각에 상상력을 더하고, 거기에 또다른 의미를 부여하기도 한다. 상대의 경험과 선입견이 더 버무려지고 하나의 사실은 또 다른 갈래의 해석을 낳는다. 즉 진실이 아닌 것을 기반으로 검증과 판단을 한다. 뒷담화 과정에서 생긴 의 혹은 자의적인 근거와 주변의 호응으로 이어지고 그 바탕 위에 또 다른 검증과 판단을 한다.

선입견과 뒷담화 자체에 대한 좋고 나쁨의 판단을 잠시 미뤄두면 예상하지 못한 점도 발견한다. 선입견은 과거의 불쾌한 경험을 다시 당하지 않도록 사전에 경보를 주는 역할을 한다. 선입견으로 얻은 정보가 의외의 역할을 할 때가 있다. 자신에게 있는 불안을 누그러뜨리는 때로 뒷담화가 불확실한 자기 불안을 해소시키는 순간이다. 자라 보고 놀란 가슴이었는데, 뒷담화를 통해 자라와 비슷하게 생긴 솥뚜껑이었다는 사실을 알게 된 격이다.

특히, 동료나 친구의 친밀도에 따라 해석이 달라지는데, 상대와 얼마나 비밀을 공유할 수 있느냐에 따라 해석이 다를 수 있다. 해석의 기반은 논리적이지 않기 때문이다. 긍정적으로 해석하면 불안을 줄이는 데 도움이 되는데, 부정적으로 해석하면 오해의 근원이 된다.

부정적으로 해석할 경우 선입견과 뒷담화는 편견과 차별의 밑거름이 된다는 점에서 좀 더 주의를 기울여야 하지만, 그 위험성은 비밀스러운 관계일수록 간과된다.

선입견과 뒷담화가 긍정적인 방향으로 전개되어 불안과 갈등을 해소하거나 누그러뜨리면 좋지만, 반대 방향으로 흐른다면 또 다른 국면이 전개된다.

공정하지 못하고 한쪽으로 치우친 생각이란 뜻의 편견과 그것을 바탕으로 등급이나 수준을 나누어 차이를 두어 구별하는 것인 차별은 선입견과 뒷담화의 부정적인 결과물이다. 선입견과 뒷담화와 달리 편견과 차별은 그 자체로 부정적인 요소이자 행위다. 편견이 부정적으로 치우쳐 잘못된 생각의 판단 근거가 되는 것이라면, 차별은 부정적 견해가 실제 행동으로 나온다는 점에서 더 조심해야 한다. 선입견과 뒷담화가 자연스러운 행위라 했듯, 편견과 차별도 자연스럽게 그리고 부지불식 간에 튀어나온다. 아무 생각 없이, 자기도 모르는 사이에 차별적 말과 행동이 불쑥 나올 수 있다는 점이 편견과 차별의 진짜 무서움이다.

이런 면에서 편견과 차별은 누구나 하면 안 된다고 생각하지만, 의외로 쉽게 빠져드는 데는 이유가 있다. 편견과 차별을 하는 쪽에서는 선입견이란 날카로운 눈썰미로 포착해서, 뒷담화라고 하는 합리적인 해석 과정을 거친 정당성을 가졌다고 여기기 때문에 자신의 편견과 차별적 행위를 쉽게 합리화한다. 하지만 편견 역시 겉으로 드러나지 않고, 차별적 행위 역시 점진적으로 이뤄지기 때문에 무엇이 편견이고 어떤 것이 차별인지 스스로는 규명하기 어렵다.

영화 읽기는 선입견과 뒷담화, 편견과 차별이 관객이 자신에게 얼마나 자연스럽고 폭넓게 내재하여 있는지 알 수 있는 리트머스지와 같다. 왜 그런지 하나씩 살펴보자.

영화를 보는 것은 스크린에 펼쳐지는 타인의 삶을 엿보는 행위다. '엿본다'고 하니 나쁜 행위처럼 느껴지지만, 엿보기도 본능의 영역이다. 이것에 대해 옳고 그름을 잠시 접어두고, '왜 타인의 삶을 훔쳐보려고 하는가?'에 집중해보자.

인간은 타인의 삶에 관심이 많다. 타인의 삶과 상황은 그 자체로 끌림이 있다. '다른 사람은 어떻게 살고 있지?' '나만 이렇게 살고 있나?' 관객은 스크린에서 펼쳐지는 타인의 삶을 통해 모르는 것을 알기도 하고, 위로받기도 한다. 하지만 영화 속 삶이 아름답지만 않다. 타인의 삶을 안다는 것은 몰랐던 것을 알면서 무서움과 공포도 생긴다.

스크린 안과 밖은 다른 세상이다. 스크린 밖의 관객은 스크린 안의 세상을 볼 수 있지만, 스크린 밖으로 피가 튀어나오지 않는다. 그래서 관객은 안전한 상태에서 스크린 안의 타인 삶을 볼 수 있다. 그래서 영화 보기는 일종의 관음(觀淫)적 행위다. 영화 보는 것은 훔쳐보는 쾌감은 있으되, 관음에서 오는 죄책감을 줄일 수 있으니 타인의 삶을 안전하게 볼 수 있다는 점에서 큰 매력이 있다.

영화는 사건과 상황을 입체적으로 보여준다. 관객은 관찰자의 시점으로 영화를 보며, 사건과 상황은 물론이고, 대사와 표정 그리고 뉘앙스까지 포착해서 받아들인다. 물론, 다 받아들이지는 않는다. 이해하고 해석한 것 중에 필요하고 원하는 것만 가져간다.

그러기에 극장 문을 나서는 모든 관객이 본 영화에 대해 공통된 생각을 하지 않는다. 같은 장면을 보더라도 얼마나 받아들이고, 어떻게 받아들였는지의 개인차가 존재한다. 즉 관객은 보고 싶은 것만 본다. 특히, 상영된 영화는 관객의 것이고, 해석 역시 관객 자신의 주관성이 더 깊게 관여된다.

복선 찾기와 영화 읽기

평화로운 카페에 한 쌍의 남녀가 앉아 이야기를 나누는 장면을 상상해보자. 커플은 무슨 이야기를 나누고 있을까? 대화의 당사자가 아닌 다음에야 무슨 이야기를 하는지 알 수 없다. 장면을 파악하려면 맥락이 중요하다. 커플 사이에 무슨 이야기를 하는지 알아야 맥락을 이해할 수 있다. 어떤 관점에서 보느냐에 따라 정보는 자의적으로 해석된다. 따라서 관점에 따라 다양한 맥락이 나올 수 있다.

한 쌍의 남녀가 마주 앉아 차를 마시는 장면의 맥락은 몇 가지로 나올까? 남자가 바라보는 여자 이야기, 여자가 바라보는 남자 이야기, 그 둘을 접대하는 점원의 이야기, 저 높은 곳에서 모든 것을 다 알고 있는 신의 눈으로 보는 전지적 작가 시점의 이야기까지 나올 수 있다. 관점을 달리하면 장면은 다양한 맥락을 가진 이야기로 전개된다.

이야기는 전개 방식에 따라 드라마, 액션, 로맨스, 스릴러, 공포, 코미디, 판타지 등 다양한 장르로 분위기를 바꿀 수 있다. 초등학교 교실에서 흔히 있는 남자아이와 여자아이 사이에서 벌어지는 이성 교제의 예를 들어보자. 학교에서 누가 누구에게 고백하고 사귀게 되었다고 하자. 아이와 부모와 교사는 이 상황과 장면을 각각 다르게 해석한다. 이성 친구를 대하는 아이는 로맨스라고 여기지만, 바라보는 부모는 불안과 걱정을 넘어 아이가 부적절한 행동을 할지 모른다는 상상이 더 해지면 공포로 느끼기도 한다. 하지만 담임교사는 코미디로 여긴다. 왜 그럴까?

장면은 시점에 따라, 전개 방식에 따라 맥락이 뒤엉킨다. 맥락 역시 장면의 순서만 바꿔도 전혀 다른 의미로 전달된다. 사실이 진실일 수도 있지만, 사실이 모두 진실이 아닐 수도 있다. 우리 일상을 돌아보면 누구의 관점에서 보느냐에 따라, 이야기를 어떻게 전개하느냐에 따라, 장면을 어떤 순서로 편집하느냐에 따라 맥락이 전혀 다르게 해석되지 않는가? 분위기에 따라 장면과 맥락은 서로 다른 장르로 표현되고 해석하며 입맛대로 소비하지 않았는가? 그래서 일상이 곧 영화의 상황과 다를 바 없다.

　일상에서 사람들은 무수히 많은 관계를 맺고 그 과정에서 맥락이 발생한다. 우리는 매일 누군가를 만나고 만남은 필연적으로 크고 작은 사건과 상황을 만든다. 만남에 있어 대화는 필수다. 대화는 상대와 말을 주고받는 행위이지만, 말만 전달하지 않는다. 표정, 어투, 뉘앙스, 몸짓 등 말과 함께 다른 비언어적인 요소도 전달하고 전달받는다. 가벼운 대화든, 주제가 있는 토론이든, 대화는 기본적으로 논리성을 띠고 있다. 아무 말이나 한다고 대화가 되는 것이 아니듯, 가벼운 대화에도 목적이나 방향이 있다. 하지만 대화에는 비언어적 요소도 있어서 알게 모르게 대화의 비논리성의 원인이 된다. 즉 들리는 말과 상대의 표정과 뉘앙스를 비교하며 해석을 엉뚱하게 한다는 뜻이다.

　그렇다면, 이것을 해결할 방법은 없는가? 당연히 있다. 글로 표현하면 된다. 글은 논리적인 표현 수단이다. 한번 뱉은 말은 주워 담을 수 없지만, 글은 최종본이 나오기 전까지 무수히 수정할 수 있어 실수를 줄일 수 있다. 그렇다고 해서 글이 표현에 있어 완벽한 것은 아니다.

　말과 글이 주는 표면의 정보와 말과 글 너머에 있는 비언어적인 정보를 모두 합쳐서 가감 없이 듣고 읽었다고 해도 머릿속에 저장하려면 개인적 해석이란 관문을 통과해야 한다. 개인적 해석이란 개인의 인식 범위 안에서 사건과 상황을 받아들인다는 뜻이다. 즉 아무리 논리적인 말과 글이라도 받아들이고 싶은 것만, 이해할 수 있는 것만 인식한다는 뜻이다. 하지만 여기도 끝은 아니다. 복선이 남았다.

　원래 복선(複線)이란 상·하행을 따로 운행하는 철도에서 나온 말이다. 그런데 단선에서 출발해서 어느 기점에서 두 갈래로 나뉘는 복선도 있다. 문학에서 복선은 앞으로 일어날 사건을 미리 독자에게 암시하는 장치로 쓴다. 즉 하나의 이야기가 둘로, 혹은 둘 이상으로 나뉘는 것을 말한다. '복선을 깐다. 복선을 깔고 있다' 이런 표현은 보이는 이야기와 함께 그 속엔 또 다른 이야기 혹은 보이지 않는 이야기도 숨어 있다는 뜻이다.

영화에도 복선이 깔려 있다. 영화 속 이야기를 잘 이해하기 위해선 복선을 찾고 어떻게 전개되는지 봐야 한다. 그렇다면, 복선만 찾으면 전체적인 맥락을 다 찾아낼 수 있는가? 복선은 복합적인 이야기를 전개하기 위한 실마리에 불과하다. 소설과 달리 영화에서 복선은 더 찾기 어렵다. 그것은 영상의 특성에 기인한다. 영상은 대사와 함께 비언어적인 표현과 상징을 넣는 데 자유롭다. 필요한 만큼 편집할 수 있고, 원하는 만큼 늘일 수 있다. 특히, 상업영화는 대량의 자본이 투입되어 첨단 촬영, 편집 기법을 이용하여 눈이 즐거운 영상을 만들 수 있다. 하지만 2시간 남짓의 상영시간은 이야기를 풍성하게 이어가거나, 기승전결을 짜임새 있게 맺는 데 제약이 되기도 한다. 그렇다고 영화에서 복선은 소설보다 찾기 어려울 뿐 난해한 것은 아니다.

그렇다면, 영화적 읽기 연습은 어디에서부터 시작하는 것이 좋을까? 해보지 않아서 막연할 것 같지만 의외로 간단하게 할 수 있다. 바로 현실의 상황에서 찾는 것이다. 영화적 상황은 현실의 상황을 차용한다. 그러니 영화적 상황이 전혀 터무니 없는 상황은 아니다. 현실의 상황 역시 맥락이 연결된 다층적 구조를 가지고 있기에 현실에서 장면의 맥락을 찾을 수 있으면 영화 속 맥락도 찾을 수 있다. 현실에서 영화적 상황을 찾을 수 있으면, 영화적 상황을 보고 현실에서 벌어질 상황을 예상하는 것도 가능하다. 그러기에 영화를 수업에 활용한다는 것은 영화를 따로 가르치는 것이 아니라 영화 속 현실과 실제 현실을 연결하며 샅샅이 살피는 '톺아보는' 과정이다.

복화술과 영화 읽기

영화감상을 하고 나면 영화의 상황과 현실의 상황을 비교해보려는 호기심이 생긴다. 그러나 이걸 수업으로 풀려면 난관이 있다. 현실의 아이는 영화 속 아이와 달리 그리 호락호락하게 자기 마음을 잘 열지 않는다. 이럴 땐 질문의 형태로 스스로 자신의 상태와 감정을 말할 수 있도록 해야 한다. 이때 필요할 것이 바로 복화술이다.

복화술(腹話術)이란 사람이 입을 빌리지 않고 말해, 마치 자신이 말하지 않는 것처럼 보이게 하는 인형극의 기술을 말한다. 즉 인형이 말하는 것처럼 보이지만, 실제는 인형을 조종하는 사람이 말한다. 그렇다면, 복화술은 아이의 마음을 읽는 영화 읽기와 무슨 관련이 있을까?

영화감상은 자유로운 주관적인 해석을 바탕으로 한다. 해석이 자유롭다고 해서 타인과 의견 공유가 원활하다는 뜻은 아니다. 자기 방식으로 해석했기 때문이다. 영화를 좀 더 객관적으로 감상하기 위해 영화 읽기, 즉 영화 리터러시가 필요하지만, 이것으로 충분하지 않다. 영화는 이야기를 담고 있고, 이야기가 풍성해지려면 필연적으로 갈등이 있어야 한다. 영화 속 갈등 상황에서 아이가 무엇을 발견하고 어떤 선택을 하는지는 중요하다. 아이가 영화감상을 통해 무엇을 발견하고 선택했는지를 찾으려면 복화술이 필요하다.

왜 그런가? 아이가 영화 이야기를 할 때 영화 속 현실과 실제 현실을 구분하기도 하고 섞기도 한다. 그것이 갈등 상황이라면 미묘한 지점이 있다. 영화 속 상황이 눈에 띄었다는 것은 현실의 아이 상황과 밀접한 관계가 있다는 뜻이다. 그러니 영화 속 이야기를 하는 아이의 말과 표정에서 평소와 다른 무언가가 발견된다. 좀 더 격앙되거나, 좀 더 몰입되어 과한 표현을 하기도 한다. 때로는 발견하고서 머뭇거리기도 한다. 바로 이때가 아이의 현실과 영화 속 상황이 접점이 생기는 순간이다. 이때 교사는 아이가 어떤 대답을 할지 예측할 수 없지만, 아이의 처지에서 대신 말하거나 물어봐주는 역할을 할 수 있다.

먼저, 우리는 현실 속 갈등 상황을 어떻게 받아들이는지 살펴볼 필요가 있다. 현실의 상황을 온전하게 받아들이는 것이 힘들다는 것을 전제할 필요가 있다. 특히, 자신과 관련된 부정적이거나 불편한 상황이라면 더욱더 자기방어적인 성향을 보인다.

이럴 때 영화는 도움이 된다. 영화는 현실과 비슷한 점이 있지만 다르다. 그러나 영화 속 상황과 인물들의 말과 행동은 현실의 상황과 연결점을 찾을 수 있다. 영화 속 상황을 통해 긍정적인 피드백을 받기 위해선 같은 영화를 본 사람들 간의 대화가 반드시 필요하다.

현실의 대화 상황을 상상해보자. 타인의 말과 행동 그리고 생각이 자신과 다르다고 했을 때 이렇게 말하면 무슨 일이 생길까?

"당신은 왜 그렇게 말(행동)하는 것인가요?"
"당신은 왜 그렇게 생각하나요?"

아주 평범한 질문 같지만, 실제 대화에서 이런 질문은 자칫 오해를 불러온다. 특히, 친밀감이 덜 형성된 상대와의 대화라면 질문의 의도와 상관없이 무례함부터 느낄 수 있다. 그래서 이런 유의 질문은 상대방에게 바로 하기 어렵다. 가장 확실하게 상대의 의도와 생각을 알 수 있는 질문이지만, 질문 자체가 상대에게 불편함을 줄 수 있다.

미성숙할수록 자신의 말과 행동 그리고 생각이 상대에게 부정적으로 인식된다는 것을 두려워한다. 미성숙하다고 해서 잘못되었다는 것 자체를 모르진 않지만, 부정적인 평가는 더 싫어한다. 말과 행동의 의미를 묻는 행위가 아이에게 질책으로 느껴진다면 교사의 조언은 무의미하다.

이런 상황이 지속되면 아예 말문을 닫고 행동으로 표현하지 않는다. 자신의 말과 행동 그리고 생각에 대한 책임을 져야 한다는 부담 때문이다. 즉 실수를 줄이려다 보니 말과 행동이 제약되고, 심지어는 생각도 위축된다. 그렇다면, 이런 말로 살짝 바꾸면 어떨까?

"주인공은 왜 그렇게 말(행동)했을까요?"
"주인공은 왜 그렇게 생각했을까요?"

주어가 당신이라는 '나'에서 주인공이라는 '제삼자'로 바뀌었다. 무엇이 더 자신의 생각을 말하기 편할까? 주인공의 처지에서 해석하여 말하는 것이 더 편하다. 이유도 간단하다. 관찰자로서 견해를 피력하면 되기 때문이다.

'나'는 '삼자'의 주인공을 대변하거나 변호하지만, 그 속에는 '나'의 말과 행동 그리고 생각에 대한 이유가 녹아있다. 이것이 영화 읽기에서 복화술의 중요한 이유다. 자기 이야기를 영화 주인공의 이야기로 대신 하는 것이다. '영화 속 이야기를 하는 것이지만, 실제로는 자기의 이야기를 하는군.'

듣는 처지에서도 좀 더 쉽게 상대의 의도에 접근할 수 있다. 물론 직접 묻고 직접 대답하는 직접 화법에 비할 바는 못 되지만, 간접 화법인 복화술을 통해 직접 화법에서 오는 위험부담을 줄이면서도 일상생활에서 부드러운 관계를 형성하는 데 도움이 된다. 특히, 자기표현에 방어적인 경향이 강한 아이들과 대화에서는 더 큰 효과가 있다.

이 절묘한 균형 속에서 현실의 우리는 영화 속 주인공들의 이야기를 하면서 그 속에 담긴 생각의 맥락을 주고받는다. 이로써 대화는 영화의 스토리에서 변주된 우리의 이야기로 넘어간다.

영화 읽기와 리터러시

　영화 읽기는 단순히 영화를 보고 이해하는 것만을 의미하지 않는다. 영화 속 상황을 파악하는 것과 함께 우리 삶도 읽어야 한다. 그러려면 좀 더 구체적이고 복합적인 읽기 과정이 필요한데, 그것이 리터러시다. 영상과 미디어 시대를 살아가는 아이들에게 복합적인 읽기로서의 리터러시 능력은 그 어느 때보다 중요하다.

리터러시란 무엇인가?

　영화를 '본다'라고 하지 않고 '읽는다'라고 하는 의미를 파악하면, 영화 읽기에 대한 이해가 훨씬 빠르다. 먼저, 리터러시(literacy)의 개념을 알아보자.

리터러시는 문자화된 기록물을 통해 지식과 정보를 획득하고 이해할 수 있는 능력을 말한다. 19세기까지만 해도 일반 대중이 아닌 특권 계층에서만 리터러시 능력을 취득할 수 있었다. 그러나 리터러시가 단지 언어를 읽고, 쓰는 피상적인 의미만을 내포하는 개념은 아니다. 리터러시는 일차적으로 시대적으로 혹은 그 사회 혹은 문화권에서 통용되는 커뮤니케이션 코드인 '언어'에 의해서 규정되어진다. 리터러시는 복잡한 사회적 환경과 상황 속에서 그 본질을 이해할 수 있는 복잡한 개념이다. 이제 리터러시는 단지 언어를 읽고 쓰는 능력에서 더 나아가 변화하는 사회에서의 적응 및 대처하는 능력으로 그 개념이 확대되기 시작했다. _『Basic 고교생을 위한 국어 용어사전』, 2006, 신원문화사

가장 쉽게 설명한 것이지만, 리터러시라는 개념은 그렇게 쉽지 않다. 리터러시에 관한 가장 간단한 정의는 바로 '문자화된 기록물을 통해 지식과 정보를 이해하고 획득할 수 있는 능력'이다. 여기에다 미디어 혹은 영화를 붙이면 미디어 리터러시, 영화 리터러시가 된다. '미디어를 통한 리터러시', '영화를 통한 리터러시' 이렇게 읽으면 좀 더 이해하기가 쉬울 것이다.

아이들에게 영화를 통한 리터러시 혹은 영화 리터러시라는 용어를 쓸 필요는 없다. 아이들이 가장 이해하기 쉬운 말로 바꾸면, 바로 영화 읽기가 되는 것이다. 영화 읽기를 아이들이 이해할 수 있도록 풀어 보면 다음과 같다.

영화 읽기는 영화를 통해 줄거리와 내용을 이해할 수 있는 능력을 말한다. 영화를 공부한 사람만이 할 수 있는 것은 아니다. 하지만 영화 읽기가 단지 영화를 보고 즐기는 것으로 끝나지 않는다. 영화 속의 상황과 이야기가 가지는 의미를 파악하고 주인공의 삶과 나의 삶을 비교하며 우리 사회의 여러 모습을 영화를 통해 알아가는 과정이다. 따라서 영화 읽기는 영화를 보고 이해하는 것을 넘어 자신의 삶을 돌아보고 실천 의지를 다지는 활동으로 연결된다.

교육과정 속에서의 리터러시 교육

리터러시는 영화에도 적용된다. 영화 리터러시는 미디어 리터러시의 한 분야로 정의되고 있다. 이것은 국어 등 일부 교육과정에 반영되어 있고 그에 따른 성취기준과 교수학습 방법도 언급되어 있다. 그러나 실제 교육 현장에서는 '영화를 활용한 교육(감상교육)'과 '영화에 대한 교육(영화제작)'이 혼재되어 있는 것이 현실이다. 따라서 영화 리터러시 교육은 미디어 리터러시 교육과 교차점을 넘어, 예술교육의 영역까지 확장하며, 미디어 세대에 걸맞은 통합적인 형태로 접근할 필요가 있다. 또한, 영화를 보고 난 뒤 활동을 통해 다양한 방법으로 표현할 수 있도록 연결할 수 있어 광의의 의미에서 예술교육을 지향한다.[3]

학교 교육에서 영화는 영화의 감상과 창작 활동 과정에서 예술적 소양과 감수성을 기르고, 창의적 표현력을 키울 수 있다. 생각하기, 상상

---

3 송영애 외 7인(2021), 청소년 영화교육 교육과정기준 연구개발, 10쪽 일부 인용

하기, 말하기, 글쓰기, 만들기, 영상으로 표현하기 등의 활동을 통해 창의 융합적인 사고력을 함양할 수 있다.[4]

이렇듯 교육과정에서도 리터러시 교육의 중요성은 커졌다. 영화를 교육과정에서 할 수 있도록 허용한 것은 의외로 역사가 길다. 무려 6차 교육과정에서부터 총론의 편성운영지침에서 다음과 같이 제시하고 있었다.

> 학교 재량 시간의 운영은 시·도의 교육과정 편성·운영 지침에 따르되, 교육과정 편제에 제시된 교과 및 특별 활동의 보충·심화 또는 학교의 독특한 교육적 필요, 학생의 요구 등에 따른 창의적인 교육 활동 시간으로 활용할 수 있다.

7차 교육과정에서는 창의적 체험활동은 시간 수가 늘어났고, 이는 뮤지컬, 연극, 영화 등을 동아리 활동으로 편성할 수 있는 기반이 되었다. 그러나 이것은 할 수 있다는 선언적 의미였을 뿐 실제 영화 수업을 제대로 할 수 있는 현장의 기반은 조성되지 않았다. 그나마 영상제작 수업은 '논다'는 편견에서 다소 자유스러웠다. 기술의 발전으로 촬영장비가 많이 보급되고 컴퓨터의 성능이 높아지면서 영화 제작을 수업에 활용하는 사례는 늘었다. 특히, 스마트폰의 일상적 사용으로 영상제작이 더욱더 쉬워지자 많은 교사가 영상제작을 시도하게 되었다.

2015와 2022 교육과정에 들어서면서 영상문화에 익숙해진 아이들

---

4 송영애 외 7인(2021), 16쪽

을 위해 영화교육의 존재와 필요성은 더 증대되었고, 영화교육은 영화를 잘 보는 방법부터 영상 제작까지 영화를 둘러싼 모든 영역을 아우르는 것으로 확대되었다.

이로써 예술교육으로서 영화교육은 제도적, 절차적인 장벽은 사라졌다. 그러나 아직 영화감상 수업이 일반적으로 현장에서 잘 이뤄지고 있다고 여기지 않는다. 그것은 앞서 언급했듯, 특히 영화감상 수업은 단순한 영상 읽기에 그치는 것이 아닌 예술적 속성을 지닌 삶을 관통하는 종합적인 읽기가 필요하기 때문이다.

그럼에도 영화교육은 가능성이 큰 교육의 분야라는 점에서는 이견이 없다. 특히, 영화 리터러시는 감상과 비평 그리고 제작까지 아우르는 영역인 만큼 학교에서 실시하는 것이 부담스럽긴 하지만, 새로운 시도를 안정적으로 구현할 수 있는 제도적 장치가 마련되었고, 영상 세대에 익숙한 아이들에게 영화는 또 다른 전기를 마련해줄 좋은 수업 자료라는 점에서 앞으로도 더욱더 가치가 높아질 것이다.

책 읽기와는 다른 영화 읽기의 특징

영화 리터러시, 즉 영화 읽기는 읽기 이상의 것들이 필요하다. 영화는 앞에서 말했듯이 6가지 예술적 요소가 결합하여 한 번에 펼쳐지는 종합예술 작품이다. 거기다 외국영화는 자막이라는 극복해야 할 요소가 추가된다. 그러므로 아이가 영화를 읽으려면 다양한 능력을 동시에 발휘해야 한다는 점에 주목해보자.

먼저, 유아 시절부터 영상물에 익숙한 아이들이 왜 리터러시에 약한

지 이유를 알아야 한다. 영화는 단순히 보는 것만으로 읽어지지 않는다. 즉 읽는 것에는 좀 더 특별한 능력이 필요하다. 영화를 보는 모습을 떠올려보면 좀 더 쉽게 이해할 수 있다. 영화를 볼 땐 보고 듣는 능력이 동시에 작용해야 한다. 보기와 듣기가 동시에 일어나는 것은 영화 읽기의 기본이다. 거기다 자막이 있다면 읽고 해석하는 능력까지 합쳐져야 본격적인 영화 읽기가 된다. 과거와 달리 요즘 영화 수업을 해보면 자막이 있는 영화를 더 어려워하는 아이가 늘었다. 듣고 보는 것으로도 충분히 안다고 여기는 것은 앎의 깊이를 얕게 만든다. 그러니 복선을 찾는 등의 복잡한 읽기를 어려워하는 것도 당연하다.

　여기서 '읽는다'는 것은 보고, 듣고, (자막) 읽은 내용을 종합해 줄거리와 내용을 이해하고 인물의 표정과 몸짓의 의미를 파악하며 영화가 주는 메시지가 무엇인지 알아내는 복합적이며 종합적인 과정이다. 그래서 영화를 단순히 보는 것과 읽어가며 보는 것은 차이가 있다.

　영화 수업을 해보면 영화를 잘 보았어도 줄거리를 이해하지 못하거나 상황을 파악하지 못하는 아이가 많다. 화면의 움직임과 주인공의 몸놀림 혹은 현실과 다른 환상적인 분위기 등에 현혹되어 봤을 가능성이 크다. 이래서는 특이한 경험, 시간 보내기 이외에는 별다른 교육적 의미를 발견할 수 없고 영화 읽기를 시도한다는 것 자체가 교사와 아이 모두에게 힘든 일이다.

　하지만 인물과 사건 그리고 상황을 상상하며 읽어야 하는 책에 비해 영화 읽기는 그나마 쉬운 편이다. 아이들은 이미 수많은 영상물을 보며 자랐기에 기본적인 영상 이해력이 낮지 않다. 이것은 앞서 언급한 복잡한 읽기를 어려워한다는 지점과 상충하는 것으로 보이지만, 여기서 말하는 영상 이해력이란 주제가 무엇인지 파악하는 능력과 무엇을 이야기하려고 하는지의 중심축을 찾는 능력을 말한다. 단지 복합적인 읽기가 어렵고, 경험이 적으며 무엇보다 기억하는 것이 편린(片鱗)에 가깝거나 지극히 자기중심적으로 이해하는 경향이 강할 뿐이다. 특히, 자기중심적으로 이해하고 사고하는 것은 복합적 읽기를 비롯한 학습 전반에 큰 저해를 가져오는데, 2020년에 강타한 코로나19 사태는 그 현상을 심화시켰다. 즉 단편적인 기억은 많으나 종합적인 이해와 해석을 힘들어하는 것이다. 영화 수업이 왜 필요한지, 어떻게 진행해야 하는지 핵심 단초를 여기서 찾을 수 있다.

공감과 소통의 방법을 찾을 수 있다

그렇다면 두 가지 보완점을 제시할 수 있다. 영화에 관한 전문적인 능력을 갖춘 교사의 지도를 받으며 여러 친구와 함께 보고, 그런 다음 영화에 관한 여러 가지 이야기를 주고받으면 된다. 이것이 영화 수업, 좀 더 엄밀하게 말하면 영화감상 수업이다.

그런데 영화 수업을 하는 데 걸림돌이 있다. '과연 교사는 영화에 관한 전문적인 능력을 갖췄는가?' 하는 점이다. 그러나 크게 걱정할 필요는 없다. 교과서에 나오는 시나 소설을 가르친다고 해서 교사가 반드시 문학 전공자일 필요는 없는 것과 같은 이치다.

2014년부터 문화예술진흥원에서 초·중등 학생들에게 영화를 가르치는 문화 예술 강사를 대상으로 한 연수를 진행하며 참여한 경험이 있다. 영화를 전공하지 않은 내가 영화를 전공한 예술 강사들에게 강의를 한다는 것이 걱정되었지만 기우였다. 비전공자인 내가 그들에게 강의할 수 있는 것은 내가 영화에 관해 많이 알아서가 아니라 아이들이 어떤 영화를 좋아하고 어떤 장면에서 반응하며 왜 그런가에 관한 정보가 많았기 때문이다. 오히려 전공자인 예술 강사들이 영화를 지도하는 데 어려움을 겪고 있었다. 즉 초등학생의 특성을 잘 모르기 때문에 전공자가 가진 영화 지식이 들어갈 틈이 없었다.

영화 수업은 감상과 비평 그리고 제작의 영역까지 아우른다. 하지만 영화를 바라보는 관점은 영화인과 교사가 다를 수 있다. 관점은 해석의 차이를 낳는다. 영화적 해석과 교육적 해석은 차이가 있다. 영화적 해석이 영화 자체의 의미를 찾는 것이라면, 교육적 해석은 영화가 가진 이야기를 중심으로 아이들에게 어떤 상호작용이 있는지 분석한다는 점에서 차이가 있다. 교육적 관점에서 영화는 문학과 비교하여 텍스트만 다를 뿐 지도 방법에는 다른 점이 없다. 물론 영화 용어나 영화 관련 지식이 많으면, 지도에 도움이 되는 것은 맞다. 하지만 전문적인 영화 지식이 있어야 하는 것은 아니다. 몰라도 상관은 없다. 모른다고 해서 걱정할 필요는 없다. 초등학교에서 문학을 가르칠 수준의 교사라면, 초등학생에게 영화를 소개할 만큼의 지식은 가지고 있다고 여겨도 된다. 영화적 지식을 많이 알려준다고 해서 크게 교육적 가치가 높다고 할 수 없다. 대신 아이가 영화적 지식에 관심을 보이면, 교사가 알고 있는 것을 알려주거나 함께 찾으면 된다.

교육적 관점에서 더 중요하게 여기는 것은 영화를 책처럼 대할 수 있도록 하는 데 있다. 이것이 영화 수업에서 교수적 기술이다. 해결 방법은 간단하다. 영화를 책과 같은 교육용 텍스트라고 여기면 된다. 교사는 기본적으로 교육용 텍스트라고 했을 때 어떻게 하면 아이의 수준에 맞춰서 발문하고 전개할 것인가를 고민한다. 영화가 교육적 자료라고 여기면 그에 맞는 수업 방식을 설계하는 것은 어렵지 않다. '영화 전문가가 아닌데 영화를 소개해야 한다'는 부담감을 얼마나 줄이느냐가 관건이다.

수업의 형태로 함께 봐야 할 이유는 감상 후 아이들끼리의 상호작용도 매우 중요하기 때문이다. 감상 후 활동은 보통의 수업에서보다 표현하는 것은 자유롭지만, 그런 만큼 무엇을 말할지 예측하기가 어렵다. 이것이 가장 큰 어려움이다.

그러나 영화가 주는 긍정적인 주제는 자유롭고 예측 불가한 상호작용을 통해 오히려 서로 공감하는 기회도 된다. 이런 우연성은 영화 수업 시간에 가지는 특별하지만 익숙한 현상이고 한번 경험해본 교사와 아이들은 왜 영화를 보는지, 영화를 읽는다는 것이 어떤 의미인지 자연스럽게 느낀다. 교사와 아이, 아이와 아이, 아이와 세상에 대한 공감과 소통은 이렇게 조금씩 일어난다.

공부와 놀이가 병행된다

영화 수업에 어떤 의미를 부여한다고 해도 영화 보는 재미는 줄어들지 않는다. 영화 보기의 심리적 기저에 '타인의 삶 엿보기'가 있다.

사춘기 무렵 아이들의 흥미와 관심을 독점하는 것 중에 '진실게임'이 있다. 주로 누굴 좋아하고 어떤 취미가 있는지에 관한 것이라 부모나 교사가 보기엔 시시할지 모르지만, 아이들은 정말 중요하게 생각한다. 타인이 자신을 어떻게 보는지를 중요하게 여기는 만큼 타인의 삶이 어떠한지에 관심도 많다. 아이들은 액션, SF, 공포 영화를 보여달라고 조르지만, 의외로 드라마가 강한 영화, 아이가 주인공이면서 속마음이 잘 드러난 영화를 보면 집중도가 달라진다.

영화 수업에는 '논다'는 것이 깔려있다. 수업을 하면서 '영화 보는 것은 노는 것이 아니다'라고 꾸준히 강조하지만, 아이들은 그렇게 느끼지 않는다. 사실 '노는 것이 아니다'라고 강조하는 이유는 관람 태도와 질서유지에만 있지 감상 그 자체가 주는 '놂'에 대해서는 관대하다. 아이 마음대로 보고 싶으면 보고 안 보고 싶으면 안 보는 것이 아니라 자유롭게 보되 의미를 찾아가며 자신의 의견을 말하는 것을 통해 논다.

영화 보는 것이 노는 것이라는 편견은 어느 정도 해소되었지만, 복병은 다른 곳에서 생겼다. 그것은 놂을 대하는 아이들의 태도가 바뀌었다는 점이다. 예전엔 2시간 남짓의 영화를 보며 이야기를 나누는 것이 노는 것과 공부의 병행으로 진행하는 데 어려움이 적었다. 수업 시간에 영화 본다는 것 자체가 흥미로운 상황이고, 영화를 집중해서 볼 수 있는 태도만 있으면 영화 자체가 주는 즐거움을 느끼는 데 별 어려움이 없었다. 그러나 요즘은 영화가 아닌 다른 즐길 영상이 너무나 많다. '밈(meme)'[5]으로 총칭되는 짧은 영상들의 영향으로 아이들은 이제 영상이 5분만 넘어도 지루해한다. 별다른 리터러시가 필요 없는 영상이 즐비하니 자극에 민감하고 집중력이 떨어지는 아이는 자극적인 영상만 찾는다. 그러니 깊이 있는 영상은 찾아보지 않고, 보더라도 힘들

---

5 특정 요인에 따른 유행 전반을 통칭하는 개념으로 특정 소스를 다양한 형태의 사진이나 영상 등으로 합성되거나 재가공되어 유통된다.

어한다.

  그럼에도 영화 수업의 가치는 지금도 유효하다. 오히려 제대로 된 미디어 리터러시를 위해서라도 영화 리터러시는 필요하다. 영상이 난무하는 시대에 영화가 고전(古典, Classic)으로 취급되는 느낌이다. 영상 시대라고 해서 고전 문학의 가치가 사라지지 않듯, 영화의 가치는 더 높아진다. 그걸 어떻게 과거처럼 높은 형태로 변환하느냐는 교사의 역량에 달렸다. 하지만 방법은 의외로 간단하다. 공동체 속에서 아이들이 느끼는 두려움과 어려움은 과거에 비해 훨씬 강도가 높아졌다. 표현 자체를 힘들어하는 아이가 더 많아졌다. 영화 수업은 그런 어려움을 해소하는 방향으로 접근하면 된다.

  최소한 자기 의견을 말하는 아이가 핀잔 듣지 않고 무시당하지 않으며, 자신의 의견을 표현하는 것 자체가 의미 있는 수업 활동이 되면 자연스럽게 아이들도 자신의 속마음을 열어 보이는 용기를 가진다. 정해진 것이 없으면서도 수업이 되는 이 상황이 진정한 의미의 '놀이'다.

영화감상과 독서

　영화감상 교육을 주제로 강의할 때 가장 중점을 두는 것이 있는데, 바로 영화 자체를 교육적 텍스트로 봐달라는 것이다. '수업 중 영화 보기=수업 방기'라는 편견을 깰 수만 있다면 영화 수업을 설명하는 것은 간단하다. 사실 영화 수업 자체는 어렵지 않다. 독서교육의 방법을 따르면 된다. 내가 생각하는 독서교육과 영화교육은 4단계로 구분된다. 비슷하면서도 조금 다른 독서교육과 영화교육의 관계를 알아보자.

재미로 보기

　책이든 영화든 처음에는 재미로 보기 시작해야 한다. 독서라면 만화가 되었든 동화가 되었든 읽는 아이가 재미있게 봐야 한다. 재미로 시작할 때는 책이든 영화든 아이들은 다 좋아한다.

재미라는 요소는 매우 중요하면서도 경계해야 할 이중적 속성이 있다. 감각적이고 자극적인 것은 따로 배우지 않아도 재미를 느낀다. 그러나 이런 종류의 재미는 지속성이 떨어지고, 더 큰 자극을 요구한다. 더 큰 재미를 위해선 지적 자극이 동반되어야 한다. 그래야 매력적이면서 지속력 있는 활동으로 연결된다. 책과 영화를 아이가 접할 때 재미를 우선해서 선택하는데, 영상을 기반으로 한 영화는 책에 비해서 초반에 더 큰 자극을 줄 수 있다.

재미로 시작해서 의미로 연결해야 한다. 요즘은 책도 동화책과 함께 그림책도 많이 보는데, 쉽게 접근해서 의미로 연결할 수 있도록 해주고 있다. 대신 재미에서 의미의 단계로 자연스럽게 연결되지 않으면, 흥미 위주의 독서나 영화감상에 그치기 때문에 함께 보며 이끌어주는 지도가 필요하다. 따라서 이 단계에서는 아이들이 잘 보고 즐거워하는가에 중점을 두고 활동은 잠시 미뤄두는 것도 괜찮다. 대신 무엇 때문에 재미있는지, 어느 부분이 재미있었는지 물어보는 것은 중요하다. 질문도 매우 간단하게 하는 것이 좋다.

"뭐가(어디가) 가장 재미있었어?"

감동하며 보기

그림에서 줄글로 옮겨가는 시기다. 주인공의 감정을 느끼는 단계라고 볼 수 있다. 영화에서는 위기-절정 단계에서 주인공에게 감정 이입을 하는 과정에 해당한다. 타인의 처지를 인식하고 공감하며 자신의 감정을 드러내는 것이다.

감정 이입은 영화 속 상황이 입체적으로 관객에게 전달될 때 시작된다. 그리고 주인공의 상황이나 입장이 관객의 감정을 자극한다. 감동의 단계에서는 재미의 단계와 다르게 마음이 정화되고 쾌감을 느낀다. 이것을 카타르시스(catharsis)라고 한다. 마음속에 뭉클하고 솟구쳐 오르는 감정을 느끼는 것이다.

나는 펄 벅의 '대지'를 중학교 때 읽었다. 주인공이 농사를 지으며 메뚜기 떼와 싸우던 장면에서 손에 땀을 쥐며 읽었다. 주인공의 삶을 통해 뭔가 쿵 하고 느낌을 받았던 것이 지금도 기억에 남는다. 아니 정확하게 기억나지 않아도 감정의 기저에 차곡차곡 쌓여 수많은 책을 읽게 한 원동력이 된 것은 분명하다.

영화 역시도 감동의 단계를 거치고 나서야 비로소 많은 영화를 볼 수 있다. 대신 책보다는 감동의 단계로 가기가 쉽다. 이는 책보다 영화가 낫다는 의미가 아니다. 영상이라는 특성 때문에 영화가 좀 더 빨리 감동을 느낄 수 있다는 뜻이다.

책이든, 영화든 감동의 단계가 와야 깊이가 생기고, 자기 삶과 상황을 돌아볼 여유가 생긴다. 책은 분량이 많은 대신 차곡차곡 쌓아가는 서사를 독자가 맞춰가며 읽는다. 즉 독자마다 감동이 오는 시간차가 존재한다. 그에 반해 시청각의 표현에서 자유로운 영화는 짧은 시간에 감동의 단계로 연출할 수 있다. 함께 보는 관객 사이에서 오는 시너지를 더해 파도처럼 큰 감동을 동시에 느끼고 공유할 수 있다는 점에서 차이 난다.

분석하며 보기

　독서는 보통 이 단계에서 성패가 갈린다. 어릴 적 독서를 많이 하던 아이도 분석하여 보기를 경험하지 못하면 줄글로 된 책으로 전이하지 못하고 만화나 동화만 읽게 된다. 만화나 동화가 나쁘다는 뜻이 아니다. 그 안에도 많은 의미가 담겨 있다. 하지만 흥미 위주의 독서만 하다 보면 흥미 안에 담긴 의미를 찾는 능력은 떨어진다.

　개인적으로 'WHY' 시리즈를 그다지 좋아하지 않는다. 그 이유는 중간중간에 나오는 과학적, 사회적 사실에 관한 기술이 충실하지 못해서가 아니라 스토리와 따로 노는 경향이 있어서 아이들이 그것을 건너뛴다는 문제가 있기 때문이다.

　분석하여 보기부터 의미 있는 독서가 된다. 실질적으로 이 단계부터 독서가 공부나 지식 획득에 도움이 된다. 독서로 지식이 구조적이고 폭발적으로 늘어나는 단계다. 그런데 이런 단계로 올라가는 아이가 고학년에 들어서면 반에 1~2명에 불과하다. 왜 이런 현상이 생길까?

　내 생각으로는 1~2단계에서 양적인 독서로 진을 다 빼기 때문이다. 읽어야 할 분량을 정해 책을 읽고 정해진 목록에 있는 책을 다 읽어야 한다는 부담을 느끼는 아이일수록 더 진이 빠진다. 특히, 자발적이지 못한 독후 활동은 그 증상을 심화시킨다. 그 대표적인 것이 독서록이나 독서 일기다.

　양적으로 접근하는 독서는 아이를 책에서 멀어지게 한다. 나도 책을 읽고 나면 서평이나 감상평을 쓰지만, 매번 쓰진 않는다. 느낌이 올 때 쓰면 된다. 분석하여 보기 단계에 들어서서 감상평을 써야 더 쓸 것이 많고 무엇보다 자기만의 관점을 찾을 수 있다. 자발적으로 책 읽는 습관을 들인 아이는 이 단계에서 독서 능력이 활짝 펴서 대양처럼 넓은 지식의 바다로 나갈 수 있고, 인류가 누대로 쌓아놓은 지식의 정수에도 접근할 수 있다.

재미와 감동을 위주로 한 영화가 많지만, 몇몇 영화는 분석하여 보기가 가능하다. 분석하여 보기를 통해 세상의 또 다른 면을 발견한다. 하지만 영화를 통해 세상을 보려고 하면 문제가 발생한다. 사회문제를 다룬 영화는 많다. 하지만 원하는 사회적 문제를 다룬 영화는 찾기 어렵다. 찾았다고 해도 다양하지 않다. 비슷한 영역을 찾았다고 해도 원하는 지식을 얻기 어렵다. 가장 큰 문제는 제한된 시간과 강렬한 시각 효과 때문에 오히려 지식과 정보가 왜곡될 가능성도 있다.

역사를 다룬 영화가 가장 대표적이다. 원작이 있든, 역사적 사실이든 영화로 제작될 때는 실제와 다르게 표현할 수 있다. 역사적 사실과 영화적 사실은 다르다. 감독은 역사적 사실을 바탕으로 영화적 상상력을 동원해 해석하여 표현할 수 있다. 이것을 영화적 표현 혹은 영화적 허용이라 부른다. 영화적 허용은 다양한 관점을 표현하기 위한 장치다. 영화적 허용을 표현의 다양성 측면으로 볼 수 있다. 하지만 사회 현상에 대한 표현을 다룬 책과 영화는 종류와 양에 있어 책이 압도적으로 많다. 즉 다양한 견해를 다룬 책은 많아도 영화는 상대적으로 드물다는 점을 간과해선 안 된다. 하나의 사건과 상황도 어떤 관점에서 보느냐에 따라 달라지기 때문에 다양한 견해를 접하기 위해 영화를 보면 효과를 거두기 어렵다. 특히, 영화적 사실로 각색된 것에는 인물에 대한 감정의 서사도 포함되어 있기 때문에 이것을 기반으로 한 분석은 한계가 있다. 즉 원하는 것을 찾기도 어렵고 찾았다 할지라도 분석의 자료로서 가치가 낮다. 오히려 이럴 땐 다큐멘터리가 더 효과적이다.

그렇다면, 영화의 분석은 어떻게 해야 하는가? 영화는 맥락과 상황과 감정이 혼재되어 있다. 특히, 맥락과 상황은 영화에서 다 보여줄 수 없기 때문에 생략되거나 삭제된 분량이 있다. 이 부분은 상상을 해볼 여지가 생기고 이곳을 분석의 영역으로 잡으면 된다. 역사 영화의 예를 들어보면 역사적 사실은 교과서에서 배운 뒤, 영화적 사실에 대한 것은 허구가 바탕이란 것을 전제하고 분석하는 것이다. 여기서 분석은 상상의 과정이다. 역사적 사실을 바탕으로 인과관계를 생각하며 상황과 인물의 감정을 분석해보는 것이다. 영화의 분석은 기존 교과를 통해 배운 지식을 확장하는 측면에서 접근할 때 더 좋은 효과를 볼 수 있다. 영화를 통해 새로운 사회적, 역사적 지식을 배우는 것이 아니라 수업 시간에 이것들을 배우고 난 이후 후속 활동이 더 효과적이다.

그렇다면, 분석의 단계에서 영화를 어떻게 접근하고 연결할지 방법이 나온다. 교과를 배우고 난 후 영화를 통해 확장된 맥락과 상황을 추측하고 거기서 한계가 생기면 모자라는 부분을 찾기 위해 영화에서 독서로 전이를 돕는 것이다.

이 부분은 미디어 교육, 영화 교육 등 영상을 주로 활용하는 리터러시 교육에서 책과 연결점을 찾을 수 있는 중요한 지점이다. 디지털 교육이 대세라고 해도 아날로그적인 텍스트의 가치는 절대 사라지지 않는다. 영화를 통해 재미와 감동을 느끼고, 영상과 독서가 결합된 새로운 지식의 지평을 넓히기 위해 영상과 활자를 자유롭게 접근하고 수용하며 해석할 수 있다면 활자와 영상의 상호보완 교육도 가능하다.

책을 잘 보는 아이는 영화도 잘 본다. 책을 잘 보지 않는 아이도 영화는 잘 본다. 그런 아이도 분석하여 보기까지 오면 자연스럽게 책을 보려고 한다.

비판하며 보기

비평과 비판은 조금 결이 다르다. 비평이 작품의 장단점 등의 가치를 판단하는 것이 주를 이루는 반면, 비판은 사물을 분석하여 각각의 의미와 가치를 인정하고 전체 의미와 관계를 분명히 하는 논리적인 기초를 밝히며 평가하는 것이다.

비판하며 보려면 무언가를 읽고 먼저 자신의 것으로 옮겨 내면화하는 과정을 거쳐야 한다. 내면화는 책이든 영화든 그 속에 담긴 내용을 수용해서 정리한 후 선택하는 과정을 거친다. 이 단계를 거치면서 비판적인 보기를 연습한다. '어라, 책에 있는 내용이라고 해서 다 정답은 아니네' 하는 느낌을 받는다. 같은 정보나 상황도 누가 어떻게 전달하느냐에 따라 다양한 관점이 존재한다는 것을 알게 된다. 그러면서 이질감과 호기심을 동시에 느낀다.

분석의 단계에서 인식의 깊이와 폭을 넓혔으면, 비판의 단계를 거치면서 어떤 책과 영화를 보더라도 그것의 장단점을 파악하고 가능성과 한계가 무엇인지 보는 능력이 생긴다. 이때 수동적인 수용자에서 적극적인 관찰자로 변한다.

적극적인 관찰자가 된다는 것은 자신의 관점이 생긴다는 뜻이다. 관점은 기준이 된다. 충분한 분석이 이뤄져야 균형 잡힌 비판도 할 수 있다. 균형 잡힌 비판은 논리적 기초를 밝히는 과정에서 학습된다.

영화 수업은 공적 공간에서 같은 영화를 보고 함께 분석한 것을 바탕으로 논리적인 기초를 밝혀가며 의미와 가치 그리고 관계를 파악하는 기회가 된다. 이것은 자신의 견해를 피력할 수 있는 비평의 단계까지 발전할 수 있다는 점에서 큰 의미가 있다.

그래서 비판적으로 보기는 독서교육이든 영화교육이든 공교육에서 할 수 있는 마지막 단계다. 영화교육에서 비평은 지향해야 할 목표로 남겨두는 것이 좋다. 비판하며 보기 정도가 도달 가능한 현실적인 최종 목표라고 봐야 한다.

비판하며 보기 단계에 이르면 뉴스, 신문 등의 다른 정보를 접했을 때 주변 상황을 이해하면서도 비판적인 수용이 가능하며 성인이 되어서도 깊이 있는 독서가 가능하다.

지금은 영상시대라고 한다. 그렇지만 영상을 교육적으로 활용하는 것에 반대가 없는 것은 아니다. 하지만 '텍스트든 영상이든 함께 보는 것이 중요하다'라는 것을 잊지 않으면 된다. 독서든 영화든 함께 보고 이야기해야 비로소 교육이 된다.

2장

영화가 교육과정에 빠진 날

영화 수업을 위한 준비

"좋은 것은 알겠는데, 교육과정과 연계해서 하려면 어떻게 해야 하나요?"

영화 수업 관련 강의를 하면 가장 많이 듣는 질문이면서도 가장 곤혹스러운 질문이었다. 교육과정 중 시수 배당에 지금처럼 교사의 자율권이 많지 않던 시기에는 토요일이나 학기 말에 진도 끝내고 혹은 교과 시간 틈틈이 상황을 봐가며 영화 수업을 했다. 혹은 동아리 활동 등 재량 활동을 최대한 이용하기도 했다. 연간 시수계획안에 영화 수업을 당당히 넣기가 어려웠다. 하지만 이젠 교육과정 재구성과 주제중심 통합수업의 사례로 교육과정 편성의 자율권이 커지고 영화 수업에 대한 시선도 달라지고 있다.

영화 수업은 자유롭고 허용된 활동이 주를 이루지만, 그 설계에는 많은 변수를 생각해야 한다. 크게 두 가지로 볼 수 있는데, 하나는 영화 수업 자체에 대한 것이고 다른 하나는 영화 수업을 하기 위해 교육과정과 연계하는 작업이다. 전자가 교육적 텍스트로서 영화를 어떻게 수업에 활용할 것인가를 고민하는 것이라면, 후자는 영화 수업을 하면서도 교육과정에 연동되게 하는 것이다. 귀찮고 까다로운 과정이다.

수업을 하려면 생각만으로 뚝딱 할 수는 없다. 학교에는 교육과정이 존재하며, 단순한 영화감상이 아닌 영화 수업은 교육과정 안에서 자유를 찾아야 한다. 교육과정이란 틀이 영화 수업을 하는 데 거추장스럽기도 하지만, 달리 생각하면 교육과정이 요구하는 기본 틀에 맞추면 제약을 받지 않는다는 뜻도 된다. 틀에 구속당하지 말고 틀을 키워버리면 그 안에서도 자유로울 수 있다. 그리고 최소한의 기준을 가지고 교육과정과 연계하는 작업은 교사의 고유한 권한이면서도 꼭 필요한 작업이다. 이 장에서는 교육과정 안에 영화 수업을 넣는 방법을 풀어보고자 한다.

시간
확보하기

영화가 수업이라 했으니 아이들과 영화를 어떻게 볼 것인지 풀어야 하는데, 사전 준비를 해야 한다는 것에 의아할 수 있다. 그러나 오랜 기간 영화 수업을 해본 결과 이것을 해결하지 않고서는 '영화 수업 = 교사의 수업 방기'라는 편견을 깨트릴 수 없다.

영화를 수업의 자료로 쓰기 위해 반드시 영화 수업에 대한 간단한 계획서나 서식을 정리해 두는 것이 좋다. 특히, 앞으로도 계속 영화 수업을 하기 위해서는 꼭 필요하다.

영화 수업에서 시간 확보는 다른 활동에 비해 매우 중요하다. 그 이유는 영화 수업 한번 하려면 최소한 4시간의 수업시수가 필요하기 때문이다. 한 번의 영화 수업으로는 큰 효과가 없기에 횟수를 늘리려면 필연적으로 시간을 확보해야 한다. 꽉 짜인 교육과정 속에 시간을 확보하는 것은 쉬운 일이 아니다. 하지만 시간 확보 없이는 영화 수업 자체를 할 수 없으니 최대한의 시수를 확보할 수 있게 교육과정을 잘 살펴야 한다.

틈을 찾아라

 교육과정 연간 수업시수는 연간 수업일수에 하루 수업시수를 곱해서 나온다. 거기다 각 과목의 학년군별 배당 시간을 적절히 나눠 학년별 과목 배당 시간이 나오고 그것을 월, 주, 일별로 채워나간다. 교육과정 재구성을 하지 않고 기계적으로 수업시수를 산출한다고 하면, 기준시간표를 먼저 짜고 주별로 나오는 시수를 모두 더해 과목별 배정시간의 합과 연간 수업일수를 초과하는 것으로 연간 시수계획을 짠다. 이것을 기반으로 연간 시간표를 짜고 거기에 맞춰 과목별 연간 진도표와 주별 교육계획까지 나온다.

 교과 수업과 창의적 체험활동, 범교과 활동, 학교·학급 특색 활동 등을 채우다 보면 수업 시간은 꽉 채워진다. 수업 시간은 정해져 있고, 수업으로 넣어야 할 분야는 더 많아진다. 체험활동도 많아지고, 마을교사 등 협력수업이나 외부인사 수업도 많아지면서 교육과정 속 수업시수는 더욱더 복잡해지고 촘촘해졌다. 이런 상황에서 영화 수업은 비집고 들어갈 틈이 보이지 않는다.

 기계적으로 교육과정을 짜다 보면 영화 수업은 우선순위에서 뒤로 밀린다. 영화 수업을 하겠다고 마음먹었다면, 최대한 수업시수를 확보하는 것이 관건이다. 교과, 창의적 체험활동, 범교과 활동을 통합하고 정리하는 과정이 필요하다. 자연스럽게 교육과정 전반을 아우르는 능력이 있어야 한다. 학교, 학년, 학급별로 교사의 교육과정 편성, 운영의 재량권은 확대되었다. 그러나 이것은 선언적 의미다. 실제 교육과정을 짜보면 크게 재량적 요소가 보이지 않는다. 그러므로 교육과정을 주도적으로 편성하겠다는 의지가 있어야 한다.

그렇다면 영화 수업을 교육과정 안에 넣는 방법을 알아보자. 보통 한 편의 영화를 보기 위해 감상 전, 후 활동까지 최소 3시간에서 넉넉하게 4시간의 수업 시간이 필요하고 그림으로 표현하는 활동을 추가할 경우 6시간을 확보하는 것이 좋다.

성취기준을 기초로 한 교육과정 재구성하기

영화에 맞는 성취기준을 찾아 교육과정을 재구성하여 주제중심 통합수업을 할 수 있다. 관건은 성취기준을 확보하는 것이다. 어떤 수업보다 영화 수업은 유연성이 필요하다. 그러기 위해선 교육과정에 접목해야 하고, 성취기준은 영화 수업의 유연성을 확보하는 중요한 기준이다. 이것을 근거로 교육과정의 재구성이 가능하다.

성취기준을 연계해서 교육과정을 재구성하면 무척 간단하면서도 효과적으로 영화 수업 시간을 확보할 수 있다. 특히, 국어의 문학 부문은 거의 전 영역을 영화 수업으로 대체할 수 있다.

하나의 성취기준을 충족하기 위해 한 단원의 분량이 필요하고 단원은 과목에 따라 열 시간 안팎의 수업 시간이 배정된다. 따라서 영화의 주제와 성취기준을 연결하여 교육과정 재구성을 통해 수업시수 확보가 가능하다.

2015 개정교육과정 4학년 국어 문학 성취기준

[4국05-01] 시각이나 청각 등 감각적 표현에 주목하며 작품을 감상한다.

[4국05-02] 인물, 사건, 배경에 주목하며 작품을 이해한다.

[4국05-03] 이야기의 흐름을 파악하여 이어질 내용을 상상하고 표현한다.

[4국05-04] 작품을 듣거나 읽거나 보고 떠오른 느낌과 생각을 다양하게 표현한다.

[4국05-05] 재미나 감동을 느끼며 작품을 즐겨 감상하는 태도를 지닌다.

2022 개정교육과정 문학 성취기준

[12문학01-01] 문학이 인간과 세계에 대한 이해를 돕고, 삶의 의미를 깨닫게 하며, 정서적·미적으로 삶을 고양함을 이해한다.

[12문학01-02] 문학의 여러 갈래들의 특성과 문학의 맥락에 대해 이해한다.

[12문학01-03] 주요 작품을 중심으로 한국 문학의 범위와 갈래, 변화 양상을 탐구한다.

[12문학01-04] 한국 문학에 반영된 시대 상황을 이해하고 문학과 역사의 상호 영향 관계를 탐구한다.

[12문학01-05] 한국 작품과 외국 작품을 비교하며 읽고 한국 문학의 보편성과 특수성을 파악한다.

[12문학01-06] 문학 작품에서는 내용과 형식이 긴밀하게 연관됨을 이해하며 작품을 수용한다.

[12문학01-07] 작품을 공감적, 비판적, 창의적으로 감상하며, 다양한 방식으로 작품에 대해 비평한다.

[12문학01-08] 작품을 읽고 새로운 시각으로 재구성하거나 주체적인 관점에서 작품을 창작한다.

[12문학01-09] 다양한 매체로 구현된 작품의 창의적 표현 방법과 심미적 가치를 문학적 관점에서 수용하고 소통한다.

[12문학01-10] 문학을 통하여 자아를 성찰하고, 타자를 이해하며 상호 소통한다.

[12문학01-11] 문학을 통해 공동체가 처한 여러 문제들을 이해하고 문제 해결에 참여하는 태도를 지닌다.

[12문학01-12] 주체적인 문학 활동을 생활화하여 지속적으로 문학을 즐기는 태도를 지닌다.

국가수준 교육과정은 수시로 변하기 때문에 국가교육과정정보센터(NCIC, https://ncic.kice.re.kr/)를 통해 확인해보는 것이 좋다. 영화 수업을 설계할 때는 최대한 허용적으로 성취기준을 해석할 필요가 있다. 성취기준을 중심으로 영화를 편성하고 수업자료를 정리한 도서 『어린이를 위한 영화 읽기 수업』(지태민, 2024, 이비락)이 많은 도움이 된다.

창의적 체험활동 시간 확보하기

창의적 체험활동은 전 학년에 고루 배정되어 있다. 영화 수업을 위한 시간 확보의 시각으로 창의적 체험활동을 살펴보면, 동아리 활동이나 학급 특색 활동 등에 적용할 수 있다. 좀 더 능동적으로 시간 확보를 하려면 교육과정을 편성할 때 '영화 논술', '영화로 마음 읽기' 등의 활동을 편성할 수 있다.

가장 쉽게 영화 수업 시간을 확보할 수 있는 것은 동아리 활동이다. '영화 논술', '영화 읽기' 등의 주제로 영화 수업을 진행할 수 있다. 교과에 비해 편성, 진행, 평가에 있어 비교적 자유롭다는 점이 가장 큰 장점이다.

또 학년 초 적응 활동에 활용하는 것도 좋다. 영화 '인크레더블'을 이용하면 영화 수업을 하는 교사 자신을 소개하고 영화에 대한 안내를 할 수 있는 시간으로 활용할 수 있다. 새 학년에 새로 만난 아이들의 속마음을 읽을 수 있는 단초를 마련할 수 있는 것은 덤이다. 자세한 방법은 QR 코드를 통해 확인할 수 있다. 『영화를 보면 아이의 숨은 마음이 보인다』(차승민. 2013. 전나무숲)에 더 자세한 내용이 소개되어 있다.

수업일수 초과에 따른 교과 여유 시간 확보하기

보통 단위 학교에서 수업일수를 산정할 때 연간 수업일수에 딱 맞추기보다 하루 이틀이라도 더 확보한다. 수업일수를 맞추더라도 고학년인 경우에는 수업시수 초과분이 존재한다. 이럴 경우 미리 초과되는 수업시수는 교과 재량시간으로 분류되기 때문에 이런 자투리 시간도 영화 수업으로 확보해서 교육과정에 명시해두면 된다.

학교 행사와 연계하기

교육과정 재구성이 학교 단위로 자연스럽게 연결되는 경우, 학교 행사와 영화 수업은 의외로 궁합이 잘 맞는다. 특히 인권, 환경, 과학 등 행사나 주간으로 잡혀있을 경우 학년별로 주제에 맞는 영화를 함께 볼

시간을 확보할 수 있다.

보통 강당에는 빔프로젝터와 암막, 음향 시설이 갖춰져 있기 때문에 시설 문제는 없다. 학교 행사와 수업시수가 연동되게 교육과정을 재구성한 경우는 영화 수업으로 적극적인 대체가 가능하다.

초등학교 영화교육 표준안 활용하기

영화진흥위원회(KOFIC)에서 2021년에서 2022년에 걸쳐 '청소년 영화교육 교육과정기준 연구 개발'을 발표했다. 여기에 2015 개정 교육과정에 기초하여 초등학교 영화교육 표준안을 만들었다. 이 연구는 영화 수업의 이론적 배경과 수업 체계의 기반을 마련했다는 점에서 큰 의의가 있다. 국내 최고의 영화교육 관련 교수진과 현직 교사로서 내가 공동연구원으로 참여했고, 영화교육을 실천하던 수많은 현장 교사가 힘을 합쳐 학년별 영화교육 워크북과 교수학습지도안을 만들었다. 교수학습지도안은 영화 교육과정을 어떻게 운영할지 구체적인 시안을 제공하고 있다. 모듈 형태로 제작되어 있어 전체 차시 혹은 일부 차시로 활용할 수 있도록 한 것이 특징이다.

특히, 영화교육을 단독 교과가 아닌 다른 과목과 연계하여 운영할 수 있도록 현장 연구자로서 제안하고 그것을 정책 제안하였으며 무엇보다 전체의 체계를 잡는 데 큰 영향을 줬다는 점에서 성과가 큰 연구물이다.

초등학교 영화교육
표준안

영화교육지도안
1-2학년용

영화교육지도안
3-4학년용

영화교육지도안
5-6학년용

영화교육워크북
1-2학년용

영화교육워크북
3-4학년용

영화교육워크북
5-6학년용

영화 수업의
법적 근거

 십수 년 전 어느 학교에서 수업 시간에 영화를 보여주는 것이 어느 법령에 나와 있느냐고 동료 교사로부터 항의를 받았다고 하면서 나에게 문의를 해왔다. 교사가 교육적 안목으로 선택한 교육자료를 폄훼하거나 비방하는 것은 교사의 전문성 자체를 의심하는 것이지만, 그 기회로 법조문을 찾아 정리해두고 널리 알렸다.

 일단 초·중등교육법 시행령 제48조는 수업운영방법에 있어 영상매체를 사용할 수 있도록 규정해두고 있다.

초·중등교육법 시행령
제48조(수업운영방법 등)
③ 학교의 장은 방송프로그램을 수업에 활용할 수 있다. 〈개정 2001.1.29., 2008.2.29., 2011.3.18.〉

따라서 영상매체인 영화도 수업에 사용할 수 있다. 실제 학교에서 영상물을 시청할 때는 저작권이 가장 문제가 되는데, 그에 대한 것은 저작권법 제25조 1항에서 4항까지의 조항으로 면책된다.

저작권법
제25조(학교교육 목적 등에의 이용) ① 고등학교 및 이에 준하는 학교 이하의 학교의 교육 목적을 위하여 필요한 교과용도서에는 공표된 저작물을 게재할 수 있다
② 다음 각 호의 어느 하나에 해당하는 학교·교육기관 또는 교육훈련기관이 수업 목적으로 이용하는 경우에는 공표된 저작물의 일부분을 복제·배포·공연·전시 또는 공중송신(이하 이 조에서 "복제등"이라 한다)할 수 있다. 다만, 공표된 저작물의 성질이나 그 이용의 목적 및 형태 등에 비추어 해당 저작물의 전부를 복제등을 하는 것이 부득이한 경우에는 전부 복제등을 할 수 있다. 〈개정 2020.2.4., 2024.2.27.〉
2. 「유아교육법」, 「초·중등교육법」 또는 「고등교육법」에 따른 학교
③ 제2항의 규정에 따른 교육기관에서 교육을 받는 자는 수업목적상 필요하다고 인정되는 경우에는 제2항의 범위 내에서 공표된 저작물을 복제하거나 전송할 수 있다.
④ 국가나 지방자치단체에 소속되어 제3항에 따른 학교 또는 교육기관의 수업을 지원하는 기관(이하 "수업지원기관"이라 한다)은 수업 지원을 위하여 필요한 경우에는 공표된 저작물의 일부분을 복제등을 할 수 있다. 다만, 공표된 저작물의 성질이나 그 이용의 목적 및 형태 등에 비추어 해당 저작물의 전부를 복제등을 하는 것이 부득이한 경우에는 전부 복제등을 할 수 있다. 〈신설 2020.2.4., 2024.2.27.〉
⑤ 제3항 각 호의 학교·교육기관 또는 교육훈련기관에서 교육을 받는 자는 수업 목적을 위하여 필요하다고 인정되는 경우에는 제3항의 범위 내에서 공표된 저작물을 복제하거나 공중송신할 수 있다. 〈개정 2020.2.4., 2023.8.8., 2024.2.27.〉

코로나19 시기를 거치며 저작권법은 원격수업을 위한 합법적 송출의 법적 근거도 마련해두고 있다.

과거 저작권 때문에 따로 문광부에 문의해본 결과, 수업으로 사용할 경우 정식 버전으로 구입한 영상물일 경우 저작권에 위배되지 않는다는 유권해석을 받았다. 즉 비디오테이프, DVD, 블루레이 등 타이틀을 구매한 경우나 영화 파일을 정식으로 구매한 경우는 수업 중 영화를 사용해도 보호받는다는 뜻이다. 대신 토렌트(Torrent)나 P2P 사이트 등에서 불법적으로 받은 경우는 보호받지 못한다는 점을 꼭 알아둬야 한다.

KERIS에서는 교육저작권지원센터(https://copyright.keris.or.kr/idx)를 운영하면서 저작권에 대한 자세한 안내를 하고 있다. 교사를 위한 수업목적 저작물 이용안내서(교육자료 TM 2021-2)에 따르면 '수업목적상 필요한 경우'를 다음과 같이 명시하고 있다.[6]

> 학교 및 교육기관에서 직접 수업을 하는 자가 주체가 되어 수업과 직접적으로 연관된 범위 내에서 저작물을 이용하는 경우에 한정되는 것으로 엄격하게 해석하고 있습니다. 또한, 이러한 규정에 따라 저작물의 이용이 가능한 경우라도 무제한으로 이용이 가능한 것은 아니며, 저작물의 용도와 복제의 부수 및 형태 등에 비추어 저작권자의 이익을 부당하게 해치지 않는 범위 내에서 이뤄져야 할 것입니다. _ 한국저작권위원회(2014). 2014 저작권상담사례 100+

---

6 교사를 위한 수업목적 저작물 이용안내서, 48쪽

영화 영상(유튜브 상의 영화 포함)을 저작자 동의 없이 수업에 이용해도 되나요?

저작권법 제25조에 따라 수업목적인 경우는 영화 영상은 원작자의 동의없이 일부를 복제, 배포, 공연, 전시 또는 전송을 할 수 있다.

등교수업인 경우 비영리목적 등의 저작권법 제25조제2항의 요건을 충족하면 상업적 목적으로 공표된 영상저작물을 재생하여 공연할 수 있다.

다만 원격수업인 경우는 전송에 해당하므로 비영리목적이라도 이용이 어렵다. 만약 사용하려면 수업목적으로만 저작물의 일부 이용이 가능하고 접근제한, 복제방지, 저작권 보호를 위한 경고문구, 출처표시가 필요하다.

원격수업 플랫폼인 경우 허가된 학생만 접근할 수 있어 영화를 볼 수는 있지만, 영화 전체를 보여주는 것은 논란의 여지가 있음을 알 수 있다. 코로나19 당시 원격수업에서 영상물 전송의 경우 양방향 실시간 수업 시 전송오류가 생기는 경우가 많아 원격수업에서 영화 수업은 어려움이 있었다.

마지막으로 저작권법 시행령 제9조에서도 수업에 사용할 수 있는 조항이 있다.

저작권법 시행령
제9조(교육기관의 복제방지조치 등 필요한 조치)

1. 불법 이용을 방지하기 위하여 필요한 다음 각 목에 해당하는 기술적 조치
가. 전송하는 저작물을 수업을 받는 자 외에는 이용할 수 없도록 하는 접근제한조치

    전송하는 저작물을 수업받는 자 이외에는 사용할 수 없도록 접근 제한하라는 것은 반대로 수업 시간에만 보라는 뜻도 된다. 정리하면 다음과 같다.

1. 수업자료로 영화를 사용하는 것은 법적으로 아무 문제가 없다.
2. 단 상업적 목적으로 출판, 홍보를 할 때는 저작권법에 의하여 제한받는다.
3. 그 외는 수업운영방법에 대한 고시 초·중등교육법 시행령 48조 2항 3항, 교육목적에 대한 미디어 사용에 대한 저작권법 25조 1항에 의거 면책된다.
4. 원격수업에서도 영화를 사용할 수 있으나 전체가 아닌 일부만 이용할 수 있고, 접근제한 및 경고문구, 출처표시 등 제한 요건이 많아 유의해야 한다.

    교사가 영화를 수업 시간에 교육적 자료로 사용하고 활용함에 있어 법적으로 제한을 두는 경우는 거의 없다. 또한, 학문적으로도 제한해야 한다는 견해가 없다. 법적 규정도 영상과 미디어를 수업에 활용할 수 있도록 개선되어 가고 있다.

영화의 주제와
교과를 연결하기

성취기준을 중심으로 재구성할 때 유의할 점은 과목별로 성취기준이 상이하다는 점이다. 성취기준별로 맞는 영화를 찾으면 가장 좋지만, 정확히 일치하는 영화를 찾기 어렵다. 이럴 경우 두 가지를 고려하는 것이 좋다.

> 해당 성취기준이 영화 수업에 적합하고 대강화되어 있는가?
> 수업하려고 하는 영화가 가진 주된 메시지가 대강화된 성취기준에 부합하는가?

영화 수업에서는 교과 성취기준과 영화의 메시지를 유연하게 연결하여 설계하는 것이 중요하다.

특히, 장편 영화를 다 보면서 수업해야 한다는 부담이 큰 만큼 수업

시간을 확보하는 것이 무엇보다 중요한데, 보통 100분 이하의 영화를 볼 때는 3시간, 100분 이상의 영화를 볼 때는 4시간 정도가 필요하다. 거기에 2시간을 더 확보하면 다양한 감상 후 활동도 진행할 수 있다.

그러므로 영화 수업은 필연적으로 주제중심 통합수업을 계획해야 한다. 주제중심 통합수업은 복잡하고 어려운 개념이 아니다. 성취기준과 영화의 주된 메시지가 부합하면 그 자체를 주제로 삼고 수업을 하되, 교과 혹은 교과 간 또는 창의적 활동과 교과를 연동하여 수업하는 방식도 고려할 수 있다. 영화 수업 자체가 주제중심 통합수업으로 운영할 수 있으므로 영화의 주제를 우선으로 두고 교과와 연결하는 방법을 모색해보자. 이 과정이 능숙해져야 기본 체계는 갖추면서도 수업 상황에 맞게 임기응변을 할 수 있다.

교과 내 재구성

교과별로 영화 수업이 가능한 성취기준을 추출한다. 해당 성취기준을 실현할 방법으로 영화 수업 시간을 확보할 수 있다. 국어의 문학 부문은 별다른 준비 없이도 바로 영화 수업으로 대체할 수 있고 말하기, 듣기, 읽기, 쓰기 영역도 조금만 재구성하면 충분히 영화 수업 시간으로 활용할 수 있다.

이야기를 듣고 일의 원인과 결과를 파악할 수 있다.
다양한 매체를 보거나 듣고 생각과 느낌을 서로 이야기할 수 있다.

국어에서는 위와 같은 형태의 성취기준이 많이 있다. 따라서 영화 수업을 설계할 수 있는 단원이 생각보다 많다. 영화 수업 시간을 확보하기에 비교적 쉬운 방법이다.

도덕은 전 영역에서 영화 수업으로 설계할 수 있다. 수학은 성취기준이 매우 분명하고 분절적이어서 영화 수업에는 적절하지 않다. 과학과 사회 과목은 영화 수업이 가능하다 여기지만, 영화의 특성상 사실의 전개보다 특정 사건이나 인물을 중심으로 전개되는 경우가 많아 객관적인 자료로 쓰기엔 다소 무리가 있다. 그래서 이런 경우는 다큐멘터리로 대체하는 것이 좋다. 예체능과 실과, 영어도 교과 안에서 단독으로 영화 수업으로 하기엔 쉽지 않다.

교과 간 재구성

과학이나 사회 등 단독 교과 안에서 재구성하기 어려운 경우 국어와 도덕 등의 성취기준과 연결하여 교과 간 재구성의 방법으로 영화 수업을 기획하면 가능하다.

과학 3·4학년군에 '화산 활동 모형을 만들고 화산이 분출할 때에 나오는 여러 가지 물질을 설명할 수 있다'는 핵심성취기준이 있다. 이를 이용해서 영화 '볼케이노'를 보고 난 후 국어 말하기 듣기 3·4학년군에서 '설득하거나 주장하는 말을 듣고 주장과 근거를 파악할 수 있다'의 수업을 연계하는 방식이다.

교과 간의 재구성 방식을 이용하면 영화 수업 시간을 획기적으로 확보할 수 있다. 주제통합 수업의 특성상 기본적인 개념을 숙지하고 난 뒤 활동하는 것이 효과적이다. 따라서 단원 초반엔 개념이해 수업으로 진행하고, 후반부를 영화 수업으로 활용하는 것이다. 성취기준을 중심으로 연계할 과목의 연결점을 파악하여 주제중심 통합수업을 설계하면, 한 책 읽기와 온 책 읽기의 방법으로 영화 수업을 각 단원의 성취기준과 연결할 수 있다. 통합수업 설계에서 가장 중요하게 고려해야 할 것은 단원별 기본 개념의 연결이다. 기본 개념의 연결은 성취기준의 연결로 이어진다. 교과 간 재구성을 통해 영화 수업을 설계할 때 이 부분을 놓치지 말아야 한다. 영화 수업도 교과별 단원 성취기준을 맞춰야 주제 통합 수업으로서 가치가 있다.

수업 시기가 맞지 않을 경우만 적절히 조절한다면, 두 과목 이상 연결하여 입체적인 수업을 설계하고 진행할 수 있다. 교과 간의 재구성을 할 경우 의외로 수업할 수 있는 영화의 폭이 교과 내 재구성할 때보다 넓어지는 장점이 있다.

창의적 체험활동과 교과 재구성

영화 수업에서 감상 후 활동으로 영화 이야기, 토의·토론 이외에 역할극, 인상적인 장면 그리기, 광고로 표현하기, 시로 표현하기, 몸짓으로 나타내기 등 다양한 활동을 해볼 수 있다. 물론 이것을 교과 간 재구성으로 적용할 수 있지만, 창의적 체험활동과 연동하면 더 폭넓은 시간을 확보할 수 있다. 이때는 '창의적 체험활동＋교과'가 재구성의 기본이 된다.

일단 창의적 체험활동에서 학급 특색 시간을 확보해서 일정 시간 영화 수업을 확보한 후 이것을 다시 교과와 연계하는 방법이 있다. 이럴 경우 확보된 학급 특색 시간으로 감상 후 활동을 더 자유롭게 할 수 있다. 감상 후 자유로운 활동 시간으로 학급 특색 시간을 영화 수업으로 설계할 경우에는 교과에서 영화 수업을 하고 난 뒤에 바로 학급 특색 시간을 넣으면 된다.

영화감상 중 어떤 장면에서 가장 반응이 컸는지 살펴보고 교사는 감상 후 활동으로 어떤 것을 할지 유연하게 구안할 수 있다. 자세한 것은 '3장. 영화 수업 실천하기 – 감상 후 활동' 편을 참고하기 바란다.

특히, 행사 활동과 교과의 재구성인 경우 영화 수업은 빛을 발할 수 있다. 진로, 과학, 친구의 날, 인권, 불조심 예방, 호국 보훈의 달 등 다양한 행사와 영화 수업을 접목하면 흥미와 참여도 그리고 몰입도 높은 수업이 될 수 있는 토대가 되고 그것 자체로 주제중심 통합수업으로 할 수 있다.

교과 간 재구성의 방법으로 설계하는 영화 수업은 두 과목의 단원 성취기준을 근거로 하는 만큼 보다 학습에 치중한다. 반면 창의적 체험활동과 교과 재구성을 통한 영화 수업은 교과의 활동을 창의적 체험활동 시간과 연계하여 좀 더 심화, 확대, 발전시킨다는 취지가 강한 수업 설계의 방식이다.

즉 학습의 측면을 강하게 하고 싶을 땐 교과 간 재구성을, 활동의 측면을 강하게 하고 싶을 땐 창의적 체험활동과 연계한 수업 설계를 하는 것이 좋다.

창의적 체험활동 시간의 활용

학급 특색 활동 혹은 학급 동아리 활동 등으로 영화 수업 시간을 확보하는 방법이다. 교육과정 편성 운영에서 고학년인 경우 과목별로 시수편성에 여유가 있는 학급 특색 혹은 학급 동아리 활동으로 편성 운영할 수 있다. 때에 따라서는 학기나 학년 말에 꿈, 끼 탐색 주간 등 진로교육 시간으로 확보해서 영화 수업을 할 수도 있다. 이럴 경우 진로교육주간을 영화 주간으로 편성하여 운영할 수도 있고 학년 전체 활동으로 영화를 보고 사후 활동을 통해 진로에 대한 생각과 이해를 높일 수 있다. 또한, 전일제 편성 등으로 수업에 대한 효율성과 탄력성도 높일 수 있다.

교육과정 운영에 있어 가장 자유로운 방식의 영화 수업 설계가 가능하다. 그러므로 수업에 대한 부담을 줄이면서 영화를 교육에 접목할 때 시도하는 것도 좋다.

3장

이보다 더 좋을 순 없다

영화 수업 실천

이 장에서는 영화를 직접 수업에 활용하기 위한 적용과 실제에 관한 것을 다룬다.
영화를 수업에 활용하기 위해서는 수업 활동 못지않게 교사의 준비도 많이 필요하다. 그 이유는 첫째, 영화는 상영시간이 길고 둘째, 영화가 초등학교 수업을 위해 제작된 것은 아니기 때문이다.
영화 수업의 성패는 '어떤 영화를 선택하는가?' 하는 것이 가장 큰 부분을 차지한다. 그러므로 수업 주제에 맞는 영화를 선정하는 것이 가장 중요하다. 필요하다면 영화를 편집해서 활용할 수도 있고, 시간의 제약을 받는다면 단편영화를 선정하는 것도 하나의 방법이다.
그러나 이것도 쉽지 않다. 편집해서 활용할 수는 있지만 어디서 얼마만큼 편집해야 하는지 정해진 것도 없고, 기술적인 어려움은 둘째치고라도 편집은 영화의 주된 메시지에 영향을 줄 수 있기 때문에 수업의 방향을 고착화할 수 있다. 또한, 단편영화는 시간의 제약에서 비교적 자유롭지만, 교육자료로서 검증은 부족하기 때문에 일일이 검토해야 한다.
영화 수업을 하려고 마음먹고 시도했을 때 가장 어려운 부분은 주제에 맞는 영화를 선정하는 것이다. 거기다 주제중심 통합수업이 주가 되는 영화 수업의 특성상 실제 수업을 진행하려면 어려움이 크다. 주제 이외에는 정해진 것이 없는 자유로움과 반대로 정해진 것이 없기에 수업을 어떻게 설계하고 진행해야 할지 막막하기 때문이다.
영화 수업을 만만히 보고 시도하려던 교사들이 실제로 경험해보고 어려움을 겪는 이유가 여기에 있다. 그럼에도 영화 수업을 권하는 이유는 어려운 만큼 교육적 효과도 분명하기 때문이다. 결국, 영화 수업을 하겠다는 교사의 자발적 의지와 선택이 영화 수업을 실천하고 실현하는 데 가장 큰 원동력이 된다.
이렇게 영화가 준비되면 실제 수업에 들어가는데, 영화 수업의 특성에 맞는 감상 방법과 수업 방법의 실제를 풀어보고자 한다. 또한, 영화를 본 다음 어떤 사후 활동으로 아이들에게 영화의 감동을 좀 더 구체적으로 내면화할 수 있는지도 알아본다.

어떤 영화를 선택해야 할까

"아주 훌륭한 작품인데, 아이들이 잘 보지 않아서 실망이 컸어요."

문화예술진흥원에서 마련한 영화 전공자를 대상으로 한 문화예술 강사를 위한 강의를 하러 갔을 때 들은 말이다. 이야기를 들어보니 초등학교 아이들에게는 다소 내용이 어려운 영화를 선정했다는 점이 가장 큰 문제였다.

수업에 활용할 영화를 고르는 데는 두 가지 기준이 있다. 하나는 '영화 자체가 좋은 영화'이고, 다른 하나는 '교육적 메시지가 좋은 영화'이다. 가장 좋은 것은 영화 자체도 좋고 거기에 담긴 메시지 또한 교육적이어야 하겠지만, 그런 영화를 찾는 것은 쉽지 않다.

거기에는 수업에 참여하는 아이들의 문해력에 비밀이 있다. 생각보다 초등학생의 영화 문해력은 그리 높지 않다. 당연한 말이겠지만, 영화 수업은 어떤 영화를 고르느냐가 중요하다. 흥미 위주의 읽기가 문해력으로 발전하고 이것을 바탕으로 자기 삶과 비교해가며 이야기를 풀어가야 영화 수업이 되는데, 영화 속 이야기를 읽어내는 능력이 날이 갈수록 떨어진다. 그래서 아이들이 이해할 수 있는 수준에서 약간 상회하는 수준의 영화 중에서 영화적 가치와 메시지가 좋은 영화를 선정하는 것이 핵심이다.

교사가 좋아하는 영화

좋은 영화를 고르는 특별한 방법이 따로 있는 것은 아니다. 다른 수업과는 다르게 영화 수업은 교사의 영화 선택이 중요하기 때문에 교사가 좋아하는 영화를 선정하는 것을 우선으로 한다. 교육적으로 가치 있는 영화를 의도적으로 선정하더라도 그것이 교사가 좋아하는 영화여야 한다. 그 이유는 교사 자신이 좋아하고 신나는 영화를 아이들에게 권해주고 설명하는 것만큼 좋은 것도 없기 때문이다. 다만, 이때 교사의 눈높이를 아이들 수준으로 낮추는 것이 매우 중요하다.

'과연 이 영화가 교육적일까?'

교사가 좋아하는 영화를 선정하는 데 주저함이 생기는 이유는 교육적 검증을 스스로 해야 하기 때문이다. 영화 수업은 영화 자체의 가치를 아이들에게 전달하는 수업이 아니다. 아이들이 영화를 이해하는 것이 우선이다. 그러려면 교사를 통한 전달이 필수적이다. 영화를 아이들에게 바로 전달하는 것이 아니라 교사의 필터링을 거친 영화를 전달한다는 의미다. 이 과정은 필수적으로 거쳐야 하는 최소한의 교육적 필터링이다.

아이들의 발달과 흥미에 맞게

　아이들의 흥미는 심리적, 정서적 발달 단계와 연관이 있다. 즉 교사가 엄선한 영화가 아무리 좋다고 할지라도 너무 어렵거나 상황이 매우 복잡하게 묘사되어 있다면 아이들은 부담스러워한다. 그래서 수업의 흥미를 높이기 위해 아이들이 원하는 영화를 보여주기 쉬운데, 이것은 바람직하지 않다. 교사가 좋아하는 영화를 우선해서 선정한 뒤 아이들의 발달과 흥미를 고려해야 한다.

　나는 좋은 영화를 찾으면 아이들과 수업을 했다. 지금까지 250편 이상의 영화로 수업을 진행했지만, 기록으로 남기고 소개하는 영화는 160여 편 정도다. 그렇다면, 나머지 영화는 어떻게 되었는가? 영화적 가치가 높은 영화라도 수업용으로 사용하거나 권하지는 않는다. 수업에 사용하느냐 아니냐의 기준은 바로 수업 현장에서 아이들의 몰입도와 참여도다. 괜찮다고 생각해서 영화 수업으로 진행해보면, 의외로 아이들이 몰입하지 못할 때가 생긴다. 그럴 경우 과감하게 영화를 교체하거나 수업을 중단했다.

　아이들의 발달과 흥미를 고려하는 것은 모든 수업의 기본 전제이지만, 영화에 담긴 교육적 메시지를 살피는 것이 중요하다. 아이들이 이것을 발견하고 생각의 기회로 삼아야 한다. 하지만 영화 보는 것에 큰 의미를 두지 않고 단순히 노는 것이라 여기는 아이는 이것을 불편하게 여긴다. 영화의 메시지가 아이들의 발달 수준에 맞아야 흥미가 유지되고 몰입도가 향상된다. 즉 영화적 메시지가 아이의 발달과 흥미에 맞아야 한다는 뜻이다. 그리고 그것이 교육적이어야 한다.

　그래서 영화 수업을 할 때는 여분의 영화를 준비하는 것이 좋다. 같은 주제라도 난이도가 낮거나 높은 영화를 준비하는데, 보통 수업 중에 교체되는 영화는 아이들의 수준에 비해 난이도가 높은 것이다.

여기서 아이들과 아이는 구분할 필요가 있다. 개별 아이의 이해도와 성취가 높다고 해서 우수한 아이를 기준으로 삼아 수준 높은 영화를 선정하는 것은 지양해야 한다. 영화 수업은 '함께 본다'는 대전제가 있기 때문에 모든 아이가 이해할 수 있는 수준으로 낮추어야 한다. 대신 전체 아이의 수준보다 약간 높은 수준의 영화를 선정하는 것이 좋다. 이럴 경우 먼저 이해한 아이가 먼저 생각의 물꼬를 내주고 이것은 다른 아이들에게 파급이 된다. 교사는 이 과정을 조율하는 역할을 한다.

교육과정과 연계되는 영화

교사가 좋아하는 영화 중 아이들의 발달과 흥미를 고려하여 선택했다면, 최종적으로 교육과정과 연계되는 영화를 선정한다. 보통 이것이 가장 어렵다고 생각하지만, 실제로는 가장 쉽다.

우리의 교육과정은 생각보다 교육적 자료를 선정하고 수업에 투입하는 것에 대해 의외로 허용적이라고 했다. 기본적인 운영의 틀을 잡아 놓은 것이 교육과정이고 교육과정 안에서 성취기준에 부합한 것이면 영화 수업은 가능하다.

먼저, 사회과의 동심원적 접근방법을 응용하여 영화를 선정해보자.

아이는 주변과 상황을 인식할 때 자기중심적이다. 따라서 '나'를 중심으로 본다. 나와 너의 인식과정은 상호작용이라 기계적으로 나누기 어렵지만, 나를 중심으로 세상을 인식하고 경험하는 것을 먼저하고 나서 상대인 '너'를 인식하고 경험한다. '나'와 '너'가 인식되어야 비로소 '우리'라는 공동체 개념에도 접근할 수 있다. 이걸 영화로 풀어보면 좀 더 이해하기 쉽다.

 영화를 처음 볼 땐 '나'가 중심이 된 영화로 시작한다. 이것이 익숙해지면 상대를 중심으로 한 '너'가 강조된 영화를 선택한다. 그런 다음 공동체에 해당하는 '우리'가 강조된 영화를 보는 것이다. 더 구체적으로 살펴보면 '나'와 '너'에 관계된 것은 감정과 그에 따른 상호작용을 나타낸 영화다. 영화 속 현실이 아이들의 경험과 연관성이 있을수록 좋다. '나'와 '너'는 완벽히 분리되지 않으니 나를 중심으로 한 영화나, 너를 중심으로 한 영화 중 어느 쪽에서 진행하는 것이 수월하냐는 교사가 판단하면 된다. '우리'에 해당하는 가장 대표적인 것은 가족에 관한 영화다. 여기서 좀 더 발전하여 지역, 국가, 세계로 뻗어나간다.

 다음으로 도덕과의 수업모형인 '가치 명료화'와 '가치 갈등'을 적용할 수 있는 영화를 선정한다.

 영화는 메시지를 담고 있다. 메시지가 교육적일 때 수업용 영화의 후보로 오른다. '가치 명료화'는 가치가 무엇인지 명료하게 인식하는 것이 핵심이다. 즉 영화에 담긴 메시지가 무엇인지 단어 혹은 문장으로 추출해내는 과정에서 가치 명료화가 나타난다. 이것이 수업의 형태로 적용된 것이 가치 명료화 수업이다. '가치 갈등'은 앞서 명료화된 가치끼리 부딪치는 현상을 말한다. 이러한 갈등은 이해관계의 충돌 속에 일어나는 것이기에 문제를 정의하고 합리적인 해결 방안을 모색하는 것을 수업 상황으로 연결할 수 있다. 즉 영화 주인공들의 갈등 상황을 분석하고 왜 갈등이 생겼으며 어떻게 해결하면 좋을지 이야기해보는 것으로도 충분한 교육적 효과가 있다.

이것을 다시 수업의 얼개로 담기 위해선 앞선 개념들을 염두에 두고 실제 과목의 성취기준을 살펴보는 것이 좋다. 국어 3·4학년군에 '말하기, 듣기'의 성취기준의 하나로 예를 들어보자.

'1413-1. 이야기를 듣고 일의 원인과 결과를 파악할 수 있다.'

'이야기'를 '영화'로 바꾸면 모든 영화는 위 성취기준에 해당한다. 그러니 첫 번째 기준인 교사가 좋아하는 영화의 선택, 두 번째 기준인 아이들의 발달과 흥미를 고려하고 나면 교육과정의 연계는 비교적 수월하게 대처할 수 있다.

보수적으로 선택한다

영화 선택의 범위와 기준이 매우 허용적이어도 영화 수업 시간에 아무 영화나 보여주는 교사는 없다. 영화는 매우 자극적인 자료라는 것을 염두에 두어야 한다. 그러므로 교육적으로 괜찮은 영화이면서도 아이들도 좋아하는 영화를 선택하는 것이 중요하다. 현실적으로 수업 시간에 상업영화 위주로 보는 경우가 많은데, 사전에 교사가 검증한 영화라도 교과서에 수록된 자료보다 자극적이다. 특히, 움직이는 화면과 음향, 정제되지 않은 대사는 아이들에게 부정적인 경험을 심어줄 가능성이 크다.

상영시간이 짧은 단편영화와 잘 알려지지 않은 독립영화는 상업영화와 다른 영화적 시도와 표현을 볼 수 있는 장점도 있지만, 이것도 수업자료로 선정할 땐 교사가 일일이 살펴봐야 한다. 한국 영화 중에서 수업용 영화를 선정할 때 주저했는데, 그 이유는 욕설 때문이었다. 내용의 전개와 주제는 매우 교육적이었지만, 몇몇 아이가 영화 속 욕설을 따라 하는 것을 보고 수업용 영화로 선정하는 것을 포기했다. 교육용 영화를 선정할 때는 보수적으로 해야 한다.

  영화를 보수적으로 선정한다고 해서 수업 활동도 보수적으로 이뤄지는 것은 아니다. 가르치는 것은 보수적인 활동이다. 가르쳐야 할 내용과 수업의 자료는 검증된 것을 우선한다. 그러나 아이가 배울 때는 수준 차가 있고, 무엇보다 일방적인 수용을 하지 않는다. 그래서 수업 상황은 진보적으로 진행된다. 이런 상황을 전제하고 영화를 선택할 땐 더욱더 보수적인 접근이 필요하다.

  현실적으로 가장 먼저 고려해볼 수 있는 것은 관람등급이다. 우리나라에서는 영상물등급위원회(Movie Rating Board, MKRB)에서 결정하는데 폭력성과 선정성, 주제복합성, 이해도 등의 지표로 등급이 정해진다. 주로 초등학교에서는 '전체 관람가'의 영화를 우선 고려하고, 고학년인 경우는 '12세 관람가'를 고려할 수 있다. 이때도 교사가 먼저 보고 아이들이 영화를 오독할 가능성이 없는지 확인이 필요하다.

  영화의 선택은 보수적으로 하되, 관람등급의 해석은 유연하게 할 필요가 있다. 관람등급은 연령 기준에 맞게 되어 있어 기계적으로 해석하면 교육적 해석이 개입할 여지가 없어진다. 특히, 12세 이상 관람가(PG-12, Parental Guidance)일 경우 초등학교 6학년 이상 관람할 수 있지만 4·5학년이 보기에도 괜찮은 영화가 많다. 영상물등급위원회에서 결정한 등급을 무시할 수는 없지만, Parental Guidance(부모지도)는 교사가 함께 본다는 것 자체가 Parental Guidance으로 해석해야 한다. 따라서 교사의 사전 점검과 수위가 어느 정도인지 확인하고 교사가 함께 보며 지도한다면 연령대가 맞지 않는 영화를 보는 것도 가능하다.

보편타당한 주제

　영화는 기본적으로 드라마가 중심이다. 드라마는 서사를 중심으로 인물 간의 갈등과 그것의 해소 과정을 다룬다. 갈등이 생기려면 가치가 충돌해야 한다. 앞서 가치 명료화 모형과 가치 갈등 모형을 차용해서 영화 수업을 교육과정과 연계한다고 했다. 수업에 이용할 영화는 가치를 명료하게 나타내면서도 갈등 구조도 명확하게 보이는 영화가 우선되어야 한다. 그래서 주제는 보편타당해야 한다.

　참 단순하지만 중요한 명제다. 수업에 쓰는 영화는 학습 자료로서 보편타당한 가치가 있어야 한다. 즉 어떤 아이가 보더라도 영화를 보고 공감하는 주제가 있어야 한다는 뜻이다. 부정적인 감정이 지배적이어서는 곤란하다. 우정, 사랑, 희생, 노력, 봉사, 열정, 탐구, 희망, 인류애 등 비교적 명확하면서도 긍정적인 주제가 있어야 한다.

　이런 주제이더라도 영화의 전개와 내용이 아이들이 이해할 수 없는 영역이어서는 곤란하다. 사춘기 아이들은 또래 이성에 관심은 많지만, 부부의 사랑에는 관심이 없거나 자신의 이야기가 아니라고 생각한다. 사회성이 커지는 3·4학년 아이들은 형제자매 간의 갈등이나 친구 간의 우정에 관한 영화에는 매우 큰 관심을 보이지만, 인류애나 다른 문화의 접근에 대해서는 흥미가 급격히 떨어진다. 이 아이들 수준에서는 고차원적인 이야기로 들리기 때문이다.

주제가 밝은 영화

 밝고 경쾌한 그림과 어둡고 무거운 그림이 있다. 아이들은 어떤 그림을 선호할까? 보통은 밝은 그림을 좋아한다. 물론, 일부 어둡고 무거운 그림을 선택하는 아이도 있지만, 수업이라는 상황에 대입한다면 밝고 경쾌한 그림부터 보여주는 것이 좋다. 어둡고 무거운 그림이 가치가 없다는 것이 아니다. 밝고 경쾌한 그림을 잘 보고 느끼는 아이들은 어둡고 무거운 그림도 볼 수 있다. 하지만 어둡고 무거운 그림만 보는 아이는 밝고 경쾌한 그림에서 별 느낌을 받지 못한다.

 영화도 마찬가지다. 보편타당한 주제가 교훈과 관련이 있다면, 밝은 주제는 느낌과 관련이 있다. 아이들은 기본적으로 쉬우면서도 가볍고 밝은 주제를 좋아한다. 우정을 다루지만 지나치게 폭력적인 장면이 있거나 노력을 다루지만 다툼과 갈등의 장면이 많다면, 주제가 보편타당하더라도 아이들은 불편해한다. 아이들이 잘 집중하지 않거나 웅성거리며 딴짓을 한다면 수업용 영화로는 적합하지 않다는 뜻이다.

 밝은 내용의 영화를 본다고 해서 어두운 면의 가치가 없는 것은 아니다. 밝은 주제를 먼저 받아들이고 수용할 수 있어야 어두운 주제에도 접근할 수 있다. 이것은 관람에 있어 거리두기와 같다. 진정한 코미디 영화는 슬픔을 내재하는 것처럼 한 편의 영화에도 밝고 어두운 소재와 내용이 섞여 있다. 그럼에도 밝은 주제가 더 강해야 한다.

 밝은 주제와 어두운 주제는 각각 장단점이 있다. 밝은 주제가 아이들의 마음밭을 풍성하게 하고 수용성을 높여주는 반면, 어두운 주제는 내면화시키고 정제했을 때 자신을 지키는 단단함으로 승화된다. 하지만 밝음의 풍부함과 탄탄함 없이 어두움이 먼저 자리 잡으면 긍정보다 부정의 단단함이 더 크게 자리 잡는다. 특히, 영화 수업에서는 이 점을 간과해선 안 된다.

상영시간은 짧을수록 좋다

대부분 상업영화는 120분, 즉 2시간을 기준으로 편집된다. 많은 영화 전문가는 영화의 의미를 구현하기에는 2시간이 짧다고 하지만, 초등 영화 수업에서는 반대다. 120분 동안 집중하는 지구력을 요구하기엔 아이들의 집중력이 짧다.

그런 면에서 단편영화가 대안이 될 수 있다. 픽사(Pixar)나 디즈니 단편영화가 대표적이다. 단편영화의 특성상 실험성이 강한 것도 많으므로 사전에 꼭 점검해야 한다.

상영시간이 길면 감상에 영향을 주는 것은 물론, 감상만큼 중요한 감상 후 활동을 하는 데도 집중력 부족으로 문제가 생길 수 있다. 그래서 주제가 같다면 120분을 넘지 않는 영화를 선택하는 것이 좋다. 100분 내외인 영화를 선택하면 감상과 감상 후 활동을 하는 데 큰 지장을 주지 않는다.

고전 영화

여기서 말하는 고전 영화는 1950년대 이전의 작품을 말하는 것이 아니다. 1990년대에서 2000년대 초중반 이전 작품을 말한다. 아이들 입장에서는 자기가 태어나기 이전의 작품은 고전과 다름없다.

아카데미상 장편 애니메이션 부분은 1998년부터 시상하기 시작했고, 그 첫 번째 수상작이 '슈렉'이다. 교사는 극장에서 보았거나 비디오로 접했겠지만, 아이들은 생전 처음 보고 듣는 경우가 대부분이다. 1937년 최초의 극장용 장편 애니메이션인 디즈니의 '백설공주'나 2000년 초반의 '슈렉'이나 아이들 입장에서는 모두 고전 영화다. 시대를 뛰어넘어 후대 사람들에게 감동을 주는 것이 고전이라면, '백설공주'와 '슈렉'은 아이들에게 충분히 훌륭한 고전이다.

고전은 오랜 시간 동안 검증을 거쳤다는 장점이 있다. 이것 말고 또 있다. 고전은 윗세대와 아랫세대를 이어주는 가교의 역할을 한다. 수많은 예술은 과거의 영향을 받았으면서 다시 과거를 뛰어넘어 새로운 것을 창조한다. 그런 과정을 반복해서 거치면 창조적 다양성은 증가하는 반면 원류가 무엇인지 잊어버린다. 그러면 과거와 단절이 일어난다. 고전은 과거의 예술 중 현재까지 살아남은 것이고, 이것은 현재의 또 다른 창조와 다양성에 영향을 준다.

자기가 태어나기 전의 작품을 보는 것은 아이에겐 특별하면서도 신기한 경험이다. 이때 좋은 경험을 얻고 호기심이 생겨 또 다른 고전의 작품을 경험한다면 그것만으로도 교육적인 가치는 매우 크다.

전문가의 평점이나 비평에 흔들리지 말자

어떤 영화 평론가나 전문가도 초등학교 아이들을 위한 영화 가이드를 주지 않는다. 초등학생에게 맞는 영화는 결국 교사의 손을 거쳐 아이들에게 전달되어야 한다.

흥미와 가치라는 영화의 큰 두 축 가운데, 평론가나 전문가는 가치라는 영역에 더 큰 비중을 둔다. 영화의 가치는 다시 영화적 가치와 교육적 가치로 나눌 수 있다. 앞서 이야기했지만, 영화적 가치가 높다고 해서 곧 높은 교육적 가치까지 담보하는 것은 아니다. 영화적 가치가 높은 것 중에서 교육적 가치가 높은 것을 선정하는 것이 우선이다.

정리하면 이렇다. 영화 수업에 선정할 영화는 가치와 흥미 중 흥미가 우선이다. 흥미가 있는 영화 중에 다시 교육적 가치가 있는 영화를 가린다. 다음으로 영화적 가치가 높다면 금상첨화다. 이렇듯 영화의 선정엔 교육적 전문성이 매우 크게 작용한다.

그런 면에서 수업용 영화의 선정은 전문적이면서 유연해야 한다. 상업영화라고 해서 무조건 배척할 필요는 없다. 한국영화라고 해서 질이 떨어질 것으로 생각할 필요도 없다. 제3세계 영화, 유명 영화제 입상작이라고 해서 경외감을 가질 필요도 없다.

교사인 내가 선정한 영화가 아이들의 발달과 흥미, 보편타당한 주제 그리고 교육과정과 연계될 수 있는지 종합적으로 판단하면 된다. 초등용 수업 영화를 선정하는 데 가장 유력한 평론가와 전문가는 바로 이 책을 읽고 있는 교사 자신임을 명심해야 한다.

이미 수업용으로 검증된 영화 중에서 고르자

나는 2001년부터 영화로 수업을 해왔다. 그동안 수업을 위해 2,500편이 넘는 영화를 봐왔으며, 그중에서 아이들과 수업할 수 있을 만한 영화들을 선정해 함께 보고 수업해왔다. 그 가운데는 수업으로 성공한 영화도 있고, 별 효과를 얻지 못한 영화도 있다.

　영화 수업으로 성공한 영화는 다시 입문, 초급, 중급, 고급으로 분류했다. 이 모든 기록은 '초등영화교실'(http://cafe.naver.com/chasm98)에 남겼다. 입문용 영화 15편, 초급용 영화 27편, 중급용 영화 42편, 고급용 영화 27편으로 모두 111편의 수업 기록이 남아 있다. 그리고 2011년에는 '창의적 체험활동에 적용 가능한 영화 논술부 지도자료'를 개발해 총 20편의 영화를 선정해 68시간의 지도 자료를 만들었다.

　2013년에는 그중 54편을 선정해 『영화를 함께 보면 아이의 숨은 마음이 보인다』(전나무숲)를 출간하기도 했다. 2013년부터 지금까지 나온 영화 중 수업에 사용할 수 있는 것을 선정하여 청소년 잡지 「미즈코치」에 연재한 '수업영화 집중분석'의 영화 53편도 모두 '초등영화교실'에 공개되어 있다.

　이 책에서는 일반 수업용 영화와 함께 인성, 과학, 진로 등 주제별 교육활동에 맞는 영화를 위주로 검증된 작품을 소개한다.

영화 수업의
일반적인 흐름

    교육과정과 연계하여 수업 시간을 확보하고 적절한 영화를 선정했다면, 이제 즐겁게 영화감상 수업을 할 수 있다. 영화 수업은 교사와 아이들, 아이들 간의 상호작용이 없으면 수업으로서의 효과가 없다. 거기다 교사가 자신은 영화를 잘 모른다고 생각하면, 가르치는 데 소극적이게 된다. 이는 영화 수업을 전개하는 데 매우 걸림돌이 되는 요소다. 이런 상태에서 수업하면 아무리 좋은 영화를 봐도 교육적으로 풀어내는 데 어려움을 겪는다.

    이를 미연에 방지하기 위해서라도 수업 전에 영화에 관한 정보를 충분히 아는 것은 중요하다. 영화 수업은 '한 책 읽기'와 '온 책 읽기'와 같다고 했다. 교사가 먼저 영화를 보거나 이미 본 영화라면 수업으로 진행하기 좋다. 하지만 여건상 그렇지 못할 때는 영화의 주요 정보와 줄거리, 눈여겨볼 점과 이야기 나눌 거리를 파악하는 것이 중요하다.

감상 후 활동도 계획해 두면 매우 유익한 수업이 될 수 있다.

이것은 국어에 있는 문학 수업을 할 때를 생각해보면 된다. 문학 작품을 이해한 상태라면 문학 수업을 진행하는 데 무리가 없듯, 영화의 줄거리, 주된 메시지, 해당 영화에 관한 정보를 교사가 알고 있으면 영화 수업을 하는 데 무리가 없다. 이것이 영화 수업의 준비다. 생각해보면 영화 수업을 위한 별도의 영화 읽기가 필요한 것이 아니라, 시, 소설 등 문학 수업을 하는 것과 같은 정도의 수업 준비를 하는 것이고. 이것이 곧 수업 영화의 내용 분석이다. 등장인물, 벌어지는 사건, 시대적 배경 등 일반적인 문학작품을 대하듯 분석하면 된다. 대신 상영시간의 제약 때문에 편집 등으로 맥락의 연결이 불안정한 장면이 있을 수 있어 줄거리를 좀 더 세심히 살피는 것이 좋다.

수업은 영화 소개, 눈여겨볼 장면 찾기, 영화 이야기 나누기, 감상 후 활동 이렇게 4단계로 진행된다. 100분의 영화를 기준으로 본다면 영화 소개 10분, 본 영화감상 100분, 영화 이야기 나누기 10분, 감상 후 활동 40분 해서 총 160분이 소요되고, 40분 기준으로 4시간의 수업 시간이 소요된다.

영화 소개하기

영화 수업에 있어 영화 소개는 그 중요성에 비해 간과되는 경향이 있다. 영화의 주요 장면을 미리 알려주면 감상에 방해된다고 생각하기 때문이다. 물론, 주요 내용을 알고 보면 긴장감이 떨어지는 것은 사실이다. 하지만 영화 수업에선 조금 다른 시각이 필요하다.

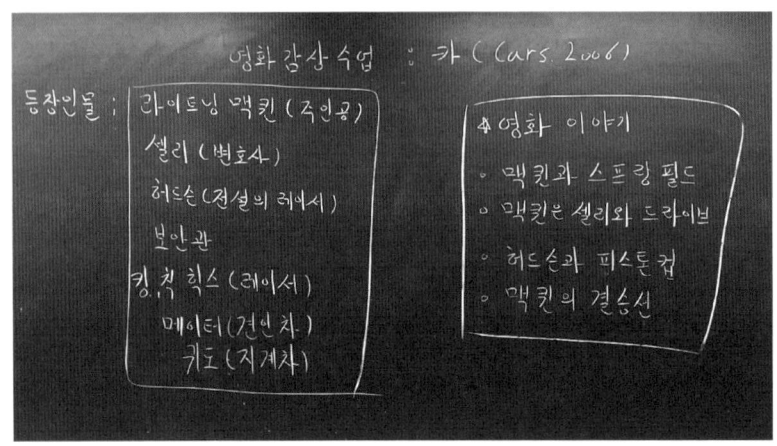

　영화 읽기에 익숙하지 않은 아이들은 적절한 가이드가 필요하다. 간혹 영화를 이미 본 아이가 있을 수 있는데, 영화 소개를 부탁해보면 거의 대부분 줄거리를 제대로 말하지 못한다. 보고 싶은 장면만 봤거나, 그것만 기억나거나, 혹은 영화의 주된 메시지를 놓쳤기 때문이다. 그래서 결말이나 정말 중요한 장면을 제외하고는 대부분의 줄거리는 미리 알려주는 것이 좋다. 줄거리 소개는 영화 내용을 잘 이해하기 위한 중요한 부분이다. 간혹 영화 소개를 불편해하는 아이가 있을 땐 수업 활동이라고 알려줘야 한다. 그런 아이에겐 영화 끝나고 영화 내용 정리를 할 때 먼저 기회를 주는 것도 좋다.

　따라서 영화 소개는 반드시 해야 한다. '제목', '등장인물', '생각해 봅시다' 등을 칠판에 적어두는 것이 좋다. '등장인물'의 이름은 꼭 적어야 한다. 그렇지 않으면 아이들이 주인공이나 등장인물의 이름을 몰라 발표나 활동에 어려움을 느낀다. 될 수 있으면 작은 배역이라도 이름이 나오면 감상 중이라도 다 적어주는 것이 좋다. '생각해 봅시다'는

'공부할 문제' 등으로 바꾸어도 상관없다.

영화 소개의 하이라이트는 '줄거리 말해주기'다. 저학년일수록 그리고 영화 수업을 처음 할수록 줄거리는 자세하게 말해주는 것이 좋다. 이 책에서 나오는 모든 영화에는 간략한 줄거리가 소개되고 있으며, 대부분 포털사이트에서는 영화의 기본 정보를 소개하고 있다. 줄거리 소개는 전반부는 자세하게, 중반부는 호기심 유발형으로 하는 것이 좋다.

요즘은 나무위키와 유튜브 영화 채널에서 다양한 영화 해설을 참고할 수 있다. 한 가지 유의할 점은 정보는 많아졌으나, 영화가 가진 교육적 메시지를 중점으로 하지 않기 때문에 수업에 그대로 쓰기엔 충분하지 않다. 견해가 다양해진 것으로 받아들여야 한다. 따라서 영화 수업을 고려할 땐 다양한 견해를 참고하되 최대한 보수적으로 접근하여 필요한 교육적 요소를 추출하는 것이 중요하다.

대략적인 영화 소개는 다음과 같다. 영화 '이웃집 토토로'로 예를 들어보자.

> 도시를 떠나 시골로 이사 온 사츠키와 메이는 의좋은 자매다. 엄마는 병원에서 요양 중이지만, 자상한 아빠와 행복하게 살고 있다. 새로 이사 온 집은 낡고 쓰러질 것 같지만, 사츠키와 메이에겐 너무나 좋은 놀이터다. 한편 혼자 놀던 메이는 숲속에서 토토로를 만나는데, 과연 이들은 어떤 친구가 될까?

이 정도는 소개해야 할 내용의 아주 일부이다. 영화 수업 초기에는 이보다 더 자세하게 설명해주는 것이 좋다. 점점 수업이 계속되면 영화 소개는 필수적인 것을 추려서 제공하면 된다.

실화나 원작 소설이 있는 경우 알려주면 몰입도를 더 높일 수 있다. "진짜예요?"라는 감탄사가 나오면 반쯤 성공했다고 볼 수 있다.

눈여겨볼 장면 찾기

보통 수업용으로 선정한 영화는 약 다섯 장면 안팎으로 명장면이나 명대사가 나온다. 문제의 실마리를 찾는 장면이나 감정이 드러나는 장면 혹은 갈등이 해소되는 장면이 주를 이루고, 핵심적인 대사는 아이들의 뇌리에 깊이 남기도 한다.

주로 영화 초중반에는 이야기를 전개하기 위한 장치나 복선 등이 나오고, 중후반으로 갈수록 감정선이 드러난다. 감상 수업에서는 초중반에 감상에 집중할 수 있도록 유도하는 것이 좋다.

교사가 리모컨을 쥐고 있다가 눈여겨볼 장면이 나오면 영화를 잠시 멈춘 후 설명하거나 언급해준 다음 진행하는 것이 좋다. 이때 설명은 1분을 넘기지 않는다. 너무 길면 영화에 몰입하는 데 방해가 된다.

간혹 영화 보는 것에 집중도가 떨어지는 아이가 생길 수 있다. 집중도가 떨어지는 거의 대부분은 이야기의 흐름을 놓치는 경우다. 이야기를 놓치니 인상적인 장면이 나와도 감흥이 떨어진다. 이럴 경우에도 앞뒤 이야기를 연결하여 인상적인 장면까지 유도해주는 것이 필요하다.

"왜 그렇게 되었을까?"

"주인공은 왜 이런 상황이 되었을까?"

"주인공은 왜 그런 선택을 했을까?"

이런 종류의 질문으로 연결 혹은 종료하는 것이 좋다.

반복해서 같은 장면이 나오거나 한두 문장으로 설명할 수 있는 경우는 영화를 멈추지 않고 진행하면서 설명해주는 것도 괜찮다.

영화 이야기 나누기

감상 후 활동을 하기 전 단계 활동이다. 아이들이 '재미있다'라고 표현하고 열심히 봤다고 해서 영화를 입체적으로 이해했다고 생각해서는 안 된다. 영화 이야기 나누기의 첫 번째 목적은 영화의 줄거리가 잘 전달되었는지 확인하는 데 있다. 시간의 순서나 기승전결 혹은 발단, 전개, 위기, 절정, 결말 등 서사에 맞게 단계별로 일어난 일을 하나씩 물어보는 것이 좋다. 줄거리는 반 전체 아이에게 일괄적으로 물어보는 것이 시간 운영상 좋다.

두 번째 목적은 인상적인 장면, 즉 영화에서 눈여겨볼 장면을 잘 찾고 그것의 의미를 알고 있는지 확인하는 데 있다. 앞서 교사가 언급했던 눈여겨보기를 질문의 형태로 다시 물어보는 것이 좋다. 교사의 질문에 일관성도 유지되면서 아이 입장에서는 교사의 다음 질문에 대한 예측도 가능하기 때문에 몰입도도 높일 수 있다. 눈여겨볼 장면에 관한 질문은 개별적으로 진행하는 것이 좋다. 눈여겨볼 장면이 다섯 곳 안팎이듯 질문도 그에 맞추는 것이 좋다.

영화감상 후 이야기 나누기는 이후 감상 후 활동의 수준을 정하는 기준이 된다. 얼마만큼 이해했는지, 어떻게 이해했는지 대화를 통해 파악하는 것은 교사의 역량에 해당한다. 이것은 영화 수업에서만 적용되는 특별한 방법이 아니라 일반적인 수업에서도 적용되는 방법이다. 대신 감상 후 활동을 미리 정하지 않는다는 점에서 차이가 있다. 물론, 대략의 활동은 정할 수 있다. 하지만 아이들의 감상 정도를 파악한 뒤 활동을 정해도 괜찮다. 영화 수업 초기라면 영화 이야기 나누기로 수업을 종결해도 상관없다. 대화를 나누고 입장을 정리하는 정도만 해도 영화 수업의 목표로 충분하다.

감상 후 활동

　감상 후 활동은 정말 다양하게 할 수 있다. 영화에 따라 달라지지만, 인상적인 장면 그리기와 쓰기는 가장 기본에 해당한다. 캐릭터 그리기, 진흙으로 표현하기, 캐릭터 머리띠 만들기, 4컷 만화 그리기 등도 할 수 있다.

　감정을 표현하는 활동으로는 자유 발표하기, 역할놀이, 상황극도 할 수 있다. 영화의 주제나 내용을 바탕으로 한 토의와 토론을 통해 깊이 있는 사고를 하도록 할 수 있다. 감상 후 활동은 영화감상과 연관되어 있지만, 별개의 수업으로 진행하는 것이 좋다.

　책을 읽고 나서 하는 활동과 같아서, 영화 속 이야기를 바탕으로 핵심적인 내용과 메시지를 더 구체화하는 활동할 수도 있고, 반대로 영화 속 메시지를 기반으로 상상을 더해 확대해서 또 다른 내용으로 전개해보는 시도도 할 수 있다. 이렇듯 감상 후 활동은 다양하게 변환하고 확대할 수 있다는 장점이 있다.

감상 후에 하면
좋은 활동

　　감상 후 활동의 결과물을 영화 수업의 최종 목적으로 삼지 않기를 바란다. 자칫 결과물에 집중하면, 아이들에게 잘해야 한다는 압박감을 불필요하게 줄 수 있다. 활동하기는 감상과 대화 이후 자발적인 흥미를 우선해서 진행하는 것이 좋다. 물론, 수업으로서 효과를 높이기 위해서는 아이들이 수준보다 약간 높은 기준을 제시한다. 여기선 일반적인 수업에서 적용 가능한 상호작용이 똑같이 적용된다. 이 책에서 제시되는 활동은 영화 수업을 위해 따로 구안하거나 제작한 것은 거의 없다. 기존 수업에서 하던 활동을 영화 수업에 맞게 재구성했을 뿐이다. 평소 다른 교과 활동에서 쓰기 위해 만든 자료를 간단하게 재구성해서 영화 수업에 적용해도 좋다. 오히려 영화 수업만의 특별한 과정을 만들어 활동하는 것이 비효율적이다.

　　감상 후 활동의 목적은 '표현' 그 자체에 있다. 표현의 방법에 가이드는 줄 수 있지만, 특정한 표현 방식을 강요하진 않는다. 아이들이 영화를 어떻게 수용해서 어떤 방식으로 표현하느냐가 관건이다.

인상적인 것 말하기

　인상적인 것 말하기는 감상 후 활동 중 가장 간단하면서도 가장 폭넓게 이용하는 활동이다. 먼저 '인상적'이란 것부터 짚어보자. 인상적이었다는 것은 영화 속 주인공, 상황 혹은 어느 특정 장면이 관객의 삶에 결부되어 강력한 자극이 되었다는 것을 의미한다. 이것은 영화 수업에서 매우 중요한 지점이다. 영화를 보면서 인상적인 것을 발견했다면 그것이 왜, 어떻게 인상적으로 다가왔는지 살펴보는 활동을 교육적인 방식으로 풀어보는 것이 인상적인 것 말하기다.

　그렇다면 왜 쓰기를 먼저 하지 않고 말하기부터 하는가? 인상적인 것을 찾았다고 해도 그것을 조리 있게, 혹은 논리적으로 풀어내는 것은 쉽지 않다. 그래서 말하기를 먼저 하는 것이다. 친한 사람들과 영화를 보고 난 뒤 가볍게 영화 이야기를 하는 것으로 생각하면 이해가 쉽다. 교사는 아이가 무엇을 인상적으로 봤는지, 그 이유가 무엇인지 찾을 수 있도록 조력하면서 깊이 사고할 수 있게 유도하고 경우에 따라서는 감상평 쓰기 활동으로 연결한다.

　인상적인 것 말하기는 주인공이나 주변 인물의 모습, 인상적인 장면이나 대사 혹은 상황을 주제로 이야기의 첫 시작을 하는 것이 좋다.

　"무엇이 가장 인상적이었니? 순간의 장면을 이야기해도 좋고 영화의 전체적인 장면이나 분위기를 이야기해도 좋아."

앞서 줄거리를 정리하는 영화 이야기 나누기와 다른 점은 정답이 없다는 것이다. 인상적인 장면은 아이마다 다를 수 있다. 다름이 틀림이 아닌 것은 누구나 인정한다. 그러나 그것을 수업 상황에서 적용하는 것은 그리 쉽지 않다. 다름을 틀림으로 생각하는 아이가 의외로 많다. 그래서 자유롭게 이야기하는 것을 어려워한다. 자유롭게 말하기를 통해 서로 본 것이 다름을 찾고자 하는 것인데, 정답을 찾아야 한다고 여기는 아이에게는 이것이 하나의 장벽이 된다. 아이마다 인상적인 장면이 다르다는 것을 받아들여야 무엇이든 자유롭게 말할 수 있다.

아무도 말하지 않는다면 교사가 먼저 시작해도 괜찮다. 이때는 될 수 있으면 영화적인 가치나 영화의 주된 메시지보다는 한 명의 관객으로서 사소한 것부터 시작하는 것이 좋다. 영화의 주된 메시지는 아이들이 찾을 수 있도록 배려하자. 중요한 것은 자유롭게 말하는 것부터 익숙해져야 한다.

하지만 자유롭다는 것은 정답이 없다는 것과 같다. 정답이 없는 상황에서 대답해야 하는 아이는 익숙하지 않아 주저할 수 있다.

"아직 생각이 정리되지 않았구나. 선생님은 ○○이의 의견도 듣고 싶으니 다른 친구들이 이야기하는 것을 듣고 마지막에라도 말해줘."

말하기를 두려워하는 아이는 순서를 뒤로 바꿔주어서라도 꼭 말하게 하는 것을 원칙으로 한다.

인상적인 것 말하기에서는 보고 난 기억과 느낌, 자신의 감정, 자신의 바람 등 다양한 형태가 나온다. 좋은 대답은 영화 속 상황이 그려지는 것이다.

"그것 말고 다른 것은 없었니?"

교사는 구체적인 영화 속 상황을 좀 더 물어볼 수 있다. 상황을 직접 제시해주지 않고 다른 것은 없는지 물어보면서 아이 스스로 본 내용을 찾을 수 있도록 유도해주는 것이 좋다.

"왜 그렇게 생각해?"

아이가 자기 이야기로 영화 속 상황을 재현하거나 그림을 그릴 때, 그것을 듣거나 보는 아이들이나 교사가 잘 이해되지 않는 것은 말하는 아이가 논리적 비약이나 축소 혹은 단편적이거나 파편적인 이야기를 하기 때문인 경우가 많다. 아이 스스로는 머릿속에 이야기를 담고 있는데 표현 방법이 부족하거나 자기 생각을 표현하는 데 어려움을 느끼는 경우가 여기에 해당한다. '왜 그렇게 생각하느냐?'라는 질문을 통해 아이가 어떤 상황인지 대략 파악할 수 있다. 대답을 잘 못할 경우엔 생각을 정리할 시간을 주는 것이 좋다.

인상적인 것 말하기는 감상 후 활동을 처음 할 때 별다른 준비 없이 할 수 있으며, 이 활동 하나만으로도 얼마든지 시간을 융통성 있게 활용할 수 있다. 그리고 향후 다른 활동을 하기 위해 필수적으로 거쳐야 하는 활동이다.

인상적인 장면 그리기

인상적인 장면 그리기는 인상적인 것 말하기와 함께 하거나 독립적으로 할 수 있는 활동이다. 저학년 혹은 감상 수업을 처음 시작할 때 많이 사용한다.

말하기를 쑥스러워하는 아이에게 선택할 수 있도록 해준다. 물론,

쓰기 대신 권할 수도 있다. 그리기를 좋아하고 잘해서 선택하기도 하지만, 편해서 선택하는 아이도 있다. 나중에 나올 시로 표현하기도 같은 이유로 선택하는 아이가 있다. 이런 아이에게는 그리는 것 자체에 의미를 두기보다는 '왜 그 장면을 선택'했는지 이유를 묻는 것이 좋다. 결국, 그림을 그리더라도 아이가 선택하는 장면이 주가 된다. 그렇기 때문에 그림을 어떻게 그렸는지, 잘 그렸는지는 크게 개의치 않는다. 간혹 그림의 수준이 떨어진다고 스스로 판단한 아이들이 그림을 보여주지 않으려고 할 때가 있다. 이런 경우 아이의 그림을 안 봐도 된다. 대신 그림에 관해 설명하는 것으로 대체하면 자연스럽게 인상적인 것 말하기로 연결된다.

인상적인 장면을 그리는 데 특별한 방법이 있는 것은 아니다. 그림의 작품성보다 어떤 장면을 기억하는지가 더 중요하기 때문에 가장 익숙한 그리기 도구를 사용하도록 해주는 것이 좋고, 물감 등 보다 어려운 도구를 사용한다고 해서 제한할 필요는 없다. 종이도 처음에는 간단하게 A4 용지로 시작해서 도화지로 바꿔가는 것이 좋고, 더 간단하게 하려면 연필만으로 그리게 해도 좋다.

주의할 점이 있다. 인터넷에 제공되는 영화 포스터나 스틸 컷은 잠시 보여주는 것은 괜찮지만, 그것을 보고 따라 그리게 하는 것은 지양해야 한다. 따라 그리려는 아이는 자신의 느낌보다 그림이 타인에게 어떻게 비칠지 더 중요하게 여긴다. 적어도 인상적인 장면 그리기를 할 때는 따라 그리는 것은 못 하게 하는 것이 좋다.

영화감상평 쓰기

영화감상평 쓰기는 종합적인 활동이다. 국어를 지도할 때 듣기, 읽기, 말하기, 쓰기의 순서대로 위계가 있다. 쓰기 중에서 글쓰기가 가장 마지막 목표다. 글쓰기는 그 자체가 논리적 활동이다. 논리적 활동이란 것은 원인과 결과가 맞아야 하고, 주장과 뒷받침이 연결되어야 하며, 기승전결의 조화가 이루는 구조를 가져야 한다. 그중 감상평은 글쓰기 중에서도 수준이 더 높다. 감상평은 줄거리의 요약으로 끝나는 것이 아니라 인상적인 장면을 찾아 자기 경험과 생각을 덧붙여야 하고 때에 따라서는 주장과 선택도 펼쳐야 한다.

감상평을 써야 하는 아이는 다른 활동보다 큰 부담을 느낀다. '마음껏 쓰라' '생각나는 대로 쓰라' '자기 이야기를 쓰라' 등 감상평을 지도할 때 일상적이고 평범한 듯 보이는 이 말은 아이에겐 쉽지 않은 과제다. 특히, 분량을 얼마나 써야 할지 고민을 하는 아이는 줄거리만 요약하다 '참 재미있었다'로 끝내는 전형적인 글쓰기에서 멈추고 만다. 이런 아이에게 감상평 쓰기는 무척 곤혹스러운 활동이다. 하지만 감상평은 영화가 아니더라도 독서 감상평, 기행문, 심지어 일기 쓰기 등 거의 모든 글쓰기의 기본이 되고, 쓴다는 것에 대한 부담을 줄일 수 있다면 가장 효과가 큰 활동이다.

효과적인 감상평 쓰기를 하려면 몇 가지를 안내해야 한다. 감상평 쓰기는 '줄거리 요약', '인상적인 장면 찾기', '만약 나라면~'의 총 3단계를 거친다.

1. 줄거리 요약하기

　줄거리 요약은 중요한 부분이긴 하지만, 이미 영화 이야기 나누기를 통해 줄거리에 대한 이해를 끝냈기 때문에 감상평 쓰기에서는 가장 간단하게 하는 것이 좋다. 5줄 정도로 요약해서 쓰도록 하면 아이도 부담 없이 할 수 있다. 필요하다면 교사가 줄거리 자료를 제공해주거나 인터넷으로 제공되는 영화 줄거리를 요약해도 무방하다. 줄거리 요약은 향후 아이가 자신의 감상평을 볼 기회가 있을 때 무슨 영화를 봤는지 기억을 되살리기 위해 하는 활동이라는 것을 알려주면 의도를 잘 파악한다.

2. 인상적인 장면 쓰기

　영화감상평에서뿐 아니라 영화감상 수업 전체를 통틀어서도 중요한 활동이다. 자세한 방법은 '인상적인 것 말하기'를 글로 옮기는 것이다. 글의 중간에 해당하는데, 가장 많은 분량의 글을 쓸 수 있도록 지도하는 것이 좋다.

3. 만약 나라면

　주인공의 감정에 이입해서 자기 생각을 써보는 활동이다. 처음엔 한두 줄로 끝나거나 '만약 나라면~'을 빼먹고 하는 경우가 많지만, 지속해서 용기를 내는 아이부터 자신의 감정을 드러낼 때 많은 칭찬과 격려를 해주는 것이 좋다. 영화감상평의 전체 분량을 10으로 봤을 때 '줄거리 요약하기'는 3, '인상적인 장면 쓰기'는 5, '만약 나라면~'은 2의 비율로 쓰게 하면 균형 잡힌 감상평을 쓸 수 있다.

감상평을 지도할 땐 욕심을 버리는 것이 좋다. 처음부터 좋은 글이 나오지는 않는다. 아이가 영화에서 어떤 점을 가장 인상 깊게 봤는지를 찾아내는 것이 중요하다. 그 지점을 중심으로 글을 확대한다는 기분으로 유도해보면 좋다.

"인상적인 장면은 정답이 없어. 대신 그걸 기억에 남는, 인상적이라고 생각하는 네 의견이 더 중요해. 왜 그렇게 느끼고 생각하게 되었는지 살펴보고 그걸 글로 풀어봐. 그것이 너만의 정답이야."

글쓰기를 주저하는 아이에게 이런 유의 대화를 해보면 효과가 있다. 그러므로 감상평 쓰기를 지도할 때 아이가 찾은 인상적인 장면을 중심으로 '왜 그런지?' '어떤 점이 인상적이었는지?' 교사가 묻고 아이가 답하는 활동이 필요하다. 이 부분을 잘 수용하면 '만약 나라면'으로 자연스럽게 연결된다. 이런 과정을 거치다 보면 줄거리에 대한 부담을 줄이는 효과도 거둘 수 있다.

영화 캐릭터 표현하기

애니메이션 영화를 보다 보면 캐릭터의 다양한 표정이나 모습이 나온다. 캐릭터 표현하기는 아이 입장에서는 인상적인 장면 그리기보다 더 쉽게 접근할 수 있다는 장점이 있다. 영화 캐릭터 표현하기는 인상적인 장면 그리기보다 좀 더 단순하게 표현하는 방법이고 저학년에서 고학년까지 활용할 수 있다.

인물이 중심인 영화에서 하면 좋다. 인상적인 장면 그리기와 마찬가지로 그림에 중점을 두기보다 캐릭터를 그리고 캐릭터를 선택한 자신의 입장이나 이야기를 할 기회를 주는 것이 좋다. 진흙이나 지점토를 이용하면 캐릭터를 입체적으로 표현할 수 있다. 또한, 모둠 활동을 통해 캐릭터를 모아 인상적인 장면을 연출할 수도 있다.

"선생님, 보고 그려도(만들어도) 되나요?"

캐릭터 그리기를 해보면 가장 자주 듣는 질문이다. 이것 역시 똑같이 그려야 한다는 생각이 강한 아이들이 주로 질문한다.

"보고 그린다고 똑같이 그릴 순 없어. 보고 나서 머릿속에 남은 모습을 표현해보는 건 어때?"

이런 식의 유도가 필요하다. 감상평과 마찬가지로 캐릭터 그리기도 정답이 없는 활동이다. 주저하는 아이가 그린 엉성한 캐릭터라도 왜 그렸는지 이유를 설명할 수 있으면 된다. 그 자체도 정답이 없다는 사실을 아이가 받아들이고 느낄 수 있으면 성공적인 활동이 된다.

영화 포스터나 광고 만들기

영화사에서 제작한 포스터를 베끼는 것은 별 의미가 없다. 그렇기 때문에 사전 정보를 주지 않고 만들게 하는 것이 좋다. 기본적인 제작 순서는 인상적인 장면을 그린 후 영화 제목과 적절한 한 줄의 문장을 넣는 것이 좋다. 개인 사진을 가져오게 하여 주인공을 자신의 얼굴로 패러디한 포스터나 광고를 만들게 하면 더 재미있어한다.

영화 포스터와 광고 만들기는 캐릭터 그리기보다 수준 높은 활동이다. 포스터와 광고의 본질은 홍보다. 어떻게 하면 영화의 강점을 잘 드러낼 수 있는지 표현하는 것이 중요하다. 그렇기 때문에 혼자서도 할 수 있지만, 모둠 활동으로도 할 수 있다. 단, 모둠 활동인 경우에는 복수의 포스터와 광고를 제작하도록 유도하는 것이 좋다. 실제 영화 포스터도 여러 장 제작된다.

광고를 동영상으로 제작하는 것도 시도할 수 있다. 영상 제작은 난이도가 높고 수준 차가 있으므로 전체 활동보다는 원하는 아이가 있을 경우 개별과제로 주는 것이 좋다.

시로 표현하기

영화의 내용이나 느낀 점을 시로 표현하는 것은 가장 극적이면서도 표현 자체를 귀찮아하는 아이도 쉽게 선택하는 활동이기도 하다. 시로 표현하기를 모든 아이에게 하라고 하면 감상 후 활동이 밋밋해질 수 있다. 주로 그리기나 장문 글쓰기를 싫어하는 아이에게 시로 표현하기를 권해보는 것이 좋다. 감상문 쓰기나 그림, 포스터, 광고 등으로 표현하기 어려워하는 아이에게 권하고 여백에 간단한 그림도 추가하라고 하면 의외로 괜찮은 표현도 나올 수 있다.

표현 활동에 부담을 가지는 아이가 다수라면, 반 전체에게 느낌을 시로 표현하기를 제시한다. 그러나 일반적인 상황에서는 전체 활동으로 잘 하지 않는다. 따라서 표현 자체를 부담스러워하는 아이를 위한 개별 활동으로 진행하는 것을 추천한다.

편지쓰기

편지쓰기는 '인상적인 장면 찾기, 만약 나라면'을 심화하는 활동이다. 좀 더 적극적으로 주인공에 대한 자기 생각이나 느낌을 드러내는 것이다. 일반적인 편지쓰기의 첫인사, 본문 작성, 끝인사의 과정을 따르게 하되 본문 작성에서 전달하려는 주요 내용이 잘 드러나도록 유도한다.

편지쓰기에는 주인공에게 편지쓰기, 주인공이 되어 영화 속에서 갈등을 일으킨 인물에게 편지쓰기 등이 있다. 특히, 주인공의 처지가 되어 아이 자신에게 편지를 써보게 하면 특이하고 재미있는 편지쓰기 활동이 된다.

4컷 만화

인상적인 장면을 한 장으로 표현하기 어려운 영화는 4컷 만화로 표현해보는 것도 재미있다. 만화로 표현하기 때문에 연필이나 색연필 등 간단한 필기구를 사용할 수 있으며, 도화지나 A4지 등 종이의 크기에도 구애받지 않고 표현할 수 있다.

4컷 만화의 장점은 영화의 기승전결을 표현해서 영화 줄거리를 짧게나마 요약해볼 수 있다는 점이다. 기승전결의 구조를 찾아내고 표현하는 것은 무척 중요한 활동이다. 기승전결의 구조를 살피는 것은 서사의 구조를 파악하는 핵심 능력이다. 향후 상황극이나 역할극 등으로 연결할 때도 4컷 만화는 효과를 발휘한다. 실제 영화 제작에서도 콘티를 만들 때 그림으로 표현하여 배우가 어떤 연기를 해야 하는지 파악하는 데 도움을 준다. 특히, 패들렛 등 디지털 저작도구를 이용하면 더욱더 효과를 높일 수 있다.

모둠 활동으로 확장하면, 4명의 아이가 영화 내용에 관한 이야기를 한 후 역할을 나눠 4컷 만화를 도화지에 표현해서 발표해보는 것도 가능하다. 4명이 넘는 경우에는 발단-전개-위기-절정-결말로 나눠 표현하면 융통성을 발휘할 수 있다.

자유발표

영화의 한 장면을 정해 아이가 주인공이 되어 그때의 마음을 발표해보는 활동이다. '만약 나라면'을 발표의 형태로 구성한다. 발표 도중에는 약간의 연기도 하도록 권유하거나 유도하는 것도 필요하다.

자유발표는 주인공에게 하고 싶은 이야기를 하는 것이 중심 활동이다. 이 활동은 발표하는 아이가 주인공에게 자신의 의견과 느낌을 담아서 말하게 한다. 주인공에게 형식의 제한이 없이 말하는 것이기 때문에 아이는 자기 속마음을 말하는 경우가 많다. 주인공의 말과 행동에 대해 평가하거나 조언이나 충고를 할 때 눈여겨보는 것이 좋다. 이것은 자신에 대한 속마음을 표현했을 가능성이 크다. 발표하는 아이는 자기 속마음을 드러낸다는 불안감을 감추고, 표현하려는 욕망을 자극하여 의외로 괜찮은 효과를 거둘 때가 많다.

자유발표를 할 때는 아이가 직접 다른 아이들에게 장면에 대해 간단하게 설명하고 발표를 한다. 이때 듣는 아이들이 장면 설명을 들은 후 '레디, 고'를 외치면 발표를 시작한다.

역할놀이

감상 후 활동에서의 역할놀이는 영화 속 장면을 재연하는 활동이다. 글쓰기 등 고급 표현을 어려워하는 저학년에서 하면 좋다. 모둠 활동으로 하는데, 모둠원의 수에 따라 등장인물을 추가하거나 뺄 수 있다.

역할놀이에서 가장 중요한 것은 영화 속 어떤 장면을 표현할 것인지 정하는 것이다. 이 부분은 교사와 아이들이 의견을 주고받으며 하는 것이 좋다. 대부분 영화 속 인상적인 장면을 표현하려고 하는 경우가 많은데, 간혹 사소하고 작은 장면을 표현하려는 모둠이 있으면 그 이유를 물어보는 것이 좋다. 이럴 때도 잘못을 지적하거나 정답을 요구하는 것이 아니라 교사가 궁금해서 물어본다는 느낌이 전해질 수 있어야 한다. 표현 자체는 정답이 없다는 것은 역할놀이에서도 적용된다.

역할놀이는 영화 속 장면을 떠올려보고 주인공의 감정에 이입해볼 수 있다는 장점이 있다. 아이들이 정한 장면을 표현하기 때문에 작품을 구상하고 짜야 하는 번거로움을 피할 수 있어 생각보다 능동적으로 활동한다.

어떤 장면을 고를 것인지 모둠에서 토의하는 시간을 주고, 연습 시간은 그리 많이 주지 않아도 된다. 연기의 완성도가 중요한 것이 아니라 어떤 장면을 선택했으며 그때의 기분은 어땠는지를 표현하는 것이 중요하다.

영화 상황극

영화 상황극은 역할놀이를 좀 더 확대한 활동이다. 역할놀이가 기존의 영화 장면을 차용한다면, 상황극은 영화 속 상황을 모티브로 해서 새로운 상황을 창조하여 극으로 표현한다. 그래서 고학년에서 시도해 볼 수 있는 활동이다. 특히, 활동성이 강한 아이가 많은 학급이라면 기대 이상의 효과를 거둘 수 있다. 봤던 영화를 기반으로 이어질 장면을 상상하여 표현하는 것은 영화 역할놀이보다 수준이 높은 활동이다. 이어질 내용이기 때문에 아이들의 상상력이 더 우선된다. 그러므로 영화의 재해석이 필요하다.

영화 역할놀이와 달리 비교 대상이 없기 때문에 상황극을 정제된 형태로 표현한다는 것은 그 자체가 큰 도전 활동이다. 성공적인 상황극은 활동한 아이와 지켜보는 교사 모두에게 짜릿한 경험이 된다. 영화 속 장면에서 이어지는 새로운 상황은 개인이나 학급에서 발생할 만한 장면을 고르는 것이 좋다. 역할놀이를 할 수 있는 영화는 대부분 상황극으로의 확장도 가능하다. 필요하다면 대사 없이 몸으로만 표현할 수도 있다.

영화 토의

영화 토의는 감상 후 활동 중 고급 활동에 해당한다. 영화 이야기를 나누면서 아이들이 겪을 만한 상황과 비슷한 내용을 포착하는 것이 중요하다. 영화에서 벌어진 상황의 해결보다 더 좋은 방법이나 또 다른 방법을 찾는 것이 토의의 주된 활동 내용이다. 그러므로 서로 의견을 모아가는 것이 중요하다. 비난보다는 수정이나 보완하는 발표로 유도한다. 더 좋은 방법을 위해 의견을 모으도록 한다. 저학년에서는 가족이나 친구를 다룬 영화에서, 고학년에서는 사회적 문제 상황에서의 개선점을 찾는 토의가 적합하다.

영화 토론

　영화 토론은 모둠 활동으로, 감상 후 활동의 가장 정점에 있는 활동이다. 의제는 찬성과 반대가 나뉠 수 있는 것으로 정하되 영화의 중심 주제가 잘 드러나고 아이들의 관심을 끌 수 있는 현실적인 것이 좋다. 영화 속 갈등 상황이 아이들의 상황과 유사한 것이 가장 효과가 크다. 대표적인 것은 형제, 자매, 남매 등 가족에서의 갈등 관계를 다룬 영화다. 영화 속 갈등 상황은 옳고 그름의 문제가 아니라 상반된 입장에서 생기는 오해가 주가 되면 좋다. 토론할 때는 좌석의 배치도 찬반으로 나누는 것이 좋다.

　건설적인 토론이 되기 위해서는 자기 입장이 무엇인지 정리하는 것이 선행되어야 한다. 그러므로 감상평 쓰기가 자유발표 등을 하고 난 후 영화 토의를 거쳐 토론의 과정으로 진행하는 것을 추천한다. 특히, 영화 토의의 경우 갈등 요소가 있으면 자연스럽게 찬반 형태의 발언이 나온다. 이럴 때 토론으로 유도하는 것도 좋다.

　영화 토론의 주목적은 상대방을 이기기 위한 것이 아니라 주제를 명확하게 하고 영화 속 상황에서 자기 입장을 정해보기 위해서이다. 또한, 타인의 감정을 읽고 그 입장에서 생각해보는 것도 중요하기 때문에 찬성과 반대의 입장을 바꿔서 토론해보는 것도 유용하다.

이상 총 13가지의 활동을 제시했다. 감상 후 활동의 예시는 예시일 뿐이다. 하나의 영화에 하나의 활동이 기본이 된다. 그렇지만 영화 수업을 하고 난 후의 느낌과 파장은 아이마다 혹은 반마다 다를 수 있다. 그래서 감상 후 활동을 미리 정해 두지만 절대시 하지는 않는다. 해당 활동이 익숙하지 않거나 어려워할 경우는 다른 활동을 제시할 수 있다. 또한, 감상 후 활동은 연계성과 일관성이 중요하다. 인상적인 활동이었다면 다음번엔 유사하면서도 다른 활동으로 연계를 고려하고, 효과적이지 못한 활동이었다면 다시 한번 해보거나 수준을 낮추는 융통성이 필요하다. 이것이 감상 후 활동의 일관성을 유지하는 방법이다.

수업하기 좋은 주제별 영화

　각종 교과 수업을 하다 보면, 주제 중심으로 묶어서 수업할 때 아이들이 더 즐거워하고 수업의 효과도 높아지는 것을 볼 수 있다. 주제는 교육과정의 기준에 맞추고 성취기준을 고려하지만, 현재 교실의 아이들이 관심을 가질 분야를 찾고 선정하는 것이 가장 중요하다.

　영화 수업 역시 계획성은 가지면서도 최대한 유연하게 활동해야 하기 때문에 구체적이고 명료한 주제보다는 여러 생각과 활동을 할 수 있게 최대한 큰 틀에서 아우를 수 있도록 했다. 여기에 소개하는 영화는 해당 주제별로 실제 교실 현장에서 자주 활용하거나 내가 직접 수업해서 검증해본 것이다. 이 책에서 제시하는 주제는 내가 수업을 통해 분류하고 정리한 것이다. 따라서 꼭 이대로 따를 필요는 없다. 대신 각자의 수업 방식에 맞게 참고할 수 있도록 범용의 주제를 선정했다.

　영화 수업을 위한 시간을 확보하고 나면 영화를 선정해야 한다. 영화 선정은 영화 수업의 성패를 좌우할 만큼 중요한데, 영화 수업을 처음 시작하는 교사는 어떤 영화를 선정해야 할지 막막하다. 먼저, 수업 주제에 맞게 성취기준도 정해지기 때문에 영화의 주된 내용이 주제와 부합하는지 살펴보자. 주제별로 영화를 본다는 것은 어려운 개념이 아니다. 영화는 하나의 완결된 작품이고, 그 자체로 가치가 있다. 한 편의 영화에는 한 가지 주제나 여러 다양한 주제가 혼재되어 나타날 수 있다. 여러 주제가 혼재되어 있으면, 수업에 필요한 주된 주제를 하나 선정해서 활용한다.

여러 주제가 혼재된 영화로 수업하는 경우에는 교사의 적극적인 가이드가 꼭 필요하다. 어느 수업보다 교사의 지도 역량이 더 필요하지만, 그렇다고 해서 크게 우려할 필요는 없다. 그만큼 수업 상황에서 허용성도 강하기 때문에 평소 짜인 수업에서 볼 수 없는 새로운 경험을 할 수 있다. 그래서 돌발 상황에 능동적으로 대처하려는 교사의 마음가짐이 어느 수업보다 많이 필요하다. 어려운 듯하면서도 매력 있고, 쉬운 듯하면서도 막상 해보면 어렵게 느껴지는 것이 영화 수업이다.

환경이란 주제에도 오염의 종류와 경로, 오염의 심각성, 친환경 생활, 생산과 소비의 환경적 고려, 환경에 대한 가치 갈등, 우리 생활과 환경의 연관성 파악 등 많은 다른 주제와 연결되어 있다. 즉 하나의 주제는 우리 삶의 다른 부분과 수없이 많은 연결고리로 연동되어 있고, 그것은 다른 주제 혹은 가치와 충돌하고 어떨 땐 선택이 필요하다. 이처럼 영화는 한 가지 가치만 있는 것이 아니라 여러 다른 가치와 연결되어 있는 것이 많다. 따라서 환경과 관련된 수업을 하기 위해서는 환경과 관련된 여러 주제 중 선택이 필요하다. 주제는 아이들의 삶과 연결된 것을 찾아야 한다. 그래야 실감 나는 수업을 할 수 있다.

현실감이 있어 흥미로워하는 장점이 있는 반면에 주된 주제를 학습할 때 연결된 다른 주제로 인해 영향을 받는 단점도 있다. 하지만 하나하나 분절적으로 주제를 인식하고 학습하는 것보다 복합적으로 인식하는 것이 아이들의 참여도와 효과가 더 크다. 따라서 주제별 영화는 핵심 주제를 선정해서 수업하되 연결된 다른 주제는 아이들이 찾아내는 만큼만 진행한다는 원칙으로 유연하게 진행하면 더 효과가 있다.

뒤에서 소개하는 주제별 영화 목록의 각 작품에는 앞서 설명한 대로 일반적인 영화 수업의 진행 방법인 '영화 소개' – '눈여겨볼 장면 찾기' – '영화 이야기 나누기' – '감상 후 활동하기'에 따라 영화별로 특화된 수업자료를 제시한다. 또 한 걸음 더 나아가기 위한 보충자료도 제공하여 좀 더 밀도 있는 수업을 기획하고 해보는 데 도움을 주고자 한다.

영화 수업의 가장 큰 특징은 편안하게 마음을 열고 접근하여 자연스럽게 자신의 감정을 표현해보는 데 있다. 영화 수업은 기술적으로 접근하는 것이 아니라 교사 역시도 마음을 열고 영화를 함께 보며 아이에게 가슴으로 다가가야 한다. 따라서 가장 중요한 것은 교사가 영화 수업을 대하는 긍정적이고 여유로운 태도다. 그래야 아이들도 마음을 열 수 있다.

주제별로 선정한 영화는 보편적인 영화 수업 방식으로 정리해서 기술했다. 실제 수업이 이 책에 소개된 수업 기술이나 방법 혹은 순서와 맞지 않는다고 해도 그 순간의 교사와 아이, 아이와 아이 간의 감정 소통과 교류를 더 중요하게 여겨야 한다. 답을 정해놓고 수업하는 것이 아니라, 다양한 견해가 나올 수 있고 수업 중에 교사와 아이들이 생각하고 합의한 최선의 답과 선택이 가장 훌륭한 해석이라 믿어야 한다.
 자, 지금부터 주제별 영화를 하나씩 살펴보자.

재미있는 영화

 아이들이 배워야 할 내용은 가치가 우선인가, 재미가 우선인가? 가치가 우선이라고 생각하기 쉽다. 틀린 말은 아니다. 그러나 가치가 우선이라 생각하여 엄선해서 만든 교과서는 왜 아이들이 탐독하지 않는가? 도서관에 있는 그 수많은 가치로운 책은 왜 아이들이 잘 보려고 하지 않는가? 발상의 전환이 필요하다.
 영화 수업을 위한 영화 선택이라면 처음엔 가치보다 재미를 먼저 생각하자. 가치를 고려하지 말라는 것이 아니다. 재미있는 영화를 본 뒤에 그 안에 담긴 가치로운 이야기를 나누는 것만으로도 교육적 가치는 충분하다.
 교과서에도 수록되었을 정도로 교육적 자료로서 영화의 가치는 과거보다 높아졌지만, 그렇다고 해서 영화 수업이 제대로 이뤄지는 것은 아니다. 교육과정을 운영하다 남은 시간을 때우기 위해 보여주거나 심지어는 업무를 보기 위해 영화를 틀어주는 경우도 많다. 현실적으로 그럴 수밖에 없는 상황이라 하더라도 조금만 계획을 세우면, 따로 거창하게 준비하지 않아도 내실 있고 알찬 영화 수업을 할 수 있다.
 영화 수업은 논리적 수업이기 이전에 감상적 수업의 성격이 강하다. 여기서 교사의 역할은 이중적이다. 하나는 영화를 소개하는 역할이고, 또 하나는 영화 수업을 진행하는 역할이다. 이 두 역할이 균형 있게 이뤄져야 교사가 골라주는 영화에 신뢰와 기대를 한다. 즉 아이들은 두 개의 영화를 동시에 본다. 하나는 교사가 소개해주는 영화이고, 또 다른 하나는 그 영화를 소개해주는 교사의 연기(?)이다.

영화를 보면서 교사가 아이들의 이해를 돕기 위해 영화 속 장면의 부연 설명을 하거나 배경지식을 이야기해줄 때 영화 속 이야기도 이해되면서 '선생님'이 영화를 얼마나 즐겁게 보고 우리에게 전해주려 하는지도 공감한다.

그래도 수업인데 재미있는 영화를 선택하는 것에 걱정이 있다면 생각을 바꿀 필요가 있다. 교사가 수업자료로 선정한 영화라면 재미 속에 가치도 포함되어 있다고 봐야 한다. 대신 그 가치가 무엇인지 아이들에게 알리지 않고 시작한다. 영화 수업은 일종의 게임과 같다. 그 과정에 재미는 꼭 필요하다. 재미를 중심에 두면서도 가치 있는 영화를 찾는 것 자체가 교사의 전문성이다.

그래도 교육과정과 연결성이 걱정된다면 2장 '영화 수업 준비'를 다시 읽어보기 바란다.

▶ 차쌤이 추천하는 재미있는 영화 - 252p

가치로운 영화

두 번째 주제는 가치로운 영화다. 재미보다는 가치를 우선에 두었다고 해서 재미없는 영화가 아니다. 수준이 조금 높다는 것뿐이다. '재미있는 영화'가 달콤한 단맛에 싸여 있는 약인 당의정 같다면, '가치로운 영화'

는 질기고 거칠지만 오래 씹을수록 찰진 단맛이 나는 칡뿌리와 같다.

영화는 여러 가지 가치를 가진다. 영화 수업에서는 영화가 가진 고유의 가치, 즉 영화적 가치보다 영화가 가진 메시지의 교육적 가치를 우선한다. 영화적 가치는 촬영, 편집, 연출, 연기력 등 영화적 표현 기법뿐 아니라 영화적 역사성까지 포함한다. 이런 것들이 중요하지 않은 것은 아니지만, 수업으로 할 땐 교육용 텍스트란 점을 잊어서는 안 된다. 영화 자체를 중심으로 가르쳐야 한다면 영화적 표현을 어떻게 했는지를 우선하여 접근하지만, 영화 수업으로서 가치를 가지기 위해선 덕목이나 가치에 좀 더 우선하여 접근한다.

영화 속 메시지의 교육적 가치는 여러 가지가 혼재되었을 수 있지만, 특정한 주제로 한정하지 않는 것이 좋다. 영화 자체가 가지는 특성을 익히며 자연스럽게 영화 속에 나타난 가치를 느껴보는 것을 권한다. 우정, 사랑, 정직, 관계, 현실과 환상, 고난 극복, 진실과 거짓 등 영화 속 메시지에 담긴 가치는 특정 교과나 주제와 직·간접적으로 연결되어 있다. 아이들은 교과에서 배운 내용이 실생활에서 어떻게 펼쳐지고, 무엇을 선택해야 하며, 어떤 과정을 거쳐 해결하는지 알지 못한다. 그런 면에서 영화 수업은 영화 속 가치와 현실의 상황을 비교 혹은 대조해보는 좋은 경험이 된다.

가치로운 영화를 본다는 것은 교실에서, 혹은 삶에서 아이들이 자신을 돌아보고 주위를 살펴보며 인식의 지평을 넓히는 데 의미가 있다.

인식의 지평을 넓힌다는 것은 특별한 방법이 있는 것은 아니다. 이전보다 조금 수준 높은 영화를 보고 아이 자신의 느낀 점과 이야기를 풀어낼 수 있으면 된다. 다 풀어내지 못한 이야기는 친구들과 토의하면서 실마리를 찾을 수도 있고, 쟁점이 생기는 것은 토론을 통해 서로 생각을 들어볼 수 있다.

▶ 차쌤이 추천하는 가치로운 영화 - 264p

나를 찾는 영화

　사회화를 거치는 아이들은 공동체 생활에 필요한 여러 가지를 학교에서 배우고 익히지만, 그럴수록 자신이 누구인지 자기 개념이 흔들리는 경우도 쉽게 본다. '나는 누구일까?' 이런 고민을 풀 기회는 많지 않다.

　아이들은 자신이 무엇을 좋아하고, 싫어하는지조차 잘 알지 못한다. 성장의 과정이라 시시각각 변하는 것도 자연스러운 현상이지만, 그건 지켜보는 어른의 시선일 뿐 아이는 혼란스러워한다. 자신을 들여다본다는 것은 이중적인 속성이 있다. 하나는 호기심이고, 다른 하나는 두려움이다. 자신이 누구인지 알고 싶어 하는 것이 호기심의 본질이라면, 타인이 자신을 어떻게 바라볼지 걱정하는 것이 두려움의 본질이다. 호기심과 두려움이 뭉쳐진 궁금함이 생긴다.

　영화 수업을 하면서 가장 많이 놀라는 것은 아이들이 영화를 통해 타인의 삶을 보면서 자신을 찾아간다는 것이다. 영화를 본다는 것의 속성 중에는 '타인의 삶 엿보기'가 있다. 사람에게는 다른 사람들은 과연 어떻게 살아가는지 엿보고 싶은 심리가 있다. 이런 심리를 이용하면 적극적인 수업을 만들 수 있다. 바로 영화 속 상황을 통해 나의 모습은 어떤지 살펴보는 것이다.

나를 찾기 위해 아이들이 첫 번째로 하는 것은 감정이입이다. 감정이입은 가장 주관적이면서 가장 객관적으로 영화 속 주인공을 바라보는 단계다. 주인공의 입장이 되어 상황을 바라보면 주인공과 다른 인물의 말과 행동이 이해된다. 이런 이해를 바탕으로 현실을 인식하고 주인공과 다른 인물 간의 상황을 객관적으로 본다.

두 번째는 주인공의 모습이나 상황을 자신과 비교하는 것이다. 감정이입을 해보고 나면 함부로 타인을 비난하지 않는다. 그런 여유가 생겨야 자신과 주인공을 비교할 수 있다. 비교의 상황에서 대부분의 아이는 주인공보다 자신의 상황이 더 좋다고 생각하거나 비슷하다고 느낀다.

세 번째는 자기 삶을 돌아보고 실천 의지를 다지는 것이다. 영화를 통해 아이는 자신이 가진 것이 적지 않고, 자신이 처한 환경이 나쁘지 않고, 무엇보다 자신을 믿어야 다른 사람들을 믿을 수 있다는 것을 느낀다. 교사는 이때를 기다렸다가 아이들의 삶에서 실천할 수 있는 것들을 찾아보는 활동으로 연결해주면 된다.

나를 찾는 영화는 재미에서 발전한 단계다. 자기 모습을 성찰하는 주제의 영화는 많지만, 아이들이 보고 느낄 수 있을 수준의 영화는 그다지 많지 않다. 그래서 아이의 수준에 맞는 '나를 찾는' 영화를 선정하기 어렵다. 선정할 때 영화 속 상황과 아이들의 상황이 비슷한 것 중에 '나를 찾는' 과정이 나오는 영화를 선정한다. 영화를 보면서 아이들이 주인공에 몰입하고 수업 중에 '나를 찾는' 과정의 이야기를 전개할 수 있으면 그것이 좋은 영화다.

▶ **차쌤이 추천하는 나를 찾는 영화 - 276p**

가족과 관련 있는 영화

　아이들은 '가족'을 어떻게 생각할까? 대부분의 아이는 가족에 대해 긍정적으로 생각한다. 가족이 전부라고 말하는 아이도 많다. '가족은 서로 사랑한다. 그리고 사랑해야 한다.' '가족은 서로 돕고 위해야 한다.' 가족에 관한 아이들의 보편적인 생각이지만, 초등학교 3, 4학년만 되어도 속마음은 다른 경우를 많이 보았다. 사춘기를 넘어가는 고학년 아이들은 더욱더 이중적인 생각을 가진다.

　가족이 사랑하고 좋아하는 관계인 것은 맞지만, 성장하는 아이는 필연적으로 보호란 이름의 구속을 벗어나려 한다. 이것 역시 자연스러운 현상이지만, 아이들은 가족과 부모로부터 벗어나려는 생각 자체에 죄책감을 느낀다. 그러면서 가족과 떨어지지 않으려는 이중성도 가진다.

　마음은 가족과 함께하려고 하면서도 몸은 떠나려고 하는 이중적인 행태를 보이는 아이들은 가족과 관련된 영화를 통해 그것이 자연스러운 모습이란 것을 알아가는 기회를 가진다.

　가족을 소재로 한 영화들은 가족에 대한 보편적인 생각과 인식에서 다소 벗어난 이야기를 다룬다. 서로 사랑하면서도 미워하고, 사랑하기 때문에 힘들어한다. 가족은 서로 돕고 위해야 하지만, 형제자매는 서로 험담하고 다툰다. 아이들의 가정에서도 흔히 있는 일들일 수 있다. 이런 이면을 들춰낸 영화를 함께 보고 영화 속 부모와 자식, 형제자매에 관한 이야기를 나누는 활동을 할 수 있다.

　아이들은 부모를 의지하고 좋아하면서도 한편으로는 무섭게 느끼기도 한다. 아이들에게 형제자매는 가족이면서도 경쟁자이고 의지하면서도 다투기도 한다.

영화 수업은 가족에 대한 이해를 높이는 데도 도움이 된다. 특별한 방법을 제시하고 찾아내는 것은 아니다. 다른 친구들도 형제자매, 부모와 갈등을 겪는다는 것을 영화를 함께 본 아이들과 대화하는 것만으로도 고민의 상당 부분은 사라진다. 고민하던 것들을 풀어놓을 수만 있어도 좋다. 그것이 무엇인지 말할 수만 있어도 위안을 받는다.

▶ 차쌤이 추천하는 가족과 관련 있는 영화 - 288p

친구와 관계된 영화

새로운 학년이 되어서 어떤 학급을 원하는지 아이들의 마음을 읽어 보면 대부분 평화로운, 배려와 나눔이 있는 학급을 원한다. 더 들어가면 다툼이나 싸움이 없는 교실을 바란다. 더 깊이 들어가면 친구로부터 상처받지 않길 바라는 마음과 좋은 친구를 사귀고 싶은 마음이 깔려 있다.

아이의 생활에서 중요한 요소로 작용하는 것에는 부모, 교사, 친구, 공부가 있다 그중 아이가 가장 중요한 요소로 꼽는 것은 친구다. 특히, 학교에서 친구의 중요성은 절대적이다. 적어도 교사가 주는 영향이나, 공부의 압박보다 더 친구를 중요하게 생각한다. 친구의 중요도는 부모의 영향에 버금가며, 사춘기에 접어들면서는 부모보다 친구를 더 중요하게 여긴다.

학교생활에서 친구는 꼭 필요한 존재라고 생각하며 서로 절대적인 영향을 주고받는다. 하지만 다툼이 끊임없이 일어나는 것도 친구 관계다. 왜일까? 가장 친하다고 생각하면서도 어찌 보면 서로 잘 알지 못하기 때문이다.

이렇듯 아이에게 친구는 이중적 존재다. 끊임없이 자기와 맞는 친구를 찾기 원하면서도, 정작 그런 친구를 만나도 갈등은 생긴다. 친구는 좋으면서도 불안한 관계다. 관계에서 갈등과 성장은 필연적인데, 교우관계는 그중에서 인간관계 형성에 큰 영향을 준다.

영화 수업은 이럴 때 매우 큰 효과를 발휘한다. 아이들은 친구의 속마음을 궁금해한다. 무엇을 좋아하고 싫어하는지 알고 싶어 한다. 그러나 아이들은 자신을 잘 모른다. 잘 모르기 때문에 그때그때 기분과 상황에 따라 변한다. 좋을 때는 누구보다 잘해주다가도 어느 순간엔 마음이 변해 토라진다. 친구 관계는 이런 아슬아슬한 줄타기의 연속이다. 그러면서도 끊임없이 친구의 마음이 어떤지 알려고 한다. 친구를 통해 나의 모습을 보고, 나의 모습이 친구에게 투영된다. 부모에게 독립하려는 시기에 친구는 무엇과도 바꿀 수 없는 소중한 존재이자, 애증의 관계다. 평소에는 잘 알지 못했던 친구의 속마음을 들어보고 이야기를 나눠보는 경험을 영화 수업을 통해 해볼 수 있다.

▶ 차쌤이 추천하는 친구와 관계된 영화 - 300p

아이를 성장시키는 영화

신체는 시간이 지나면 자연스럽게 성장하는 반면, 내면의 성장에는 고통이 따른다. 왜 그런가? 내면의 성장은 틀을 깨는 과정이기 때문이다. 틀은 무엇인가? 과거의 모습이 틀이다. 어제보다 오늘이, 오늘보다 내일이 달라지는 것이 성장이다. 달라지기 위해선 치러야 할 대가가 있다. 좋은 것은 배우고, 나쁜 것은 버려야 한다. 한 고비를 넘기기 위해선 온 힘을 다해야 한다. 그것이 어른에게는 보잘것없어 보이는 사소한 고비라도 아이에겐 인생 최대의 위기 상황이다. 고비를 넘겨야 과거의 틀이 깨지고 새로운 내면의 성장이 일어난다. 여기서 끝이 아니다. 바람직한 자극 없이는 제대로 된 성장이 나타나지 않는다. 밝음의 성장이 있듯, 어둠의 성장도 있다. 욕설이 대표적인 어둠의 성장이다. 욕설은 따로 공부하지 않아도 생존을 위해 터득하지만, 밝음의 성장은 바람직한 자극이 있어야 한다.

　영화 수업은 그런 면에서 밝음과 어두움의 양면에서 강력한 성장의 자극을 준다. 영화에는 어둠과 밝음이 섞여 나온다. 교사와 아이가 함께 영화를 보면서 어둠과 밝음에 대해 의견을 나눈다. 교사와 아이가, 아이끼리의 대화를 통해 어둠을 구분하여 물드는 것을 막고, 밝음을 찾아내 그 가치를 찾는 기회가 된다. 이런 과정을 통해 어둠과 밝음을 대비시켜 성장으로 유도할 수 있다. 그렇다면, 어둠의 면이 없는 밝은 것만 제시하면 어떨까? 도덕 교과서만큼 완벽한 도덕적 자료가 또 있는가? 그런데 왜 도덕 교과서만으로 아이의 내면 성장의 자료로 삼기엔 부족한가? 그것은 도덕 교과서만의 잘못이 아니다.

　이 사회가 밝음과 어둠이 공존한다는 사실을 아이들도 어렴풋이 안다. 어떻게 아는가? 아이들은 부모의 삶과 어울려 지내는 친구들에게서 세상을 배운다. 바쁜 일상에서 익숙한 것과 옳은 것을 구분하기 어렵다. 특히, 미성숙한 아이는 더 그렇다. 그래서 삶을 돌아보고, 반성하기보다 익숙한 대로 살아간다. 그래서 익숙한 것이 옳다고 여기는 오류에 쉽게 빠진다. 이상하다고 생각하지만, 대안이 보이지 않아 불만이 쌓인다. 현실의 어려운 문제를 누군가 해결하는 모습을 보길 원한다. 밝음과 어둠이 공존하는 현실 속에서 바르고 옳은 판단과 결정을 통해 극복하는 과정을 보고 싶어 한다.

그런 면에서 영화 수업은 아이들의 성장에 직·간접적으로 영향을 준다. 사실 인성을 직접적으로 지도하기는 어렵고 설사 교육하고 지도한다고 해서 아이가 내면화하기는 더욱 어렵다. 인성은 사람이 사람으로 살아가는 데 갖추어야 할 기본 품성이다. 기본 품성이 무엇인지 일일이 나눠 요목별로 가르치는 것은 어렵다. 사랑, 정의, 용기, 믿음, 우정, 희생, 봉사 등 인성과 관련된 것들은 연결되어 있다. 지식으로 공부하기보다 마음으로 접근해 고정관념을 흔들어야 한다. 그런 면에서 영화는 아주 좋은 재료다.

그렇다면, 아이의 고정관념을 어떻게 흔들 수 있을까? 자신의 상황이나 이야기가 나올 때 아이는 성장의 기회를 얻는다. 성장한다는 것은 누군가와 관계하는 것이고 감정을 주고받으며 커가는 과정이다. 영화에 나오는 인물의 마음을 살피고 그것을 우리 삶으로 가져와 어두운 면과 밝은 면을 비교하고 대조하다 보면, 혼란스러운 현실에서 자신이 무엇을 선택하고 행동해야 할지 알게 된다. 영화를 매개로 이런 과정을 수업의 형태로 할 수 있으면 마음의 성장에 도움이 된다.

인물의 마음을 살피려면 영화 속 시간과 공간, 즉 상황에 대한 이해도 있어야 한다. 인물의 마음을 살피고 그 마음을 읽고 나면 아이 자신의 마음도 표현해봐야 한다. 긍정적인 것이 긍정적일 수 있도록, 아름다운 것이 아름다울 수 있도록, 부정적인 것이 지나치게 부정적이지 않게, 비판적인 것이 지나치게 혐오스럽지 않게, 자신에 대한 이해를 바탕으로 한 타인에 대한 이해로, 자신에 대한 믿음을 바탕으로 한 타인에 대한 공감으로 이뤄질 수 있도록 기회를 주어야 한다.

아이를 성장시키는 영화 수업을 할 때 교사의 역할은 아이들이 영화 속 상황을 이해할 수 있도록 주인공과 주변 인물의 상황과 시간적, 공간적 배경을 설명하여 영화에 몰입할 수 있게 조력해주는 것에 있다.

▶ 차쌤이 추천하는 아이를 성장시키는 영화 - 312p

차별과 편견에 관한 영화

천진난만할 것 같은 아이들의 삶에 차별이 난무한다. 차별은 편견에서 탄생한다. 편견과 차별은 구분 짓기다. 나와 타인을 구분 짓고, 자기편과 다른 편을 나눈다. 이렇게 나눠서 같은 편끼리 뭉치려 한다. 왜 이런 일이 벌어지는가? 편견과 차별은 역설적으로 타인에게 상처받기 싫어하는 마음에서 시작한다. 관계는 서로 주고받는 작용 속에 형성된다. 주고받기가 익숙하지 않으면, 단절하고 구분 지으려 한다. 구분과 단절은 외로움을 낳는다. 구분은 짓되, 외롭지 않으려니 끼리끼리 무리 지어야 한다. 편견과 차별 속에 자기끼리는 깨끗하고, 정의로우며, 순수하다는 정체성을 가지려 한다. 결국, 편견과 차별을 통해 자신과 자기 무리를 유지하려 한다. 이런 상황이 일상화되면 편견과 차별은 내면화되고 고착화된다. 지금의 교실이 위험한 이유가 여기에 있다.

이런 상황에서 어떤 수업이 필요할까? 인권에 관한 수업이 가장 먼저 떠오른다. 그러나 초등학교 아이들에게 인권을 이야기하기에는 뭔가 애매한 구석이 있다. 인권이라는 것이 눈에 보이는 구체적인 것이 아니기 때문에, 교사도 인권을 가르친다고 하면 뭘 해야 할지 막막하고 난감하다.

그래서 영화교육에서는 차별과 편견에 관한 영화를 보면서 간접적으로 인권에 관해 생각해보는 활동을 한다. 아이의 성장 수준에 맞는 인권영화를 보면 아이들은 쉽게 접근할 수 있다. 영화 속에 부조리하고 불편한 부분을 찾는다. 그것이 우리의 현실과 어떻게 맞닿아 있는지까지 간다면 훌륭한 수업이 된다.

현실의 교실에서도 차별과 편견이 스며들어 있다. 스며든 차별과 편견이 익숙한 상태가 되어 있으면 현실의 문제로 부조리한 상황을 제대로 인지하지 못한다. 억지로 접근하게 하면 반발심도 생긴다. 하지만 영화 속 상황으로 이런 장면을 접할 수 있다면 적어도 아이들은 자기 삶을 돌아볼 수 있다.

미성숙하기 때문에 쉽게 차별과 편견에 빠진다. 하지만 영화 속 상황을 통해 무엇이 옳고 그른지를 접하고 나면 갈림길에 선다. 스며들었던 차별과 편견을 벗어나려고 노력한다. 이때 강한 회복탄력성과 감정의 항상성으로 옳은 것과 옳지 않은 것을 구분한다. 이 과정에서 현실의 삶으로 연결해보는 것이 중요하다. 그래야 비로소 자신의 삶을 돌아보는 기회를 가진다.

인간으로서의 보편적인 권리인 인권은 나의 소중함을 먼저 인식하고 남의 소중함도 인정하는 것이다. 남의 소중함을 알기 위해선 차별과 편견 없이 나와 다른 남을 볼 기회가 있어야 하는데, 그런 면에서 영화는 꽤 좋은 자료가 된다.

> 나는 소중하다. 그러므로 남도 소중하다.
> 내가 남에게 존중받고 싶으면, 내가 먼저 남을 존중해줘야 한다.
> 나와 같은 남은 없다. 그래서 나와 다른 남도 인정해줘야 한다.

차별과 편견에 관한 영화를 보고 인권에 관해 수업하는 특별한 방법은 없다. 우리 생활에서 벌어지고 있는 차별과 편견이 얼마나 일상적인지를 보여주고, 그로 인해 누군가 불편하고 고통받는다는 것을 알고 서로 이야기를 나눌 수 있도록 기회를 준다.

교사의 역할은 영화 속 상황에 아이가 지나치게 감정이 몰입되지 않도록 하거나 적절한 관심을 가지도록 지도하며, 우리 현실에서의 차별과 편견으로 생각을 연장할 수 있도록 유도하는 데 있다.

▶ 차쌤이 추천하는 차별과 편견에 관한 영화 - 324p

꿈과 끼를 찾는 영화

아이들에게 장래 희망이 뭔지 물어보면, 아이 마음속의 세상을 조금 엿볼 수 있다. 아이들은 구김살 없이 자라면서 자기의 미래를 꿈꿀 것 같지만, 꿈이 무엇인지, 하고 싶은 것이 무엇인지 물으면 의외로 하고 싶은 것이 없다는 아이가 많다. 참 아쉽고 측은하다. 무엇이 아이들을 움츠러들게 했을까? 이유는 다양하지만 대표적인 것은 부모가 원하는 삶을 살라고 강요하거나, 제대로 된 돌봄을 받지 못했기 때문이다. 그러니 꿈을 꾸기도 힘든 것이다. 그렇다고 아이들은 이대로 무기력하게 살고 싶지는 않다. 뭘 어떻게 해야 할지 모르고 또 두렵기에 하고 싶은 것이 없다는 말로 회피하는지 모른다. 미래와 꿈에 대해 혼돈스러워하는 이 지점을 영화 수업으로 전개하면 어떨까?

아이들의 꿈과 끼를 찾는 것은 진로교육의 일환으로 생각하면 쉽게 접근할 수 있다. 그렇다면 어떻게 꿈과 끼를 찾을 것인가? 영화에서 꿈과 끼를 찾는 것은 두 가지 과정을 거친다. 첫 번째는 자신의 재능을 찾아 꿈과 끼를 찾아가는 인물의 삶을 엿보는 것이다. 두 번째는 그런 삶을 살아가는 주인공의 열정, 진정성 그리고 삶의 자세를 보는 것이다.

꿈과 끼를 찾는 주인공과 그 과정에서 일어나는 어려움과 갈등을 극복하는 것을 지켜보면서 아이들은 자신의 삶을 돌아보는 기회를 가진다. 영화에서 주인공들의 꿈과 끼를 찾는 과정을 본다. 그것을 통해 자신이 하고 싶어 하는 것이 무엇인지 돌아보고 호기심을 회복하며 용기를 키울 수 있다. 최소한 자기 삶에서 열정을 가지고 했던 것이 무엇이며, 어디에 힘을 쏟고 싶은지 찾아갈 기회가 된다면 그것 자체가 훌륭한 영화 수업이다.

직업이나 하는 일은 꿈과 끼를 찾는 과정을 통해 얻어지는 부차적인 것이다. 자기 삶을 진지하게 살아가며 하고 싶은 일을 하는 주인공들의 이야기를 보고 듣는 것만으로도 아이들은 자기 꿈과 끼를 찾을 힘을 얻을 것이다. 영화 수업으로 타인은 어떤 과정으로 꿈과 끼를 키워가는지 배우고, 자신은 어떤 것을 꿈꿔야 할지 고민하는 것으로 연결한다. 이 과정은 다시 교과 수업으로 연결하면 꿈과 끼를 좀 더 구체화하는 데 도움을 줄 것이다.

또한, 그런 꿈과 끼도 수시로 변한다. 그러기에 지금 가장 중요하게 몰입해야 하는 것을 찾아보는 것이 미래의 꿈을 위한 가장 확실한 방법을 찾는 길이다. 그래야 꿈이 바뀌는 것도 설명할 수 있다.

▶ 차쌤이 추천하는 꿈과 끼를 찾을 수 있는 영화 - 336p

과학과 관련된 영화

영화를 통해 접하는 과학적 사실은 보다 폭넓고 복잡하다. 영화에서는 과학적 지식, 사실 혹은 현상 그 자체만을 설명하는 것으로 끝나지 않는다. 영화의 속성상 이야기 구조를 가지고 있기 때문에 모티브가 되는 과학적 지식을 바탕으로 한 삶의 이야기가 담겨 있다. 그래서 과학적 사실이나 이론 혹은 현상을 직접 설명하기 위한 목적으로는 영화 수업을 진행하지 않는다. 대신 과학적 상황이 포함된 영화 속 이야기는 아이들에게 보다 폭넓은 상황 파악할 기회를 준다. 특히, 과학자들의 갈등과 고민은 아이들에게는 신선하게 다가온다.

과학적 사실이 우리 일상에 어떻게 적용되는지 그리고 과학자의 삶이나 생각, 고민과 노력을 봄으로써 과학을 단편적 지식으로 보는 것이 아니라 현실과 연결된 입체적인 상황으로 인식하게 해 과학에 대한 아이들의 흥미를 높이는 데 도움을 준다.

그렇다면, 과학을 소재로 한 영화를 수업에 어떻게 적용하는 것이 좋을까? 먼저, 동기유발이나 단원 정리의 목적으로 사용하는 것은 영화의 특성상 효과적이지 않다. 하지만 단원을 마치며 공부한 과학적 사실이 영화 속에서는 어떻게 전개되고 영향을 주는지 살펴보는 것은 꽤 좋은 활동이 된다. 이미 습득한 과학적 사실이라면, 감상과 수업 활동에 몰입도를 높여줄 것이다. 그래서 과학 관련 영화를 선정할 때는 자연현상, 천체, 우주 등 누구나 궁금해하고 알고 싶어 하는 보편적인 영역을 선택하는 것이 좋다.

   4월이 되면 모든 학교에서 과학 행사를 한다. 천편일률적인 과학 그리기와 글짓기 혹은 과학상자, 물로켓, 고무동력기 말고 과학과 관련 있는 영화를 보는 건 어떨까? 과학적 지식을 얻는 것은 물론이고 재난이나 기후 변화에 대응하는 인간의 노력이나 헌신도 볼 수 있다. 자연현상 및 과학에 대해 생각하고 표현하며, 과학자의 삶을 보면서 과학에 대해 토의, 토론하는 영화 수업을 설계해보는 것도 좋을 것이다.

   ▶ **차쌤이 추천하는 과학과 관련된 영화 - 348p**

좋은 책이 원작인 영화

   수업에서 책과 영화를 묶을 수 있다면 얼마나 좋을까? 실제로 명작 소설은 영화로 재탄생되는 경우가 많다. 원작 소설의 완성도를 영화가 잘 구현하느냐의 문제가 있지만, 이건 영화적 표현의 한계이기 때문에 보통 원작 소설을 영화로 각색했다고 해도 별개의 창작물로 여긴다.

   접근성이 어려운 원작 소설에 비해 사전지식이 없어도 원작 소설을 각색한 영화를 보는 데는 큰 어려움이 없다는 점을 주목해보자. 원작 소설을 각색한 영화는 영화 수업을 하기에는 수준이 높은 편이다. 영화로 재탄생될 만큼의 원작은 그 자체도 완성도가 높은데, 영화로 각색하는 과정에서 내용이 삭제되거나 새로운 이야기가 추가되기도 한다. 따라서 감상 전에 스토리와 배경을 충분히 설명해주어야 하고 아이들도 자막과 영상을 몰입감 있게 관람할 수 있을 수준이어야 효과가 있다.

원작 소설을 바탕으로 한 영화 수업의 성공은 독서와 영화감상이 상보적으로 발전할 기회가 된다는 점에서 매우 권장한다. 책과 영화, 독서와 영화감상은 매우 밀접한 관련이 있다. 대부분의 학교에서 독서교육을 아주 중요하게 생각한다. 아이들에게 양질의 책을 읽게 하여 마음의 양식을 풍부하게 하는 것은 매우 좋은 교육활동이다.

영화 수업도 독서교육과 연계해서 할 수 있다. 좋은 책을 원작으로 한 영화 중에서 아이들 수준에 맞는 작품을 본 다음 생각을 나눠보거나 토론해보는 활동은 독서교육의 또 다른 형태가 된다.

원작과 영화는 같으면서도 다른 경우가 많다. 영화가 원작의 일부를 다루거나, 전체를 다 영상화하더라도 많은 장면이 삭제 혹은 편집되기 때문이다. 이것은 원작과 영화를 본 독자와 관객에게 해석의 차이를 가져오게 한다. 즉 원작과 영화를 다 본 아이, 원작을 보지 않고 영화만 본 아이는 각각 다른 예술 장르로 재해석된 내용을 접할 수 있다. 책과 영화라는 매체의 특성상 자세한 내용은 책이, 감각적인 영상과 짧은 시간에 내용을 이해시키는 파급력에서는 영화가 앞선다. 다만 영화에서는 내용 전개에 허점이 있거나, 원작과 다르게 전개되기도 한다. 이 점은 오히려 책이 원작인 영화를 볼 때 아이들에게 관심을 돋운다. 원작과 영화의 다른 점은 매우 흥미로운 토의, 토론 거리가 된다.

좋은 책을 원작으로 한 영화를 함께 감상하면 '한 책 읽기'와 같은 효과를 볼 수 있으며, 제한된 범위지만 영화 이야기 나누기를 통해 '온 책 읽기'도 가능하다.

영화를 보면 책을 잘 읽지 않을 거라는 우려의 목소리도 가끔 듣는다. 하지만 오랫동안 영화감상 수업을 해본 결과, 책을 잘 읽는 아이는 깊이 있는 영화감상이 가능하고, 책을 잘 읽지 않는 아이도 영화 보는 것 자체를 싫어하지 않는다. 오히려 영화감상 수업을 하고 나면 관련된 책에 흥미를 보이고 읽어보려고 하는 아이도 많았다.

좋은 책을 원작으로 한 영화는 원작의 뛰어난 완성도 덕분에 탄탄한 이야기 구조를 가지고 있어 몰입감이 뛰어나다. 영화를 잘 감상하고 나서 원작을 소개해주면, 아이들은 좀 더 흥미롭게 독서활동을 한다.

▶ 차쌤이 추천하는 좋은 책이 원작인 영화 - 360p

자연과 환경에 관한 영화

자연과 환경에 관한 영화가 주는 메시지는 휴머니즘의 연장선에서 바라보는 것이 좋다. 아이들은 동물을 좋아하고 예쁜 꽃이나 식물을 좋아한다. 아름다운 자연환경은 모두 소중하며, 누구나 좋아하고 친근함을 느낀다. 하지만 자연환경이 훼손되고 동물들이 보호받지 못하는 이야기는 아이들에게 친구의 안타까움을 접하는 것과 같은 느낌을 준다.

특히, 지구온난화가 몰고 올 환경 재앙이 현실이 된 요즘, 재앙에 맞선 사람들의 극복 의지에 좀 더 초점을 맞춘다면, 과학이나 사회 시간에 배운 자연과 환경에 관한 지식과 이해를 영화 수업을 통해 좀 더 확장하여 전개하는 경험도 할 수 있다.

자연과 환경을 생각하는 영화를 통해 자연스럽게 우리 주위를 둘러볼 뿐 아니라 자연과 환경을 지키고 가꿔가며 더 나은 세상을 만들어가기 위한 실천 과제를 생각해보게 하여 향후 민주시민으로서 사회 구성원이 될 아이들이 사회를 폭넓게 이해하는 데 도움이 된다.

영상이 주가 되는 영화의 특성상 자연과 환경에 관한 이야기는 좋은 소재가 된다. 책과 마찬가지로 영화도 드라마틱한 스토리 요소가 주가 되기 때문에 삶의 이야기 속에 자연과 환경 이야기가 녹아나는 형태가 된다. 과학과 관련된 영화와 마찬가지로, 자연과 환경에 관한 영화도 표현에 있어 영화적 허용이 적용되기 때문에 어떤 장면에서는 다소 과장이나 축소가 있을 수 있다. 따라서 등장인물과 사건 그리고 배경에 대한 지식을 교사가 미리 알고 진행하는 것이 좋다.

자연과 환경에 관한 영화에는 다큐멘터리 영화를 추천한다. 다큐멘터리는 실제로 있었던 사건을 극적인 허구성이 없이 그 전개에 따라 사실적으로 나타내지만, 다큐멘터리 영화는 그중에서 필요한 부분을 편집해서 영화적 해석을 첨부한다는 점이 다르다. 물론, 사실을 기반으로 한다는 점에서는 같으나 감독의 관점이 반영되어 있기 때문에 다른 이면의 사실도 존재한다는 것을 염두에 두는 것이 좋다.

▶ **차쌤이 추천하는 자연과 환경에 관한 영화 - 372p**

남북분단과 통일을 생각하게 하는 영화

역사적 사건을 소재로 삼은 영화를 수업에 활용할 때는 두 가지 어려운 점이 있다. 하나는 입장에 따라 역사적 사건을 바라보는 관점이 둘 이상 나올 수 있다는 점이고, 다른 하나는 영화에서 역사적 사건을 입체적으로 다루기보다는 소수의 인물을 중심으로 한 개별적 사건이 중심이 되는 경우가 많다는 점이다. 따라서 영화 속 서사는 역사적 사실과 다를 수 있고, 일부 내용을 영화로 만들었기에 역사적 표현을 사실의 전부로 인식하지 않도록 해야 한다.

한국전쟁(6·25전쟁)은 우리 현대사에 큰 영향을 준 사건이다. 그러나 전쟁을 직접 겪은 세대와 달리 책으로만 접하게 되는 지금의 아이들에게는 조선 시대 일어났던 전쟁과 그다지 다르지 않다.

아이들, 특히 남자아이들은 전쟁 무기와 전투에 흥미를 느낀다. 전쟁도 게임과 같이 인식하여 누가 얼마나 많이 죽고 죽였느냐에 관심을 가지고 어떤 무기가 더 강한지를 궁금해한다.

전쟁영화의 궁극적인 메시지는 '전쟁을 잘하자. 적을 무찌르자'가 아니다. 전쟁은 인간이 겪는 가장 큰 고통이다. 전쟁은 인간의 이성을 광기로 물들인다. 병사는 소모품으로 취급되고, 민간인은 대량 학살을 당하기도 한다. 전쟁은 인간을 철저하게 나약하고 비인간적인 존재로 몰아간다. 전쟁영화는 이것을 표현한다. 즉 과거의 전쟁을 통해 지금 우리 모습을 돌아보고 인간성을 회복하자는 데 큰 의미가 있다. 그래서 전쟁영화는 휴머니즘을 바탕에 둔다.

우리나라는 남북으로 분단되어 대치하고 있다. 이산가족과 탈북자 문제도 우리 사회가 현재 겪고 있는 현실이다. 사회나 역사 교과를 통해 배우는 지식은 사실을 설명하고 정리하는 것에 중점이 있다면, 남북분단과 통일에 관한 영화는 그런 사실로부터 파생되는 여러 인물이나 사건을 통해 전쟁과 분단이 남의 일이 아닌 우리 사회가 안고 해결해야 할 문제임을 인식하게 하는 데 가장 큰 목적이 있다.

남북분단은 실존하는 우리의 현실이다. 민주적이고 자주적인 통일의 필요성에 대한 큰 틀은 동의한다. 그러나 이것을 수업으로 연결하는 데는 어려움이 크다. 북한의 각종 도발과 정상 국가라고 볼 수 없는 지금의 북한 상황은 역설적으로 왜 통일해야 하는지 당위성을 말하기에 어려운 점이 있다. 아이들에게 통일은 관심의 우선순위에서 점점 밀린다. 밀리다 못해 관심이 없다. 이것이 통일과 관련된 수업에 가장 큰 어려움이다.

아이들과 남북문제와 통일에 관한 이야기를 할 때 어려운 점은 자료가 부족해서가 아니다. 생각거리가 너무 크고, 와 닿지 않기 때문에 오히려 이질적으로 느껴진다. 그렇기 때문에 반드시 통일을 해야 하고 그 이유를 찾으라고 하면 오히려 역효과를 가져오는 경우가 많다.

이 책에서 소개하는 영화는 분단과 통일에 대해 비교적 가치중립적인 것을 선택하였으며 수업에서도 직접적인 사실관계는 정규 수업을 통해 규명하고 영화 수업에서는 전쟁, 분단, 이산가족 등에 대한 인간적인 접근에 우선을 두어 민족의 동질감을 회복한 후에 통일의 방법을 찾는 것이 좋다.

▶ 차쌤이 추천하는 남북분단과 통일을 생각하게 하는 영화 - 384p

영화 수업에 유용한 14가지 팁

　영화 수업은 아이들의 적극적인 감상과 참여를 바탕으로 평소와는 다르게 몇 시간을 블록으로 해야 한다는 점에서는 특별하지만, 수업자료로 영화를 선택했다는 사실만 다를 뿐 교과서 지문을 함께 읽고 느낌과 생각을 공유하며 이야기를 나누는 일반 수업과 별반 다르지 않다.
　영화 수업은 교사가 평소와는 다른 익숙하지 않은 자료를 쓰고, 아이들이 어떻게 반응할지 예측하기 어려우며, 교사가 예상한 수업의 방향과 다르게 진행될 수 있다는 점에서 어렵게 느껴지지만, 오히려 그 점이 매력으로 다가온다.
　영화 수업에서 불확실성은 상수라고 생각해야 한다. 영화는 교사뿐 아니라 아이에게도 익숙하지 않은 교육자료다. 교사는 미리 교재연구를 할 수 있지만, 아이는 영화에 대한 정보 없이 볼 수 있다. 아이가 영화를 교육자료 여기도록 안내하는 것은 중요하다. 이것이 이뤄지면 불확실성 때문에 생길 수 있는 많은 돌발 상황은 해결된다.

영화 수업의 팁 역시 거창하거나 대단한 것은 아니다. 영화 수업 상황에서 나올 수 있는 돌발 상황에 어떻게 대처할 수 있는지에 대한 일반적인 예시라고 보면 된다. 이를 예상하고 대처할 마음의 여유가 있으면, 예상치 못한 상황 역시 수업의 일부가 되고 전체적인 진행이 매끄럽게 이어질 수 있다.

1. 줄거리 말해주기

영화 수업에서 줄거리 말해주기는 매우 중요하다. 어른들은 줄거리를 미리 말해주는 것을 좋아하지 않지만, 초등학생 아이들은 집중도를 높이기 위해 줄거리를 미리 말해주는 것이 좋다.

줄거리를 말해줄 때는 영화 초반부를 가장 실감 나게 이야기해주는 것이 좋다. 간혹 영화를 집중해서 보지 않는 아이가 생기는데, 이야기의 흐름을 놓쳐서 그러는 경우가 많다는 점을 염두에 두자. 중반부 이후에는 아이도 영화의 서사가 주는 이끌림에 매료되어 보기 때문에 교사가 별도의 지도가 필요 없다. 잘 보고 있는지 가끔 확인하는 것으로 대신해도 된다.

마지막은 의문형으로 끝내면서 실제 관람할 때 집중도를 높이도록 하는 것이 좋다.

"그렇다면 주인공은 과연 어떤 선택을 할지 궁금하지 않니?"
"과연 어떤 일이 벌어질까?"

2. 자막과 더빙, 어떤 것을 선택할까?

외국 영화인 경우에는 자막을 선택해야 하지만, 외국 애니메이션인 경우에는 더빙과 자막 중 선택을 할 수 있다.

애니메이션의 완성도를 기준으로 하면 자막판을 선택하는 것이 좋다. 하지만 자막과 영상을 동시에 이해하는 연습이 안 된 아이들이 자막판을 볼 때는 영상만 보고 대사를 놓치는 경우가 많아 파편적인 감상 후 파편적 기억만 남는 경우가 많다. 따라서 자막판을 보려면 고학년이라 할지라도 자막 읽는 연습을 하는 것이 좋고 줄거리를 좀 더 자세히 설명해주면 자막을 읽을 때 도움이 된다.

영상에 익숙한 세대일수록 자막에 약한 경우가 있다. 웬만한 TV 예능 프로그램이나 유튜브 영상에도 자막은 기본이라 영상과 자막을 읽는 것이 자연스러울 것 같지만, 이것은 착시다. 제작자는 음성을 보조하기 위해 자막을 넣는다. 하지만 아이들은 영상 중심으로 보기 때문에 음성도, 자막도 흘려서 듣고 보는 경우가 많다. 외국 영화인 경우 자막 읽기는 스토리 전개를 파악하는 가장 중요한 요소이기 때문에 아이들과 함께 관람할 때 더 세심한 관찰이 필요하다.

3. 배경음악은 잘 들리는데 대사가 잘 안 들릴 때

5.1 채널 이상으로 음성이 녹음된 파일이나 DVD 타이틀을 5.1 채널의 스피커가 없는 상태에서 상영할 때 발생하는 현상이다. 거의 모든 교실에는 5.1 채널 스피커가 없기 때문에 심각하게 감상에 지장을 주지 않는 한 감수하고 진행해야 한다. 감상에 방해되는 수준이라면, 리

모컨을 쥐고 있다가 음악이 나오는 부분의 소리를 수동으로 줄이며 진행한다. 소리의 기준은 음성 전달이 잘 이루어지는가에 둔다.

4. 좌석 배치는 어떻게 하면 좋은가?

영화 수업에서 좌석 배치의 기준이 따로 있는 것은 아니고 가장 편하게 볼 수 있게 배치하는 것이 좋다. 아래 사진과 같이 두 가지 방법이 있다.

왼쪽 사진처럼 화면을 중심으로 부채꼴로 배치한다. 지그재그로 배치하면 화면이 가려지는 아이가 없이 감상할 수 있고 비교적 자유로운 분위기를 연출할 수 있다.

오른쪽 사진처럼 말굽형으로 좌석을 배치한다. 20명 안팎인 경우 시작할 때부터 말굽형으로 좌석을 배치한 후 감상한다. 배치는 말굽형으로 하되 잘 보이지 않는 아이는 몸을 돌리거나 의자를 이동시켜 보는 것이 좋다.

5. 선택한 영화가 아이들의 관심을 끌지 못하거나 어려워할 때

영화 수업의 초기에 이런 현상이 많이 벌어진다. 아이들의 감상 수준에 비해 영화의 수준이 낮거나 높을 때 생기는 현상인데, 대부분 영화의 수준이 높아서 생긴다. 교사가 영화를 선정할 때 영화 주제에 의미를 많이 부여할 때도 자주 발생한다.

아이들의 관심을 끌지 못할 때는 줄거리를 좀 더 자세히 소개해주면 해결되기도 한다. 영화 중반부까지 집중력이 떨어지거나 어려워한다면 과감히 상영을 포기하고 같은 주제의 다른 대체 영화를 찾는 것도 중요하다. 따라서 선정한 영화 이외에 백업할 수 있는 작품을 한두 편 정해두는 것이 좋다. 영화 자체가 재미있는 영화를 강력 추천한다.

6. 아이들의 나이와 상영 등급이 안 맞을 때

만 12세가 되지 않은 아이들에게 등급에 맞지 않는 영화를 보여줄 때는 교사가 지도하며 감상한다는 전제조건이 있으면 수업을 진행하는 데 문제는 없다.

"선생님, 우린 만 12세가 아닌데요?"

이렇게 묻는 아이가 있다면 선생님과 함께 수업으로 보는 영화는 괜찮다고 이야기해주는 것이 좋다.

우리의 '전체 관람가'와 '12세 관람가' 사이의 등급인 미국 기준의 PG(Parental Guidance) 등급도 보호자의 지도가 요구되는 영화라고 명시되어 있다. 우리의 '12세 관람가'와 '15세 관람가' 사이인 PG-13 등급 역시 보호자의 엄격한 지도를 요구하지, 13세 이하에게 관람 금지를 요구하지 않는다. 수업 상황이라면 교사가 보호자 역할을 하기 때문에 아이들에게 꼭 안내해야 한다. 그러나 될 수 있으면 관람 등급은 맞추는 것을 권장한다. 영화 수업용으로 제시된 영화가 많으니 등급 안에서 괜찮은 영화를 선정하는 것도 어렵지 않다.

7. 모르는 단어나 이해 안 되는 상황이 나왔을 때

궁금증을 참지 못하는 아이는 영화감상 중 모르는 단어나 상황이 나오면 즉각 교사에게 물어본다. 이럴 경우를 대비해 원칙을 정해두는 것이 좋은데, 영화를 끝까지 감상하고 나서도 단어나 상황이 이해되지 않으면 감상 후 활동에서 영화 이야기를 나누기 전에 먼저 해결하고 넘어가는 것이 좋다.

대다수 아이가 영화 상황이 이해가 안 되거나 영화 속 어려운 특정 단어가 있으면, 잠시 멈추고 설명해주는 것도 좋다.

습관적으로 묻는 아이에게는 기다리라는 메시지를 주고, 이해가 안 된 상태에서 보는 아이가 없도록 교사는 영화감상 시 가끔 아이들의 표정을 살펴보는 것이 좋다.

8. 야한 장면이 나올 때

12세 이하의 영화에서도 가벼운 포옹이나 키스 정도는 나올 수 있다. 그런 장면이 나올 수 있다는 점을 먼저 말해준다. 그러나 실제 포옹이나 키스 장면이 나올 때 소리를 지르거나 과한 행동을 하는 아이들이 있다면, 과감하게 멈추고 아이들이 판단할 수 있도록 해야 한다.

"이 장면이 두 사람의 관계를 설명해주는 데 필요한 장면인지 아닌지 영화를 다 보고 나서 판단하도록 하자."

"그러기 위해서 너희가 못 본 장면은 다시 보도록 하겠다."

사랑의 장면이 영화에서 반드시 필요한지 불필요한지 전체 이야기와 연결해서 생각해보게 하면서 판단을 내리도록 한다. 이것이 판단의 기준이고 영화를 보는 객관적인 시선을 유지하는 방법이며 자세다. 교사가 먼저 이런 태도를 가지면 아이들도 객관적인 시선으로 분석하며 보려고 노력한다.

9. 영화에서 나오는 욕설은 어떻게 해야 하나?

등장인물들이 잠시 주고받은 욕설이 각인되어 본 영화의 주제나 메시지가 묻히기도 한다. 외국 영화인 경우에는 욕설이 있어도 영화 속 장면으로 인식할 수 있으나 우리나라 영화는 각인의 수준이 높다. 욕설이 나오는 장면은 야한 장면보다 더 각인이 빨리 되기 때문에 욕설이 많은 영화는 삼가는 것이 좋다.

10. 영화 수업 시 쉬는 시간은 어떻게 하나?

교실은 상영관이 아니고 다른 반도 수업을 하고 있기 때문에 쉬는 시간에는 감상도 쉬는 것을 원칙으로 한다. 그러나 상영시간이 길거나 중간에 호흡이 끊어지면 감상에 영향을 주는 경우라면, 쉬는 시간이 없다고 예고하고 미리 화장실 등을 다녀오게 한 후 한 번에 감상할 수도 있다. 100분 이하의 영화는 한 번에 감상할 수 있으나 그 이상인 경우에는 몰입해서 보더라도 한 번 정도 중간에 쉬는 것이 좋다.

11. 먼저 본 아이가 있을 때

수업할 영화를 먼저 본 아이는 두 가지 행동 패턴을 보인다. 첫 번째는 이미 봤기 때문에 수업에서는 기존에 보지 못한 것을 관찰하며 보는 경우가 있고, 두 번째는 영화 보는 중간 계속해서 영화 줄거리를 중얼거리는 경우이다. 후자인 경우에 문제가 생기는데, 마냥 혼내기보다는 기존에 보지 못한 것을 관찰하도록 유도하는 것이 좋다.

"○○이는 이미 봤으니, 이번에는 전에 놓쳤던 걸 찾을 수 있겠네."
"감상이 끝나면 첫 번째로 발표할 기회를 줄게."

영화를 먼저 본 아이가 있으면, 가장 흔하게 대처하는 방법이 있다.
"그럼 ○○이가 영화 줄거리를 친구들에게 설명해줄 수 있겠니?"

영화 줄거리를 소개해줄 수 있으면 교사의 역할을 대신하게 하고, 없다면 앞에 언급한 것처럼 새로운 것을 찾게 해주면 된다.
"좋은 영화는 두 번 볼 때 더 좋단다."

12. 떠드는 아이가 있을 때

감상 중 떠드는 것은 두 가지 경우다. 첫 번째는 이야기의 흐름을 놓쳤을 경우이고, 두 번째는 영화가 재미없기 때문이다. 영화 자체가 재미없는 것이 아니라 아이의 주관이 강하게 작용한 것이다. 여기서 재미는 자기가 예상한 내용이 아닌 경우 심하게 나타난다. 대다수의 아이가 잘 보고 있다면, 선정한 영화가 재미없는 것은 아니다. 그러기에 재미가 없다는 이유로 수업을 방해하거나 떠드는 아이는 지도해야 한다.

먼저, 이야기의 흐름을 놓친 경우는 영화를 잠시 멈추고 이전 이야기와 앞으로 나올 이야기를 잠시 설명해주는 것이 좋다. 이러면 약간의 각성 효과가 있어 '조용히 해라'라고 하는 것보다 훨씬 효과가 좋다.

그래도 떠드는 아이가 있다면, 교사가 그 아이 곁으로 가서 함께 관람하는 것이 더 효과적이다. 영화 중반까지 집중을 유지할 수 있으면, 아이 스스로 몰입하는 경험을 하게 된다. 몰래 떠드는 아이 곁에 가면 당황하면서도 영화에 몰입하려고 노력하는 모습을 볼 수 있다. 단, 교사도 한 명의 관객으로 몰입하는 모습을 보여주면 더 효과적이다.

13. 교사의 위치

영화 수업은 교사와 아이가 함께 영화를 본다는 것이 가장 중요하다. 그렇다면, 교사는 어디에서 보는 것이 좋을까? 이에 대한 명확한 기준은 없지만, 대략 교실의 뒤편 중앙을 기준으로 뒷문 가까운 곳에서 화면과 아이들을 동시에 관찰할 수 있는 곳이 좋다.

교사는 교탁에서 모니터로 영화 보고 아이들은 TV 화면으로 영화를 보면, 아이들은 교사로부터 관람 태도를 감시받는다는 생각을 하기도 한다. 아이들을 옆에 두고 교사의 시선도 TV를 향하면 중간중간 아이들을 관찰하더라도 아이들이 큰 부담을 느끼지 않는다.

14. 영화 제목, 생각거리, 등장인물 칠판에 적기

아이들에게 영화감상을 수업으로 확실히 각인시키는 가장 쉬우면서도 강력한 방법이 영화 제목, 등장인물, 핵심 주제, 생각거리 등을 칠판에 적어두는 것이다. 제목을 적을 땐 영문 제목과 제작 연도도 함께 적는 것이 좋다. 아이들이 가장 관심을 가지고 궁금해하는 것은 등장인물이다. 등장인물들의 이름과 관계 등을 써두면 좋다. 간단한 인터넷 검색으로 찾을 수 있지만, 칠판에 적어두면 가장 효과적이다. 특히, 핵심 주제나 생각거리를 적어두면 영화를 보면서 무엇을 정리하고 발표할 것인지 아이가 준비를 할 수 있어 수업 후 활동에 도움이 된다.

빌리 엘리어트(Billy Elliot, 2000)

등장인물 : 빌리(주인공), 아버지, 토니(형), 할머니, 윌킨스 선생님(발레 코치), 데비(발레 소녀), 마이클(빌리의 친구)
핵심 주제 : 용기와 의지, 포기하지 않는 열정, 편견의 극복

영화 이야기 나누기
1. 빌리는 어떻게 발레를 경험하게 되었는가?
2. 처음으로 회전에 성공한 빌리는 어떤 행동을 했으며, 무슨 느낌이 들었는가?
3. 발레에 대해 아버지와 빌리의 기분 상상
4. 춤출 때 빌리의 느낌 → 무엇을 의미할까?

4장

아이의 마음을 읽는 완벽한 방법

영화로 읽는 아이의 심리

이 장에서는 영화에 나타나는 아이의 모습을 살펴본다.

영화에 나오는 아이의 모습과 그를 둘러싼 주변의 모습을 보는 현실 속 관객의 아이는 남들은 어떻게 살고 있는지 궁금해한다. 영화를 감상하고 그 바탕 위에 영화 속 상황과 현실의 모습을 주제로 이야기를 나누는 영화 수업의 활동은 현실의 아이의 속마음을 표현하고, 그것을 들여다보는 기회가 되었다.

다시 현실 속 교실 모습을 살펴보자. 교사는 아이의 말과 행동을 늘 살피지만, 그 속에 어떤 의미가 담겨 있는지 궁금하다. 아이의 겉모습으로 속마음을 파악하는 것은 어렵다. 잘 놀다가도 싸우기도 한다. 별것 아닌 것에 마음 상하기도 하며, 의외의 순간 서로 알아가면서 화해하며 더 친해지기도 한다. 무색무취한 듯 보이면서도 속으로 들어가면 격랑의 바다와 같다. 교사는 아이들이 어떤 마음을 가지고 있는지, 왜 저런 행동을 하는지 알고 싶어 한다.

교사는 아이를 이해해야 하면서도 아이가 가장 영향을 받는 가정과 친구들의 관계에서 생기는 갈등과 걱정도 이해해야 한다. 아이에게 교우관계의 어려움을 직접 듣고, 부모에게 가정환경에 대한 자세한 정보를 전해 들으면 좋겠지만, 현실은 그렇지 못하다. 그래서 간접적으로 살펴야 하는 어려움이 있다.

영화 속 상황에 아이가 어떤 반응을 보이고, 무엇에 집중하며, 어디에서 힘겨워하는지를 살피면, 아이의 욕망과 불안을 살피는 데 도움이 된다. 또 영화 속 상황에서 아이가 자신의 입장을 표현할 수 있으면, 그것으로 현실의 상황에서 자신의 처지를 개선할 수 있는 방법을 찾는 데도 도움이 된다. 영화를 통해 아이와 부모, 교사의 마음을 읽는다는 것은 피상적일지 모른다. 그러나 영화는 시대를 반영하고 사람들의 마음을 사로잡는 무언가가 있다.

오랫동안 '읽어주는 영화 이야기'를 비롯해 수없는 영화 수업을 해왔고 수없이 많은 영화를 봐왔으며 교사와 학부모를 대상으로 한 많은 강의와 강연을 통해 느끼고 배운 감정을 영화의 장면과 대사를 통해 풀어보고자 한다.

다툼을 보면
아이가 보인다

　교실에서 많은 아이를 상대하는 교사는 각각의 아이가 어떤 특성과 속마음을 가지고 있는지 알기가 쉽지 않다. 평소 교실에서 생활하는 모습에서는 아이들의 숨겨진 감정이 잘 드러나지 않는다. 숨겨진 감정이 가장 극적으로 드러나는 때가 있다. 언제일까? 바로 다툴 때다. 평상심이 무너진 상태에서 다툼을 통해 감정이 표출되는데, 그때 아이들의 숨겨진 마음을 알아차릴 수 있다.

　영화에서 다툼은 그 자체가 무척 재미있는 사건이다. 아이들도 영화에서 벌어지는 다툼의 상황을 무척 흥미롭게 지켜본다. 그리고 나름대로 이성적인 판단으로 판결을 내린다.

　남녀의 특성은 다툼에서도 나온다. 남학생은 주로 서열을 따진다. 그래서 친구 사이에서도 위와 아래를 구분하려 하지만, 완벽한 위계를 의미하지는 않는다. 대신 서열에 대한 도전이 있을 땐 꼭 다툼으로 연결된다. 여학생은 주로 관계를 따진다. 그래서 '친하다'라는 것은 매우 깊은 감정의 교류를 뜻한다. 그래서 끊임없이 감정과 상황을 공유해야 하기 때문에 단짝 혹은 소수와 깊은 친구 관계를 유지하려 한다. 다툼이 생겼을 때 남녀 아이들의 반응이 다른 것은 교우관계의 행동 특성이 다름에 기인한다. 그래서 다툼이 겉으로 격렬한 것은 남자아이들이지만, 속으로 격렬한 것은 여자아이들인 경우가 많다.

남학생의 다툼 - 저학년

> 개학 첫날 학교에 가던 금복, 기종, 여민은 골목에서 검은 제비를 만난다. 평소 대장을 하면서도 아이들의 신망을 잃고 있던 검은 제비는 아이들이 자신을 대장으로 인정하지 않는다는 사실을 알고 화를 낸다.(영화 '아홉살 인생' 중에서)

남자아이들의 세계에서는 힘의 서열을 중요시하는데, 문제가 생겨 다툼이 벌어질 때는 이성적인 대화보다는 서열 관계에서 오는 감정이 앞서 더 폭력적으로 진행되는 경우가 많다.

검은 제비	야이 시궁창! 야이 새끼야. 사람 말이 말 같지 않아? 너희들이 대장을 갈자고 했다면서?
금복	그래. 왜 별명을 네 마음대로 부르는데. 내 별명이 똥자루가 뭐야.

검은 제비	별명 같은 건 (대장인) 내가 짓는 거다.
금복	그래서 대장을 바꾸자고 했다, 여민이로.
검은 제비	여민이는 3학년이고 난 5학년인데
기종	5학년이면 뭐하노? 여민이보다 깡도 없고 싸움도 못 하는데.
검은 제비	(기종의 멱살을 잡으며) 이 새끼 말 다했나?
여민	(검은 제비의 손을 제지한다)
검은 제비	(눈을 부라리며) 야 이 새끼야 이 손 못 놔? 니 오늘 내한테 초상 날이다. 이 새끼 내한테 한번 죽어봐라.
여민	(검은 제비의 주먹을 피하며 한방에 때려눕힌다) 내가 이겼다고 소문 내지 않겠다. 그 대신에 오늘부터 애들 괴롭히지 마라.

영화 '아홉 살 인생'에는 아이들의 다툼이 어떤 식으로 벌어지는지 잘 나타나 있다. 아이들은 별명 부르기를 좋아한다. 그런데 그 별명이란 것이 어른이나 교사가 보기엔 참 유치하기 짝이 없다. 이름을 거꾸로 부르거나 김 씨면 '김밥'이라 부르든 등 아주 단순한 것들이다. 하지만 별명으로 불리는 아이의 입장은 좀 다르다. 아이들에게 별명은 무척 민감한 문제다.

"선생님, ○○이가 자꾸 '김밥'이라고 놀려요."

이런 고자질(?)은 초등 저학년에서는 비일비재하다. 별명을 지어 부르는 아이와 별명으로 불리는 것을 싫어하는 아이의 잘잘못을 가리는 것은 거의 불가능하다.

오해나 기분이 나빠 다투는 경우 남자아이는 보통 순간의 찰나에 감정이 결정되는 경우가 많다. 왜 싸웠는지 물어보면 싸운 이유가 분명하지 않을 때가 종종 있다.

> ▶ **차쌤의 조언**
> 화해시키는 방법은 그리 복잡하지 않다. 감정을 식힐 시간을 주면 싸웠다는 사실도 잊고 다시 함께 어울려 노는 경우도 허다하다. 감정을 진정시키고 자기 생각이나 느낌을 상대방에게 말할 기회를 주는 것이 좋다.

감정을 정리할 시간이 지나도 화가 풀리지 않을 때는 서로 감정을 소통할 기회를 마련해주면 대부분 어렵지 않게 화해한다. 격렬하게 싸우는 모습을 보면 깜짝 놀랄 때도 많지만, 아주 단순한 이유로 싸울 때가 대부분이다. 대신 '아홉살 인생'의 여민이처럼 싸움에 이긴 아이가 모두 대범하지는 않다. 남자아이는 성장하면 좀 더 성숙해질까? 최소한 다툼에서만큼은 그렇지 못하다.

남학생의 다툼 – 고학년

> 교실에서 짤짤이(동전으로 하는 노름)를 하는 찍새는 선도부 종훈의 제지에도 불구하고 계속하다 종훈의 심기를 건드려 맞는다.(영화 '말죽거리 잔혹사' 중에서)

남자아이들은 나이가 들고 고학년이 되어도 다툼의 본질은 변하지 않고 더 과격하게 나타난다. 평소 대화에도 욕설을 많이 하는 것은 좀 더 강해 보이거나 주눅 들지 않기 위한 것으로 아이끼리의 문화로 형성되는 경우도 있다. 그러나 다툼으로 변할 때는 서로 욕을 했기 때문이라고 말하지만, 실제로는 서열 관계에서 오는 갈등의 표출이 많다.

종훈　　짤짤이 좀 그만해라, 새끼들아. 찍새, 학교가 노름판이냐? 그만해라. 접으라고 이 새끼야.

찍새　　(무시하고 계속하며) 접으란다. 접지 뭐, 씨바.
　　　　(종훈은 센척하는 찍새에게 계속 욕을 하며 결국은 때려눕힌다. 때린 뒤에도 계속 찍새를 때리며 강자로서 군림한다.)

현수　　(앉아 있다 일어서며) 그만해. 선도부면 사람 이렇게 때려도 되는 거야?

종훈　　야, 넌 뭐야. (욕을 하며) 일어나. 차렷!

현수　　명령하지 마! 같은 (학년)반끼리.
　　　　(종훈은 현수도 때리고 마침 교실에 들어온 우식은 종훈에게 한마디 한다.)

우식　　(욕을 하며) 너 지금 뭐 하는 거야. 누가 남에 반에 들어오라고 했어.

종훈　　욕하지 마라. 그러다 맞는다.

서열을 지으려고 하고 성질을 건드릴 때 힘이나 폭력으로 해결하려는 것은 남자아이들의 본능적 성향일지 모른다. 학년이 높아지고 상급

학교로 진학한다고 해서 별반 변하지 않는 듯하다. 달라지는 것이 있다면 욕설의 강도와 폭력의 정도가 좀 더 강렬해진다는 것이다.

특히, 6학년 남자아이들은 초등학교에서 최고 학년이기 때문에 형들의 눈치를 보지 않아도 된다는 심리적인 안정감(?) 때문에 잠재되어 있던 갈등이 표면화되어 나타나는 경우도 많다.

▶ **차쌤의 조언**
고학년 남학생의 다툼은 겉으로 보기엔 난폭하지만, 다툼의 본질은 저학년과 같은 수준인 경우가 많다. 이럴 경우 교사는 최대한 침착하게 평정심을 유지하는 것이 우선이며, 대처하는 방법 역시 감정을 추스를 시간을 준 후 정리해서 말하게 한다.

여학생의 다툼 – 저학년

> 여민이를 좋아하는 금복은 여민이가 좋아하는 우림을 싫어한다. 툭하면 미국에 있는 아빠 자랑하는 우림이 꼴 보기 싫던 금복은 국산 양말을 외제라고 주장하는 우림이와 한판 붙는다. (영화 '아홉 살 인생' 중에서)

여학생의 싸움은 말로 시작해서 말로 진행하며 말이 말을 낳아 상황 전체가 꼬이는 현상이 생긴다. 남학생과 달리 싸움을 지켜보는 타인이 누구의 편을 들어주는지 중요하며, 나름 논리적인 대화를 주고받는다. 누가 자기편을 많이 지지해 주느냐가 싸움의 승패를 결정한다.

금복	이게 어째 미제고? 이 거짓말쟁이 가시나야. 거짓말 좀 그만해라.
우림	거짓말하는 거 아니야. 우리나라에서 미국에 수출한 걸 아빠가 사다 다시 한국에 부쳐준 거야. 그러니까 미제지.
금복	그럼 우리나라 고추장이 미국 가면 미국 고추장 되나?
우림	왜 안 돼? 우리나라 애가 미국에 살러 가면 미국 사람이야. 근데 그 아이가 잠시 한국 와도 미국 사람이야. 맞지?
칠순	금복아! 우림이 말이 맞네.
금복	아이다 칠순아. 답답한 것들아 봐라. 내가 만약 미국에 일주일 갔다가 돌아왔다고 치자.
칠순	니까짓 게 어떻게 미국에 가노?
금복	예를 들자면 그렇단 말이다.
칠순	예를 들어도 너무 엄청난 기다.
금복	칠순이 니는 끼어들지 마라. 까먹었다 아이가.
기종	금복아, 잘 생각해봐라.
금복	아! 맞다. 모든 것에는 종자가 있는 법이다. 내가 기종이 집에 놀러 가면 기종이가 되나? 나는 오금복이다. 내가 미국 가면 미국 사람 되었다가 한국 오면 한국 사람 되는 기가 말해봐라.
우림	미국에 갔다는 건 미국에 살러 간 거야. 여행 간 게 아니란 말이야. 알았어?
금복	(비웃으며) 쳇. 가자!

여학생은 저학년이라도 또래의 남학생에 비해 언어 표현력이 뛰어나다. 그래서 여학생들은 관계 형성을 위해 감정과 느낌을 말과 행동으로 자주 표현한다. 그래서 손을 잡거나 포옹하는 등 스킨십에도 남학생보다 많이 익숙하다. 다툼도 자기감정을 다른 친구들이 알아주지 않아 서운하거나 말이나 행동에 상처를 받거나 소외되었다는 느낌이 들 때 생긴다. 하지만 당사자가 아니면 잘 눈치채지 못하는 경우가 많다. 다투더라도 옆에서 보면 평소처럼 이야기하는 것으로 보이기 때문이다.

▶ 차쌤의 조언

여학생의 다툼은 자주 일어나지 않지만, 교사가 눈치챌 정도라면 상황이 많이 진행되었다고 보면 된다. 특히, 교사에게 고자질하며 다툰 상황을 알리는 경우는 저학년이라도 신중하게 처리해야 한다. 일단 판결을 내린다는 생각은 접어두고 무엇 때문에 감정이 상했는지 살피는 것이 중요하다. 만약, 시간이 부족하면 꼭 이렇게 말해보자. "지금은 선생님도 수업을 해야 하니까 마치고(점심시간에) 이야기를 좀 더해도 될까?" 보통 자기 이야기하고 나면 풀리는 경우가 많지만, 꼭 시시비비를 가려야 한다고 버티면 왜 다툼의 상황이 되었는지 교사가 관찰할 시간을 버는 것이 좋다.

여학생의 다툼 – 고학년

> 교육대장 김진평의 아내 이숙진은 남편의 영향력으로 관사에서 가장 우월한 위치에 있다. 한편, 남편의 부하로 들어온 경우진 대위의 아내 종가흔은 상명하복의 관사 문화를 따르지 않아 이숙진의 다음 서열인 최중령네는 심기가 불편하다. 남편들은 출근하고 사모님끼리 미장원에 모여 우아하게 차려입고 차 마시며 임지연의 뒷담화를 하던 중 뭔가 이상한 기운이 감돈다.(영화 '인간중독' 중에서)

최중령네가 종가흔에게 호감을 표하는 이숙진에게 비아냥댄다. 이숙진은 마음이 상해 표정이 변하고 담배를 꺼내 피워물자, 주위의 분위기가 변한다.

최중령네	(종가흔) 그것도 맹랑하지 않아. 친오빠랑 다름없는 남자를 꼬셔서 결혼한 거 아니야?
모두	어머 어머.
이숙진	집에선 반대를 안 한 모양이야?
최중령네	시댁에서 엄청 좋아하나 봐요. 딸처럼 키웠다고 하더군요.
이숙진	(활짝 웃으며) 나도 그 친구 좋던데.
최중령네	야릇한 미소를 지으며) 뭔가 통하는 게 있나 보죠? 사모님하고는. 동병상련? 하하하.
	(이숙진과 김진평 대장과의 사이에서 아직 아이가 없고 경우진 대위와 종가흔 사이도 마찬가지다. 갑자기 이숙진의 안색이 변하고 주위 여자

	들도 눈치를 살핀다.)
이숙진	참, 영철이 엄마. 우리 집 와서 김치 좀 담가 줄래요?
최중령네	네? 김치요?
이숙진	배추를 사놨는데 담기가 귀찮네. 내가 너무 늦나?
	(눈치를 채고 최중령네 옆에 있던 다른 여자들이 같이하자고 동조한다.)
이숙진	무슨 김치 하나 담그는 데 온 관사가 수선을 떨어. (최중령네를 쳐다보며) 귀찮은가봐?
최중령네	아니에요. 젓갈을 뭘 쓸까 하고 고민하는 중이었어요. 백김치도 담글까요?
이숙진	그런 건 알아서 하고. 아무거나 다 물어봐.
최중령네	(미소를 띠며) 백김치도 담가야겠어요.

교실에서 남자아이들이 다투는 것은 숱하게 본다. 그러나 여자아이들의 다툼은 잘 일어나지도 않지만, 한번 다툼이 생기면 앙금 없이 해결하기도 어렵다. 더 어려운 건 언제 다툼이 시작되는지 알아차리기가 힘든데, 남자 교사들은 더더욱 알기 어렵다.

영화도 마찬가지다. 여자아이의 묘한 심리적 다툼을 묘사한 작품은 찾기가 어렵다. 내가 남자이다 보니 더 찾기 어려웠을 수 있다. 영화 읽기 강의에서 앞의 '인간중독' 장면을 보여주고 여선생님들께 물어보면 하나같이 아주 심각한 다툼의 장면이라는 데 의견이 일치한다.

먼저, 남자의 관점에서 여자의 말다툼을 보자. 첫째, 욕설은 한마디도 없다. 남자들의 싸움은 욕설로 시작해 욕설로 끝난다. 그런데 남자가 보기엔 여자들의 격렬한 싸움이 벌어지고 있는 중에라도 그것이 싸움이라고 알기 어렵다.

두 번째, 비지시적 행동이나 언어가 상대방의 감정을 자극한다. 최중령네는 관사에서 두 번째 서열이지만, 감정이 상한 이숙진은 그걸 무시하고 '영철이 엄마'로 부른다. 또 면전에서 담배를 피우면서 자신의 위치를 강조한다. 최중령네가 곤경에 처한 것을 알고 도우려던 다른 여자들의 말과 행동에 '수선 떨지 마라'는 한마디로 제압해버린다.

교실에서 여자아이들 다툼의 속성도 이와 별반 다르지 않다. 욕설도 없고 표면적으로 뚜렷한 가해와 피해의 흔적도 없는 것 같다. 특히, 남자 교사가 여자아이들의 다툼을 접했을 때는 당혹스럽다. 여자아이들의 다툼에서는 피해자든 가해자든 자신에게 유리한 방향으로 말하거나, 불리한 것을 말하지 않거나, 어느 것을 부풀려서 말하는 등 자기중심적으로 확대하여 해석하는 경향이 있다.

▶ **차쌤의 조언**

여학생들의 다툼은 일단 겉으로 드러날 정도면 수습이 어렵기 때문에 꾸준한 관찰이 필요하다. 모둠 활동 등에 의도적으로 변화를 주면서 활동하는 데 부자연스러움은 없는지 살펴보는 것도 방법이다. 또한, 여자아이끼리 돌리는 비밀편지나 롤링페이퍼, 수업 시간의 쪽지 교환 등은 원칙적으로 못 하게 하는 것이 좋다.

형제의 다툼

> 월터(형)와 대니(동생)는 주사위를 던져서 하는 간단한 보드게임인 자투라를 하다 황당하게도 집이 우주로 날아가 버린다. 게임 중 나타난 우주 비행사와 게임을 끝내야 하는 상황에서도 형과 동생의 다툼은 계속된다.(영화 '자투라 - 스페이스 어드벤쳐' 중에서)

대니가 게임에서 이기려고 몰래 말을 옮긴 것에 대해 월터는 어떻게 반응하고 대니는 어떤 변명을 하는지 주목하자.

월터	(게임판이 이상하게 움직이는 것을 보고) 잠깐만, 뭐가 잘못됐어. 내가 이기고 있었는데, 내 말이 뒤에 있어.
대니	누가 게임판을 찬 거야?
월터	아니, 그럴 사람은 여기 없어. 네가 사기를 친 거야.
대니	(소리 지르며) 아냐. 난 사기 치지 않았다고.
비행사	목소리를 낮춰. 대니, 네가 조각을 움직였니?
대니	실수로 조각을 움직였을지도 몰라요.
비행사	좋아. 실수였던 거야, 그렇지?
월터	실수로 어떻게 조각을 움직여? 게임판에 붙어있어서 불가능해. 네가 사기 친 거야.
대니	(다시 소리 지르며) 난 사기 안 쳤어.

형제간의 다툼도 남자아이들 다툼의 연속선에 있다고 보면 파악하

기 쉽다. 월터와 대니는 형제이면서 부모의 사랑을 차지하고자 하는 경쟁자이기도 하다. 형은 동생이 밉다. 자신보다 어리고 약하면서 절대 양보하지 않으려 한다고 생각한다. 그리고 틈만 나면 자신을 속이려 해서 더 미워한다.

동생의 입장과 생각은 다르다. 동생은 아무리 노력해도 형보다 커지거나 힘이 세질 수 없다. 좋은 건 이미 먼저 다 해봐서 자신보다 뭐든지 잘하기 때문에 부러우면서도 샘이 난다. 그래서 형을 속이는 약간의 행동은 괜찮다고 스스로 규정한다.

동생 대니는 게임판 말의 위치를 바꾸었지만, 최대한 자신의 잘못이 아니라고 말할 구실을 찾는다. 그래서 '실수'로 가장했다. '실수'와 비슷하게 쓰는 것으로서 '몰라서', '알고는 있었지만 잊어버려서'와 같은 말이 있다. 하지만 형은 동생의 '실수'를 용서해줄 마음이 없다. 동생의 실수가 이번 한 번뿐이 아니란 걸 알기 때문이다.

형제의 다툼에는 묘한 점이 있다. 다툴 때는 화해하지 않을 듯 싸우면서도 내면 깊이에는 구와는 다른 끈끈함도 있다.

▶ **차쌤의 조언**

각자 집안에서의 역할을 가지고 형, 동생의 처지를 이야기해보게 한다. 결론이 나지 않아도 된다. 서로 입장이 다르다는 것을 이해하면 집에 돌아가 형, 오빠, 언니, 동생을 만날 때 예전보다 부드러워진다.

진술의 비일관성

> 제약회사의 생동성 실험의 부작용으로 머리가 생선으로 변해 '생선인간'이 된 박구는 예전 자신과 사귀던 주진의 집으로 피신한다. 방송국 PD인 상원은 소문으로 들리던 '생선인간'을 취재하기 위해 주진의 집에서 인터뷰를 하는데 어디까지 진실로 믿고 들어야 할지 헷갈린다.(영화 '돌연변이' 중에서)

박구에 대해 자기중심적으로 풀어나가고 해석하는 주진의 말에 주목해보자. 주진은 자기 입장에서 상황을 해석하기 때문에 인과관계를 따지는 상원은 주진의 말이 잘 이해되지 않는다.

주진   (제약회사에 다시) 팔았다고요. 그 찌질한 새끼.

상원   그래도 그전에 교제하던 사이였다면서요?

주진   사귄 것도 아니었어요. 그게 제가 보조출연 알바할 때 만난 오빤데요. 제가 궁녀 3이었거든요. 근데 내시 하는 오빠가 자꾸 귀찮게 치근대는 거예요. 저 그때 인기 많았거든요. 전 그 오빠 별로 안 좋아했어요. 그 허세 같은 거 있잖아요. 그래서 하루는 날 잡아서 궁녀들 다 데리고 가서 비싼 거 왕창 시켰어요. 근데 그 오빠 엄청 비싼데 데리고 가는 거예요. 딴에는 오버한 거죠. 그게 좀 귀엽기도 하고. 그만큼 날 좋아하는가 보다 하고.

상원   그럼, 내시랑 사귄 건가요? 그렇다면 어쩌다 내시가 생선인간이 된 건가요?

주진	아니요. 생선인간은 말이었어요.
상원	그거 사람이 하는 거예요? 그게 어떻게 사람이 하는 거예요?
주진	아무튼 그다음 날부터 소문이 안 좋게 나는 거예요. 내시랑 세자랑 둘이 싸움이 붙었거든요. 사실 그때 제가 세자랑 사귀고 있었거든요.
상원	세자요? 아까는 내시랑 사귀었다면서요?
주진	저 되게 인기 많았다니까요. 아무튼, 둘이 싸우다가 세자 하는 애가 다쳤어요. 그래서 일이 커진 거죠. 아니 근데 다음날 반장이 절 부르더니 저보고 그만두라는 거예요. 한국 사회 이게 문제에요. 가부장제. 알고 보니 궁녀 4가 소문을 안 좋게 냈더라고요. 그거죠. 여자의 적은 여자다.
상원	제가 잘 정리가 안 돼서 그러는데요. 궁녀 3을 할 때 세자랑 사귀고 있었는데, 어쩌다 내시랑~ 말이랑~ 또 말이 생선이 된다는 게~.
주진	아저씨도 제 말 안 믿죠?

다툰 여자아이들의 이야기를 듣는 남자 교사의 느낌도 영화 '돌연변이'에서 주진을 인터뷰하는 상원과 별반 다르지 않다. 남자아이와는 달리 상황에 관한 이야기를 잘한다는 점에서는 좋지만, 듣다 보면 어디까지 진실인지 알기 어렵다. 하나하나 따져 묻다 보면 다툼의 본질은 사라지고 다툼 과정에서 오고 간 말이 서로에게 더 상처가 되는 경우도 많다.

▶ **차쌤의 조언**

고학년 여학생일수록 다툼이 생기면 교사는 상황 파악이 어렵다. 특히, 일대일이 아닌 여러 명이 관련된 경우에는 각자 이야기가 달라 누구의 말이 사실인지 파악하기 쉽지 않다. 이럴 경우 남에게 들은 말, 추측, 느낌 등은 배제하고 자신이 보고 듣고 겪은 것만 추려서 진술하게 한다.

오해와 갈등을 겪는 아이들

　자기중심적 사고에서 오해는 갈등으로 연결된다. 갈등은 다툼으로 번지고 마음의 상처로 남기도 한다. 그러나 이것은 성장의 자연스러운 과정이다. 오해와 갈등은 관계 형성과 사회성 형성에 있어 성장의 큰 자양분이 되는 경우가 있다. 오해와 갈등 그리고 다툼 속에서 원인을 찾고 합리적인 대안을 마련해 나가면서 서로 몰랐던 진실을 알게 되면 아이가 가진 회복탄력성과 감정의 항상성이 힘을 발휘해 더 나은 관계가 되고 성장도 이뤄진다.

　하지만 아이 스스로 해결할 수 없을 만큼 커다란 고통을 겪을 때도 있다. 영화 수업은 치료의 목적은 아니지만, 아이가 무엇을 어려워하고 힘들어하는지 잠시 엿볼 수 있는 수단이 될 때도 있다. 영화에서 나타나는 아이들의 오해와 갈등은 어떤 것들이 있는지 살펴보자.

혼자 하는 오해

아버지가 쓰레기장에서 주워 온 정체불명의 장난감이 어느 날 살아 움직인다. 디키 초우는 '장강 7호'라고 이름을 짓고 둘만의 비밀로 간직하는데, 어느 날 디키 초우는 '장강 7호'가 엄청난 능력을 지닌 슈퍼 개라는 꿈을 꾼다. 아침에 일어나 꿈이라고는 생각하지 않고 '장강 7호'가 슈퍼 개라고 믿어버린 디키 초우는 공부를 하나도 하지 않고 100점을 받겠다고 하다 학교에서 큰 망신을 당한다.(영화 '장강 7호' 중에서)

장강 7호가 자신을 속였다고 믿는 디키 초우는 화가 났지만, 복수를 하기 위해 아닌 척 시치미를 뗀다. 하지만 장강 7호를 버린 뒤 오해의 시작이 자기 자신임을 깨닫고 후회한다.

디키 초우   (아닌 척 시치미를 떼고) 장강 7호? 나와 봐. 너한테 화 안 났어. 없던 일로 하자. 우린 친구잖아. 난 널 많이 사랑해. 장강 7호 이리 와.
(장강 7호가 마음을 열고 나오자, 표정을 바꿔 포대에 담아 쓰레기통에 버린다.)
디키 초우   (혼자 소리치며) 넌 우주에서 온 쓰레기야. 저급 기술이고 지루해. 너 때문에 혼나고 놀림까지 당했어. 동물이면 동물이라고 해. 마법 능력도 없으면서.
(잠시 침묵)
디키 초우   마법 능력이 있다고 말한 적 있던가? 내가 오해했나? 내가 실수한 건가?

　아이들 사이에 다툼이 생기면 화해 공감 수업이란 거창한(?) 수업을 한다. 대단한 수업인 것 같지만, 방법은 간단하다. 다툰 아이를 불러 교사에게 말하는 것이 아니라 반 친구들에게 자신의 일을 말하게 하는 것이다. 각자 억울함(?)을 말하게 하고 그 답을 반 전체 아이에게 구한다. 다툼과 관계없는 대부분의 아이는 공정하고 정확하게 판정해내고 각자 어떻게 해야 할지도 권해준다. 대부분의 경우 양쪽 모두 잘못이 있다고 보고 좀 더 잘못한 사람이 상대방에게 먼저 사과하고 그런 다음 상대 친구가 반대로 사과하면서 다툼을 풀고 오해를 거둔다.

　오해는 모든 다툼의 시작이다. 자기중심적으로 생각하는 아이들이 오해하는 것은 당연하다. 영화 '장장 7호'에서 디키 초우가 오해했다는 사실을 아이들은 쉽게 발견한다. 그리고 디키 초우가 빨리 오해를 풀고 자기 잘못을 인정했다는 것도 아이들에겐 신선하게 다가온다. 다툼이 생겼을 때 자신이 먼저 오해하지 않았는지 한 번 더 생각해보게 하는 것이 필요하다.

▶ **차쌤의 조언**

오해를 하는 아이에게 교사가 직접 시시비비를 가려주는 것은 아이 스스로 이해할 기회를 빼앗는 것과 같다. 감정을 추스를 시간을 준 뒤 오해하는 부분을 이해할 기회를 주는 것이 좋다. 이때 상대방이 있다면 양해를 구하고 같이 이야기할 수 있도록 해주면 더 효과적이다. 오해가 사실이든, 허상이든 그로 인해 생긴 문제는 사과하고 용서하는 과정을 거쳐야 덧나지 않는다.

버려지는 것에 대한 두려움

TV 드라마의 주인공으로 평소 자신이 진짜 슈퍼 개라고 생각하는 볼트는 촬영장을 벗어나 길을 잃고 뉴욕까지 오게 된다. 그런 볼트를 못마땅하게 생각하는 고양이 미튼스는 볼트에게 진짜 자신의 모습과 처한 상황이 어떤지 알려준다.(영화 '볼트' 중에서)

미튼스는 볼트에게 두 가지를 알려준다. 첫 번째는 진실을 볼 기회를 주고, 두 번째는 버려지는 것이 어떤 느낌인지 자신의 마음을 열어 보인다. 진실한 충고는 애정이 있어야 함을 알려준다.

미튼스	날 봐 볼트. 이제 진짜의 모습을 봐야 해. (볼트가 나오는 TV 광고를 보여주며) 이게 진짜 같아? 이건 어때 볼트? 페니는 배우야. 그녀는 연기하는 거야.
볼트	페니는 연기하는 게 아니야.
미튼스	페니는 없어. 가상이야.

볼트	아냐. 네가 틀렸어. 그녀는 날 사랑해.
미튼스	틀렸어. 너를 사랑하는 척하는 거지. 평생 그럴 것처럼 연기하는 거야. 그리고 어느 날 짐 싸서 멀리 떠나버리지. 사랑도 함께 말이야. 발톱 빠진 고양이도 그냥 버려두고 말이지. 그리고 그 고양이는 뭘 잘못했는지도 몰라.
볼트	페니는 달라.

아이는 이중적인 태도를 보인다. 부모의 관심과 사랑을 행복해하다가도 어느 땐 그것이 간섭이라며 불만을 터트린다. 무엇에 초점을 맞춰야 할까? 둘 다 맞고 둘 다 틀렸다고 보는 편이 맞다. 아이는 부모에게 배운 어른에 대한 관계형성 방법을 교사에게도 쓴다. 말과 행동이 순식간에 돌변하는 아이를 대하는 교사도 평정심을 유지하는 것은 쉽지 않다. 그러다 자칫 일관성 없는 모습으로 아이에게 비치면 관계는 더 어려워진다. 그래서 교사는 지금 아이의 모습 그 자체를 인정하고 거기서부터 시작하는 것이 좋다. 하지만 분명한 것은 아이가 느끼는 그 순간만큼은 사실이고 진실이라는 점이다.

아이는 누군가로부터 버려지거나 잊히는 것에 대한 두려움이 있다. 영화 '볼트'의 주인공인 슈퍼 개 볼트를 통해 두 가지 눈여겨볼 아이의 심리적 변곡점이 있다.

첫 번째는 자신이 남들보다 뭔가 다른 존재라는 사실이 깨질 때이다. 집에서는 잘 되었는데 교실에서 많은 사람 앞에만 서면 주눅이 들어 실력 발휘가 안 되는 경우다. 분명히 집에서는 '잘한다', '멋지다', '훌륭하다'라는 말을 들었는데, 학교에는 자기보다 잘하는 아이가 너무 많은 것 같아 속상하다. 그리고 그 사실을 인정하고 싶지 않다.

두 번째는 잊히고 버려질 것 같은 두려움이다. 특히, 버려진 고양이 미튼스의 대사를 살펴보면 버려질 것 같은 두려움이 무엇인지 잘 나타나 있다. 이것을 아이 삶에 대입해보면 이렇다. 아이는 부모의 관심이 사라질 때 두려움을 가진다. 예를 들면, 부모는 동생이 생겼으니 형(언니, 오빠)에게 어른스러움을 요구하지만, 자신도 부모의 관심을 받고 싶어 한다. 동생의 유무와 상관없이 부모는 늘 자기를 좋아해야 하는데, 동생이 생기고부터 자기에 대한 관심이 사라진 것이다. 아이 처지에서 생각해보면 늘 받던 부모의 관심이 왜 관심이 사라졌는지 그 이유를 모른다는 점에서 혼란스럽다.

"형(오빠, 언니)이니까 양보해야지."

"○학년이 되었으니 이 정도는 해야지."

뭘 해도 관심받던 어린 시절을 지나 사춘기로 접어들면, 아이는 스스로 남들과 비교하고 잊히고 버려지지 않을까 걱정한다. 그것이 현실로 벌어지지 않더라도 막연한 두려움을 느끼고 이때의 감정은 버림받음이다.

> 우디는 어린이집의 장난감 두목인 랏소의 비밀을 듣는다. 랏소는 데이지의 가장 소중한 장난감이었다. 어느 날 데이지의 가족이 야외로 소풍을 나갔고 점심때 데이지는 잠이 들었다. 부모는 데이지가 가지고 놀던 장난감은 챙기지 못하고 데이지만 데리고 집으로 갔다. 아무리 기다려도 오지 않자 랏소는 아주 오랫동안 걸어 데이지의 집으로 가지만, 이미 다른 장난감이 데이지와 놀고 있는 모습을 창문 너머로 보게 된다.(영화 '토이 스토리 3' 중에서)

버려졌다고 생각한 랏소의 표정, 몸짓, 말투의 변화를 유심히 보자.

랏소 사람들이 우릴 교체했어. 우리 모두를 버렸어.
    (아기 인형이 칭얼거리며 창문을 두드리려 한다.)
랏소 (아기 인형의 손목을 끌며) 이젠 널 사랑하지 않아.

 영화 '토이 스토리 3'에서 랏소가 보여주는 버려지는 것에 대한 두려움은 아주 구체적이다. 랏소 처지에서 보면, 자신을 사랑해줬다가 그 사랑을 거두어 다른 대상에게 주는 것이라 여긴다. 이때의 랏소의 감정 변화가 잘 표현되어 있다. 사랑받는 것이 당연했는데 갑자기 주인이 다른 인형을 아끼자 랏소는 억울하다고 생각한다. 억울함은 분노로 바뀐다. 주인에게 사랑받았던 만큼 분노도 커진다는 것을 볼 수 있다.

 교사에 대한 미움의 표현도 랏소처럼 하는 경우가 있다. 교사는 특성상 모든 아이가 만족하게 사랑해주기 어렵다. 부모의 사랑을 독차지하던 아이는 교사의 사랑도 독차지하려 한다. 혹은 부모로부터 사랑을 덜 받았다고 생각하는 경우 교사의 인정을 받기 위해 사력을 다하기도 한다.

 이런 아이는 자신의 기준과 생각으로 사랑받고 인정받기를 원하기 때문에 교사가 적절한 보상을 해주지 않는다고 생각하면 교사를 쉽게 오해한다. 처음에 교사에게 건 기대가 큰 만큼 미움도 커질 수 있는데, 정작 교사는 그 이유를 알지 못한다. 그래서 아이가 예의 없이 대하거나 반항한다고 생각하여 더 엄격하게 대한다면 아이와의 관계는 더 나빠질 수 있다.

▶ **차쌤의 조언**

버려질 것에 대한 두려움은 인정받지 못할 것이라는 두려움을 깔고 있다. "우리 반이어서 참 좋아", "있어 줘서 고마워" 등 존재하는 것만으로도 인정받을 수 있다는 것을 심어주면 버려질 두려움을 이기는 데 도움이 된다. 이런 두려움이 있는 아이 중에는 지나치게 소극적이거나 경쟁과 성취에 매몰되는 아이도 있는데, 둘 다 인정받아야 한다는 스트레스를 안고 있다.

무서움을 키우는 상상력

마이크는 꿈에 그리던 실리아와 데이트를 하고 있는데, 몬스터 세계에서 가장 위험하다고 전해지는 인간의 아이인 '부'가 나타난다. 몬스터들은 모두 공포와 혼돈에 빠진다. '부'를 감춰 집으로 데려오긴 하지만, 마이크와 셜리도 두렵긴 마찬가지다.(영화 '몬스터 주식회사' 중에서)

아기 '부'를 보며 놀라는 몬스터들이 두려움에서 과대망상으로 변하는 과정이 잘 나타나 있다. 특히, 누구보다 이성적이어야 하는 몬스터 세계의 전문가들도 아기 '부'의 출현에 정확한 판단을 내리지 못하고 두려움에 휩싸이는 것을 주목해보자.

몬스터들	(경악하며) 이런, 어린애다!
식당 주인 몬스터	긴급상황, 여기에 인간 어린애가 있어요!
	(식당은 순식간에 아수라장이 되고 몬스터 경찰 특공대가 나타나 순식간에 주변을 소독하고 제압해버린다.)
뉴스 캐스터	믿을 수 없는 일이 일어났습니다. 몬스터 역사상 처음으로 인간 어린애가 출몰했습니다.
몬스터 1	애가 내 위로 날았어요. 레이저 빔으로 차를 날려버렸다고요.
몬스터 2	도망가려고 했는데, 초능력으로 날 잡고 안 놓아줬어요. 그리고는 저를 인형처럼 잡고 마구 흔들어대는 거예요.
몬스터 3	정말이에요. 제가 전부 봤어요.
전문가	제 전문가적인 의견으로 봐서 지금은 매우 위급한 상황이에요.

아이들은 상상력이 뛰어나다. 그러나 그 상상력은 종종 편견을 부추기는 불쏘시개가 되기도 한다. 몬스터 사회에 아이가 나타난 다음 뉴스 인터뷰를 하는 몬스터들의 이야기를 잘 보면, 아이들의 심리를 엿볼 수 있다.

인간 아이가 레이저 빔을 쏘고 괴력을 발휘해 마구 흔들어댄다고 하고, 거기다가 옆에 있던 몬스터는 그 말이 사실이라며 증인을 자처하기까지 한다. 선생님에게 달려와 위급한 상황이라고 알리며 고자질하는 아이들의 표정과 몸짓, 말과 유사하다. 자기가 겪은 것은 사실이 맞다. 그러나 당한 것은 크게 말하고, 자기의 실수는 감추거나 축소한다. 사실을 전하면서도 사실만 전하는 것은 아니다. 여기엔 상상력을 더한다. 그래서 자신이 겪은 것을 최대한 무서웠고, 감당하기 힘들었으며, 피해를 봤다고 전하는 것이다. 이러면서 스스로 무서움을 키운다.

아이들이 말하는 무서움은 세 가지 정도다. 첫째는 정말 무서운 것이다. 롤러코스터를 타면 아찔해지는 것과 같은 무서움이다. 이건 어쩔 수가 없는 것이다. 두 번째는 몰라서 무서운 것이다. 거기다 조금 아는 상태인데, 전부를 모르면 더 무서움을 느낀다. 세 번째가 달라서 무서운 것인데, 이것이 가장 안 좋은 형태의 무서움이다. 자신과 다르다는 이유로 꺼리는 편견 역시 달라서 오는 무서움에서 기인한다. 무서움 때문에 움츠러들면서도 행동은 더 과격할 수 있다. 벌레가 무섭다고 소리 지르며 짓밟아 죽이는 것과 같은 이치다.

영화 '몬스터 주식회사'를 감상하는 아이들은 영화 속 몬스터인 부와 설리를 무서워하지 않는다. 무서움을 느끼지 않아서가 아니라 몬스터들이 왜 인간세계에 나타나 아이들의 비명을 수집해야 하는지 알기 때문이다.

무서움과 편견은 아이를 움츠러들게 한다. 그러나 아이들이 가지는 무서움과 편견은 특별한 것이 아니다. 늘 생기고 없어진다. 그렇다면 교사는 아이의 무서움과 편견에 어떻게 대처해야 할까? 답은 가장 무서운 몬스터인 설리의 말에서 찾을 수 있다.

"이봐 마이크, 이런 말 하는 건 우습겠지만, 어린애들은 별로 위험하지 않은 것 같아. 그냥 원래대로 문을 통해 자기네 집으로 돌려보내면 어떨까?"

▶ **차쌤의 조언**

아이들이 무서워하는 것들을 포스트잇에 써서 칠판 가득 붙여놓고 무서움 정도를 가려보는 놀이를 해보자. 진짜 무서운 것인지 별로 무섭지 않은 것인지 아이들의 집단 지성으로 풀어보면 의외로 혼자 생각할 때 무서운 것이 더 많았다는 걸 알게 된다.

실수에서 오는 두려움

뉴욕 뒷골목에서 우정을 쌓아가는 쉐익스, 마이클, 조, 토미는 새로운 장난을 시도한다. 가장 달리기를 잘하는 쉐익스가 핫도그를 산 뒤 도망가면 주인이 쫓아갈 것이고, 그 틈에 나머지 아이들이 핫도그를 마음껏 먹으면 쉐익스가 주인을 따돌리고 온다는 계획을 실행한다. 그런데 쉐익스를 쫓아가던 주인은 포기할 줄 모르고 나머지 아이들은 가판대를 옮겨놓아 주인을 더 골려줄 생각을 실행한다. 한참을 돌고 온 쉐익스는 나머지 아이들과 만나고 뒤따라오던 주인은 가판대를 밀고 도망가는 아이들을 보며 분노한다.(영화 '슬리퍼스' 중에서)

아이들이 대수롭지 않게 생각한 장난이 어떤 결과를 초래하는지 살펴보자.

쉐익스   (독백) 계획이 있었다. 그건 우리가 한 일 중 가장 간단하면서도 멍청한 일이었다. 지하철 입구 계단 끝에 가판대를 걸어놓고 판매상을 기다렸다가 그가 손잡이를 잡자마자 손을 놔서 가판대를 올려놓으려고 애를 쓰는 동안 우리는 도망치는 것이다. 우리가 왜 그랬는지 모르겠다. 하지만 우리 모두는 그 대가를 치러야만 했다. 1분밖에 안 걸렸지만, 그 1분 안에 모든 게 변했다.

영화 이야기를 더 살펴보면 가판대를 계단 입구에 걸어 놓았지만, 생각보다 무거워 주인이 잡을 사이도 없이 계단 아래로 미끄러져 내려가 버린다. 마침 모퉁이를 돌던 사람이 가판대에 부딪쳐 현장에서 즉사한다. 4명의 아이는 살인죄로 법정에 서고 소년원에 수감되고 만다. 소년원에 수감된 아이들은 갖은 고통을 겪고 성폭행까지 당한다.

영화 '슬리퍼스'에 나오는 아이들의 장난은 범죄에 가깝다. 그러나 아이들은 그것을 범죄라고 생각하지 않고 그냥 장난이라 생각한다. 학년이 올라가고 신체적으로 크게 성장하는 아이들이 하는 짓을 보면 장난에 가까운 폭력적인 일도 많이 일어난다. 그 장면을 목격한 교사가 이유를 물으면 거의 대부분은 이렇게 대답한다.

"장난이에요."

과연 어디까지 장난이고 어디까지 괴롭힘일까? 사소한 잘못 하나가 인생을 바꿀 수 있다는 사실은 아이들의 행동을 위축하게 할 수도 있다. 그러나 자기중심적 사고를 하는 아이가 점점 많아지고 공감과 배려를 잘하지 않는 아이가 많아지는 현실에서 교사는 아이들에게 선택과 책임에 대한 이야기를 해줘야 한다. 장난은 선택이지만, 그 결과에 대해서는 책임져야 한다는 점을 강조하는 것이다. 타인에 대한 이해, 공감과 배려의 마음이 충만한 교실에서는 자연스러운 장난과 친밀감이 형성되지만, 그렇지 못한 교실에서는 누군가에게는 장난이 어떤 아이에게는 폭력으로 다가오기도 한다.

> ▶ **차쌤의 조언**
> 장난과 괴롭힘은 그것을 당하는 아이의 기준에서 판단한다고 미리 교사가 선언해두는 것이 좋다. 약자를 보호하면 더 나약해질 것 같지만, 아이도 약자로 지내고 싶지 않기 때문에 교사가 보호해준다고 해서 나약해질 가능성은 작다.

아이들의 영원한 딜레마, 공부

3학년을 2년째 유급하고 있는 이샨은 공부에 도통 관심이 없다. 주변의 모든 사물을 놀잇감으로 만들어 놓고 그림도 잘 그리지만, 수업 시간과 시험은 넘을 수 없는 벽이다. 공부가 재미없고 시험을 치면 빵점 받으며 선생님에게 혼만 나는 학교는 이샨에게 지옥 같은 곳이다. 그러다 아프단 거짓말로 학교를 빼먹고 거리를 쏘다니다 결국 아버지에게 들키고 만다. 이샨은 성적표를 보여주지 않았다는 사실까지 들통나고 결국 부모는 선생님들과 상담하게 된다. 공부를 못하고 태도도 불량하단 이유로 이샨은 학기 중에 원하지 않는 기숙학교로 가게 되고, 처음으로 혼자 남게 된 이샨은 무엇 때문인지도 모른 채 무섭고 두렵기만 하다.(영화 '지상의 별처럼' 중에서)

공부를 못해 기숙학교로 가게 된 이샨의 마음은 노래에 잘 나와 있다. 공부를 못한다는 이유로 완전히 다른 환경에 버려졌다는 느낌이 든 이샨의 감정은 애절한 가사와 이샨의 표정과 굳은 몸짓에 잘 나타나 있다.

제가 말 안 했죠? 제가 어둠을 얼마나 무서워하는지
제가 말 안 했죠? 얼마나 엄마를 사랑하는지
그렇지만 알고 계시죠, 엄마? 엄마는 다 아시죠?
사람들 속에 저를 남겨두지 마세요.
집으로 돌아가는 길을 잃어버릴 거예요.
너무 먼 곳으로 저를 보내지 마세요.
엄마가 저를 기억도 못 하시는 곳으로요.
제가 그렇게 나쁜가요. 엄마?
아빠가 너무 높은 곳에서 저를 흔들고 있을 때 제 눈은 엄마를 찾아요.
엄마가 오셔서 저를 안전한 곳으로 내려주실 거예요.
아빠에게 말하지 않았어요.

아이들이 받는 스트레스 중에 1, 2위를 다투는 것이 공부와 교우관계다. 특히, 공부하는 가장 큰 이유가 혼나지 않기 위해서란 것을 보면

씁쓸하기까지 하다. 어른은 아이가 훌륭하게 성장하기 위해 공부하라고 하는 것인데, 정작 아이는 공부가 스트레스로 다가오는 것이다. 그런 공부를 좀 더 세밀히 보면, 점수로 환산된 성적이 공부의 결과라 생각하고 믿는 부모와 아이가 많다는 것에 주목할 필요가 있다.

적당한 스트레스를 넘어선 걱정은 공부에 아무런 도움이 안 된다. 아이는 공부를 못하고 싶은 생각은 전혀 없다. 단지 낮은 점수로 자신의 모든 것을 평가당하고 싶지 않을 뿐이다. 점수가 낮아 공부 못한다고 낙인찍히는 것이 두렵고, 공부 못한다는 것을 인정하고 싶지도 않은 것이다.

▶ **차쌤의 조언**

모든 아이는 공부에 대한 스트레스가 있다. 따라서 평소 공부에 대한 압박감을 누그러뜨려 주는 것이 오히려 효과적이다. 대신 못 하는 것에 대해서는 지적하지 않지만, 안 하는 것에 대해서는 간섭하겠다고 하면 나태한 태도를 지적할 근거가 된다.

도덕적 방어를 하는 아이

연희는 섬에 산다. 가족 이외에는 사람들이 거의 찾아오지 않는 이곳에 사는 연희는 10살이 넘었지만, 학교도 가지 않는다. 연희는 아빠의 사랑을 받고 싶어 한다. 그 이유 학대받는 엄마처럼 되지 않기 위해서다. 엄마는 아빠 뿐 아니라 할머니에게도 구박받고 학대당한다. 모진 말을 매일 듣고 매도 맞는 엄마를 대하는 연희의 마음은 이중적이다. 자기를 가장 아끼고 사랑하는 사람이 엄마인 것은 알지만, 가장 큰 힘을 가지고 폭력을 행사하는 아빠와 잘 지내고 싶다. 아빠는 엄마를 때리지만 연희에게는 잘 해준다. 아빠는 그런 연희를 성적인 대상으로 여긴다. 하지만 연희는 싫지 않다. 아빠가 자기를 만지는 것을 사랑이라 여기기 때문이다. 그런 모습을 지켜보는 엄마는 괴로워하지만, 연희는 아빠에게 사랑받기 위해 화장을 한다. 엄마는 빨래를 널다 아빠 바지에서 딸의 팬티가 나온 것을 보고 연희를 추궁한다. (영화 '김복남 살인 사건의 전말' 중에서)

엄마	(어설픈 화장을 하는 연희를 보며) 뭐 하는 거야?
연희	아빠에게 사랑받으려고. 엄마가 그러라고 했잖아.
엄마	내가 말한 건 그런 게 아니야. 이 화장품 어디서 났어? 훔쳤어?
연희	아니야. 아버지가 사줬어.
엄마	이걸 왜 아버지가 사줘. 그리고 이 토끼 빤스는 어떻게 된 거야.
	(그 순간 뒤에서 아빠가 들어와 엄마를 걷어찬다)
아빠	싸웠냐? 이 화장품 땜에? 발라라 온몸에 처발라. 애한테 샘내지 말고. 넌 꺼져버려 꼴도 보기 싫으니까.
	(이 모습에 겁이 난 얼굴로 쳐다보는 연희에게)
아빠	이건 엄마에게 줘버리자. 아빠가 새로 사줄게. 연희는 아빠를 꼭 끌어안고 무릎에 앉는다. 아빠는 자연스럽게 연희의 몸을

만진다.

충격적인 내용인 '김복남 살인사건의 전말'에 나온 가족과 딸 연희의 모습에서 많은 생각을 하게 한다. 아이에게 가족은 세상의 전부다. 그래서 가족 간의 갈등이 있거나 어려움이 있어도 학교에선 최대한 내색하지 않으려고 한다. 그러나 가정에서 심리적 안정감을 가지지 못하는 아이는 학교생활에서 표가 난다. 교우관계는 물론이고 교사와 관계에서도 독특한 모습이 관찰된다. 아이는 두 명의 어른을 만난다. 하나는 가정에서 부모, 또 다른 하나는 학교에서 교사다. 가치판단의 기준이 어른에게 있는 경우 가정에서는 부모를 따르고, 학교에서는 교사를 따른다.

하지만 폭력적 환경에 노출된 아이는 가정에서 직접적인 폭력을 당하지 않아도 심리적 위축이 일어나고 그것이 심해지면 폭력을 행사하는 아버지가 싫으면서도 비슷하게 닮아간다. 그것이 학교에서 일탈 행동이나 폭력적 행동으로 나타나는 경우가 있다. 학교에서 폭력적 행위를 하는 아이를 교사가 제지할 때 문제가 생긴다. 아이의 입장에선 교사가 부모보다 권위가 없다고 여기면 교사의 제지를 따르지 않는다. 반대로 극단적으로 위축되어 자기 때문에 부모가 폭력적으로 변했다고 여기는 아이는 부족함 때문이라 여겨 끊임없이 자기 자신을 질책하기도 한다.

▶ **차쌤의 조언**

아이의 거친 행동이나 극단적 위축이 도덕적 방어에서 오는지 아닌지를 의심하는 경우가 있다. 교사의 언행 중에 아이가 가족이나 가정 특히, 부모에 대한 비난이라 여기는 부분에서 민감하게 반응할 때다.

"부모님이 이렇게 하라고 시켰어?"

"가정에서 뭘 배운 거니?"

"부모님께 연락해서 이걸 알려야겠구나."

아이의 잘못이 있을 때 이런 표현은 삼가야 한다. 이런 표현은 도덕적 방어를 하는 아이가 교사에게 적대감을 키운다.

교우관계에서도 부모를 모욕하는 것(패드립)에 극도로 민감하게 반응하는 아이는 눈여겨볼 필요가 있다. 도덕적 방어를 하는 아이를 능숙하게 지도하는 것은 어렵다. 대신 그런 조짐이 있는지를 살피는 것은 필요하다. 만약, 발견했다면 아이와 부모의 관계를 너무 깊게 파고들지 말아야 한다. 상담교사 등 전문가의 도움을 반드시 받는 것이 좋다.

과거의 기억, 현실의 왜곡 그리고 폭력성

외계 괴물 '카이주'와 싸우는 거대로봇 예거엔 두 명의 파일럿이 조종하며 함께 싸운다. 거대로봇을 효율적으로 다루기 위해 파일럿과 예거는 동기화되고, 두 명의 파일럿은 각각의 기억을 공유하며 예거를 한 몸처럼 조종하며 싸운다. 그러나 마코는 과거 괴로운 기억에 빠져 자신을 통제하지 못해 훈련 도중 폭주한다. 한편, 그녀와 함께 조종 훈련을 하던 동료 파일럿 롤리는 마코의 내면으로 들어가 현실을 알려주며 과거의 환상에서 빠져나올 것을 요구한다. 그러나 마코는 환상에서 빠져나오지 못하고 잘못된 공격 명령을 내려 기지의 모든 대원을 위험에 빠뜨린다. (영화 '퍼시픽 림' 중에서)

롤리　　마코, 앨리스처럼 토끼를 쫓아가지 마. 쏟아지는 기억들을 쫓아가지 말고 흘러가게 놔둬. 그럼, 스스로를 조절할 수 있어.

마코　　(예거와 동기화 중 과거 카이주에게 부모가 살해당한 장면을 떠올리며 괴로워한다)

롤리　　마코, 기억 속에 빠지지 마. 현재에만 집중해. 기억에 집착하지 마. 그저 기억일 뿐이야. 현실이 아니야.
(기억 속에 카이주에게 쫓긴 어린 마코는 손을 뻗고 실제 훈련 현장에서는 무기 시스템이 최대한으로 활성화되어 위급한 상태가 된다.)

　마코는 평소에는 엄청난 훈련 성과를 보이는 우수한 인재다. 그러나 실전 같은 연습을 하던 중 과거 상처가 떠올라 스스로 통제할 수 없는 수준으로 변한다. 그 상황에서 자신을 보호하기 위해 가장 강력한 에너지를 방출하려고 한다.
　아이들은 크든 작든 마음의 상처가 있다. 과거의 상처는 현재에 영향을 준다. 그러나 모든 상처가 부정적인 영향을 주는 것은 아니다. 남들에게는 대수롭지 않은 말과 행동 혹은 특정한 상황이나 분위기에 유

달리 특이한 반응을 보이는 아이가 있다면, 과거의 어떤 기억이 현실에 영향을 주는 것이 아닌가 의심해볼 수 있다.

조절할 수 없는 과거의 기억이 무서운 것은 그 기억이 떠오르는 순간 현실을 왜곡하기 때문이다. 실제 위험하거나 위협적인 상황이 아닌데도 자신을 보호하기 위해 불필요한 말과 행동을 하는데, 평소보다 강하게 나오기 때문에 폭력성으로 나타날 수 있다는 점에서 유의 깊게 봐야 한다.

▶ **차쌤의 조언**

영화 속 동료 파일럿 롤리가 교사의 역할과 비슷하게 나온다. 교실에서 아이의 폭력성이나 그에 준하는 특이한 행동이나 상황을 마주할 때가 있다. 갑자기 폭력을 행사하는 경우도 있고, 소리를 지르는 경우도 있다. 호흡이 가쁘고 화를 주체하지 못하기도 한다. 부정적인 과거의 기억에 사로잡힌 아이를 현재의 상황에서 함부로 평가하고 조치를 취하는 것은 위험하다. 일단 폭주 상태에 놓이면 진정될 때까지 기다리고, 주변의 아이들이 당황하지 않도록 조치를 하는 것이 우선이다.

감정이 진정된 뒤 교사가 상황을 설명해주는 것이 좋다. 감정이 누그러진 아이가 받아들일 수 있으면 그 이유가 무엇인지 물어볼 수 있다. 그러나 교사의 상황 설명을 들으려 하지 않을 정도라면 상담교사 등 전문가의 도움을 받는 것을 권한다.

아이가 말하는 사실은 진실이 아닐 수 있다

유치원에 다니는 클라라는 등원하는 날 엄마, 아빠가 싸우고 있다. 거기다 아침에는 사춘기 오빠가 성인 영상물을 보여주며 장난을 쳤다. 집 앞에서 우울하게 앉아 있는 클라라를 본 루카스 선생님은 아빠와 전화하더니 함께 유치원으로 간다. 루카스와 아빠는 오랜 친구다. 남자 선생님인 루카스는 아이들과 몸으로 뒹굴며 놀아준다. 클라라는 여자아이라 격하게 몸으로 함께 놀진 않지만, 다른 아이들과 격이 없이 놀아주는 루카스 선생님에게 끌린다. 그리곤 사랑의 편지를 담은 쪽지를 루카스의 주머니에 넣는다. 그리곤 루카스의 입술에 뽀뽀를 한다. 당황한 루카스는 클라라를 제지하고, 편지를 왜 줬는지 묻는다. 하지만 클라라는 자기가 쓴 것이 아니고 누군가 장난쳤다고 말할 뿐이다. 그리곤 자기 마음을 몰라주는 루카스가 섭섭하다. 그날따라 엄마는 유치원에 늦게 데리러 왔고 클라라는 원장과 대화를 나눈다. (영화 '더 헌트' 중에서)

클라라	루카스 선생님이 싫어요.
원장	둘이 친한 줄 알았는데.
클라라	아니에요.
원장	어쩌다가 그렇게 되었니?
클라라	멍청한 데다가 못생겼어요. 고추도 달렸고요.
원장	하하하. 남자니까 당연히 있지. 클라라의 아빠와 오빠한테도 있어.
클라라	루카스 선생님 고추는 앞으로 뻗어 있어요. 막대기처럼요.
원장	왜 그런 말을 하니?

클라라	진짜 그래요.
원장	무슨 일 있었니?
클라라	루카스 선생님이 이 하트를 주셨는데, 갖기 싫어요.

클라라의 이날 하루는 매우 복합적으로 심란하다. 오빠는 성인 영상물을 보여줬고, 부모는 싸웠다. 루카스 선생님을 좋아하는 마음을 전하려다 거부당했다. 거기다 엄마는 늦게 와서 유치원에서 오랫동안 기다렸다. 뭔가 자기 속마음을 털어놓고 싶었는데, 원장과 대화하면서 루카스에 대한 섭섭함을 표현했다. 그런데 무엇이 문제였을까? 루카스의 성기를 언급한 클라라의 한마디로 루카스의 인생은 나락으로 곤두박질친다.

클라라는 자신이 거짓말을 한 것은 아니라고 여긴다. 자기가 쓴 편지였지만, 그건 친구들이 장난친 거라고 말한다. 만약, 누군가 봤다고 해도 진짜라고 우길 것이다. 이 사건이 있고 난 뒤 루카스는 경찰에 체포되고 유치원의 모든 아이가 조사를 받는다. 아이들은 하나같이 루카스의 집에 있는 지하실을 언급했다. 루카스는 결백을 인정받는다. 경찰이 루카스의 집을 조사했지만, 지하실은 없었다.

▶ **차쌤의 조언**
저학년일수록 세상이 자신을 중심으로 움직인다고 여긴다. 학교에서 사회화를 거치면서 타인과 관계를 맺다 보면 자연스럽게 조절되지만, 자기

중심성이 강한 아이는 유리한 것은 취하고, 불리한 것은 버리면서 자신에게 유리한 방향으로 재구성하는데 이것을 '현실 왜곡'이라고 한다. 어떤 면에서는 성장의 과정이라 자연스러울 수도 있지만, 이걸 바라보는 어른들의 관점이 바뀌지 않으면 큰 사건으로 발전하기도 한다.

'아이는 거짓말하지 않는다'가 아닌 '상황에 따라 거짓말할 수도 있다'는 사실을 교사는 물론 보호자도 받아들여야 한다. 아이도 거짓말이 나쁘다는 것은 안다. 그래서 거짓말까지는 하고 싶지 않다. 하지만 아이가 궁지에 몰렸다고 여기면 최후의 방법으로 거짓말을 한다. 그러기에 거짓말을 한 것에 중점을 두는 것이 아니라, 거짓말을 하게 된 배경이 무엇이었는지 알아보는 것이 좋다.

자기 중심적 생각이 강한 아이는 가치판단의 근거를 부모에게 두는 경우가 많다. 그래서 상황에 따라 거짓말을 할 수 있다는 사실을 부모가 잘 받아들이지 않는다. 부모 말은 잘 듣고, 거짓말하지 않는다고 믿는 부모는 모르는 것이 있다. 그것은 아이는 부모가 원하는 답을 말한다는 것이다. 부모는 그것이 진실인지 아닌지 판단하기 어렵다. 하지만 아이가 거짓말하지 않는다고 믿는 부모는 교사와 갈등한다. 그러기에 이런 경우는 부모와 작업동맹[7]을 맺어 신뢰를 구축하는 것이 가장 우선된다.

---

7 미국 심리학자 에드워드 보딘에 따르면, 상담자와 내담자가 의식적이고 현실적인 관계를 바탕으로 공유된 목표를 향해 서로 협조해나가는 것으로 정의된다. 여기서 작업동맹이란 부모와 교사가 아이의 성장을 위해 협력한다는 공통의 목표를 가진 존재로서 서로를 인정하는 것을 말한다. 라포보다 좀 더 발전되고 강한 개념이다.

현실을 극복하려
노력하는 마음

　아이는 이중적이다. 자신을 믿어주는 이가 없으면 한없이 약해지다가도 믿어주는 존재가 생기면 놀랄만큼 큰 용기를 낸다. 아이는 인정받고 또 잘하려는 욕망을 가지고 있는 반면 못할지 모른다는 두려움을 가진다. 욕망과 두려움은 카드의 양면과 같다. 어른과 달리 욕망에서 두려움으로, 두려움에서 다시 욕망으로 전이되는 것이 빠르기에 종잡기 어렵다. 자신을 객관적으로 보는 것은 어른도 어렵다. 물론 아이도 마찬가지지만, 어른보다 큰 강점이 있다. 그것은 실수와 실패의 순간에 무너지지 않는 강한 회복 탄력성과 감정의 항상성 때문이다. 특히, 믿어주는 어른이나 친구와 함께라면 회복 탄력성과 감정의 항상성은 더욱더 힘을 발휘한다. 이럴 때 두려움을 건강한 욕망으로 바꿔 어려움을 극복하는 아이를 만나볼 수 있다.

인정받고 싶은 마음

> '다고쳐 펠릭스 게임' 30주년 기념 파티가 성대히 열리고 있는데, 정작 악당 역을 맡고 있는 랄프는 초청받지 못한다. 뒤늦게 알게 된 랄프는 서운한 마음을 감추고 파티에 참석하지만, 불청객의 눈총을 받고 다른 캐릭터인 '진'과 다툼을 벌인다.(영화 '주먹왕 랄프' 중에서)

게임 속 역할일 뿐 진짜 악당은 아니라고 생각하는 랄프는 자신의 가치를 인정해주지 않는 사람들에게 서운한 마음이 들고, 그 이유가 펠릭스처럼 메달이 있지 않기 때문이라 여긴다. 정작 자신이 사람들에게 소외당하는 이유는 욱하는 성격으로 다른 사람에게 피해를 주기 때문이란 것을 모른다.

랄프	그렇다면 금메달을 딱 한 번 랄프에게 주면 안 될까? 그렇다고 세상이 달라지는 건 아니잖아.
진	말도 안 되는 소리 하지도 마. 메달은 좋은 사람만이 가지는 거야. 그런데 자네는 좋은 사람이 아니야.
랄프	나도 좋은 사람 될 수 있고 메달도 딸 수 있어.
진	그래? 좋은 사람이 되면 그때 와서 이야기해.
랄프	메달을 따온다면 그땐 케이크 옥상에 올려 줄 거야?
진	메달을 따온다면 그땐 펜트하우스에도 살게 해줄게. 그런데 그런 일은 절대 없어. 자넨 건물이나 부수는 악당이니까.
랄프	(화를 폭발하며 케이크를 부순다) 난 악당이 아냐.

진	넌 악당 맞아.
랄프	난 메달을 따올 거야. 펠릭스의 메달 따윈 상대도 안 되는 멋진 메달을 따오고야 말 거야.
진	무슨 소리, 악당한테 누가 메달을 줘.

랄프의 모습은 인정받고 싶은 아이의 욕망을 잘 보여준다. 교실에서 아이들이 노는 모습을 관찰해보면, 노는 데 특별한 법칙이나 재능이 필요하지는 않다. 그냥 서로 위협이 되지 않고 친근한 모습만 보이면 친하게 지내는 데 별 지장이 없다.

그러나 몇몇 아이는 그렇지 못할 때가 있다. 다른 아이들보다 뭔가 뛰어나고 잘난 재능이 자신을 돋보이게 해준다고 생각한다. 이런 아이들은 사소한 놀이나 게임을 하더라도 이기고 지는 것에 민감하게 반응한다. 게임의 승자가 되거나 상을 받거나 뭔가 재능이 있으면, 그걸 우월하게 생각하고 다른 아이들이 자신을 좋아할 거라 생각하는 아이는 실제 교우관계가 그렇게 원만하지 못한 경우가 많다.

왜 그럴까? 한 아이가 승부에 집착하고 지나친 경쟁적이면, 그 파급은 다른 아이들에게도 전달된다. 약간의 경쟁은 몰입하는 데 도움이 되지만, 지나친 경쟁은 승리를 위해 무엇이든 해도 되고 자신보다 못한 우리 편을 질책하거나 무시해도 된다고 합리화한다.

이런 아이가 있으면 반 전체의 분위기가 승부와 경쟁에 민감한 방향으로 흐른다. 경쟁과 승부를 조장하는 아이는 다른 아이들이 자신을 비난하는 것을 안다. 그래서 자신이 가장 큰 피해자라고 생각하여 더욱더 경쟁과 승부에 몰입한다.

'나는 남들보다 더 잘해야 해. 그래야 아이들과 선생님이 인정해 줄 거야.'

랄프가 그토록 갖고 싶었던 메달을 아이들의 것으로 바꾸면 '상장'과 같다. 뭔가를 노력해서 이룬 성과의 보상으로 주는 '상'의 본래 의미를 잊고 결과로써 '상장'에 집착하면 아이는 고민에 빠지게 된다.

'상도 받고 재능도 있는데, 왜 아이들이 날 좋아하지 않지?'

이유는 간단하다. 재능도 있고 상도 받았지만, 매너가 없기 때문이다. 문제는 그 아이는 이걸 잘 모른다.

▶ **차쌤의 조언**

놀이나 게임을 할 때 매너가 좋지 못한 아이가 지고 나서 다른 아이들에게 화풀이하면 꼭 이 말을 해주는 것이 좋다. "실력이 부족한 사람 몫까지 할 수 있다는 자신감이 있어야 진짜 실력 있는 거야. 그런 팀에서는 실력이 부족한 사람도 최선을 다하지. 그래서 실력 있는 사람은 화를 잘 내지 않아. 실력 없는 사람이 분풀이하고 화를 내지. 그런 사람은 자기가 실수해도 인정도 잘 안 해. ○○아. 너 혹시 친구들에게 화내는 건 아니지?"

절박하면 용기가 나온다

고아원에서 강제 노역하는 아이들은 늘 배가 고프다. 식사 시간에 누가 대표로 밥을 더 달라고 할 건지 제비를 뽑았는데, 올리버가 걸렸다. 드디어 식사 시간이 되어 밥을 다 먹는데, 모든 아이가 올리버만 쳐다본다.(영화 '올리버 트위스트' 중에서)

고아원에서 '배가 고프다'라는 말은 금기어로 정해져 있음을 알 수 있다. 배는 고프지만, 누구 하나 나서서 말하지 않기 때문에 아이들이 선택한 방법은 제비뽑기였다. 올리버의 표정과 몸짓, 말하는 모습을 눈여겨보자.

올리버　　　조금만 더 주세요.
감독관　　　올리버가 밥을 더 달랍니다.
고아원 운영자　밥을 다 먹고도 더 달랬다고? 목을 매달아야 하겠군.

영화 '올리버 트위스트'를 보면서 아이들이 가장 실감 나게 느끼는 장면이 바로 '밥을 더 달라'고 하는 부분이다. 늘 먹던 식사를 조금 더 달라고 했을 뿐인데, 올리버의 삶은 아이들의 삶과 교차되며 울림으로 다가온다.

여기서 눈여겨볼 것은 누가 말할지 제비를 뽑는 장면이다. 제비를 뽑는다는 것은 참을 수 없을 만큼 고통스럽고 하기 싫은 일이라는 뜻이다. 그것을 우리는 절박함이라 부른다. 영화처럼 극단적인 상황이 아니더라도 아이에게 선택은 쉬운 것이 아니다. 어른이 보기엔 간단한 일이지만, 아이에게는 처음 경험해보는 것을 선택한다는 건 용기가 필요하다.

앨런은 마지막 주사위를 던지려 하던 중 자신을 죽이기 위해 쫓아오던 사냥꾼과 마주하게 된다. 더 이상 도망갈 곳도 없는 절체절명의 순간에 앨런은 사냥꾼에 맞서 자신의 이야기를 끝까지 한다. (영화 '쥬만지' 중에서)

사냥꾼에게 맞선 앨런의 말과 행동에 주목해보자. 아버지를 싫어했지만, 절박한 순간에 아버지가 왜 자신에게 강하게 행동하라고 했는지 이유를 깨닫는다.

사냥꾼	꼼짝 마. 게임은 이제 끝났다. 뛰어! 도망가 봐.
앨런	싫어요.
사냥꾼	겁나지 않나?
앨런	겁나 죽겠어요. 하지만 아버지는 그럴수록 맞서라고 말씀하셨죠.
사냥꾼	하하하. 드디어 사나이답게 행동하는군. 유언은 없나?
앨런	쥬만지!
	(마지막 말이 원래 시작된 자리로 돌아와 '쥬만지'라고 외치면 게임이 끝난다.)

앨런이 보여준 마지막 행동은 절박함이 어떻게 용기로 변화하는지 보여준다. 사냥꾼은 앨런의 무서움과 두려움을 상징한다. 무섭고 두려울 때 앨런은 피하고 도망가기만 했다. 그러나 더 이상 피해 갈 수 없을 때 맞서 대항하는 용기를 발휘한다. 맞서 싸울 용기를 내는 것은 쉬운 일이 아니다.

아이 역시 마찬가지다. 선택으로 인해 벌어질 일에 무서움을 가진다. 무서워하는 아이를 대신해 도와주면 그 무서움은 자라나 더 크게 다가온다. 그럴 땐 스스로 맞설 수 있도록 지켜봐 주는 것이 어른의 역할이다. 아이는 선택할 순간이 오면 용기를 가진다. 어른이 해야 할 일은 아이가 용기를 가졌을 때 곁에서 응원하는 일이다.

"어려운 일인데 용감한 선택을 했구나. 맞아. 쉬운 일은 아니야. 선생님도 어린 시절의 너였다면 참 겁났을 거야."

▶ **차쌤의 조언**

선택에는 책임이 따른다는 건 아이도 안다. 고의가 아니거나, 잘하려고 한 것이 어긋나 잘못된 결과가 나왔을 때 교사는 잘 살펴야 한다. 잘못의 책임을 묻기 전에 선택한 그 자체가 용기 있는 행동이었다는 것을 짚어줘야 한다. 그래야 아이는 선택에 따른 책임을 능동적으로 수용하는 힘을 얻는다. 아이의 용기 있는 행동은 수없이 많은 망설임 뒤에 나온다. 무섭고 겁이 나는 것이 당연하다는 것을 인정해주고 알려주면 선택하는 데 좀 더 용기를 낸다.

위기 극복의 기회 찾기

인간에게 잡힌 새끼 물고기 니모는 같은 처지의 물고기들이 모여 있는 수족관에서 살게 된다. 어느 날 니모는 물고기 킬러인 아이의 생일 선물로 선택되었다는 것을 알고 정신을 못 차리다 수족관 공기 흡입구에 몸이 끼이고 만다. 극심한 공포에 휩싸인 니모는 발버둥을 치지만, 몸이 빠져나오지 않아 더 무섭다. 이때 수초 뒤에 있던 열대 물고기 '빌'이 나타나 니모와 다른 물고기들에게 소리친다.(영화 '니모를 찾아서' 중에서)

니모가 공기 흡입구에 빠졌을 때 빌이 어떤 행동을 하는지 눈여겨 살펴보자.

니모   아빠, 살려줘! 으악.
빌   아무도 손대지 마!
니모   (빠져나오려고 발버둥 친다) 나 좀 도와줘요.
빌   아냐. 네가 잘못한 거니까, 네 힘으로 빠져나와. 침착해. 지느러미와 꼬리를 번갈아 흔들어봐.
니모   난 못해요. 지느러미가 원래 약해요.
빌   (찢어진 지느러미와 몸에 난 거친 상처를 보여주며) 내 걸 **봐라**. 어떻게 해야 할지를 생각해.

아이에게 교실 생활은 어른의 사회생활과 같다. 교사가 보살펴 주기 때문에 어른의 사회생활보다 더 쉽고 편안하다고 생각할지 모르지만, 아이의 처지에서 생각해보면 마냥 그런 것만은 아니다. 아이들은 해마다 학년이 바뀌면서 새로운 담임선생님과 친구들을 만난다. 매년 직장 상사와 동료가 바뀐다고 생각해보라. 적응하는 데 엄청난 노력이 필요하다. 거기다 매년 성과를 내야 하며, 늘 다른 동료와 비교된다.

교실에서 아이들은 매 순간 선택과 결정의 갈림길에 서고, 결과에 책임도 져야 한다. 거기다 준비를 한다고 해도 많은 상황이 처음 겪어 보는 것이다. 한 번도 해보지 않은 시도를 하거나 예상치 못한 결과가 나왔을 때 아이는 무서움에 빠진다. 무서움은 공포로 진화하고, 공포는 이성적인 판단을 마비시켜 더 움츠러들게 만든다. 도움의 손길은 이때 필요하다.

위기에 빠진 니모를 구하는 빌의 말과 행동을 눈여겨보자. 빌의 첫 판단은 직접 도와주지 않고 니모 스스로 해결할 수 있다는 것이다. 그래서 니모가 불필요한 공포감에 휩싸이지 않도록 차분하지만 정확한 조언을 해준다. 원래 지느러미가 약해 할 수 없다고 포기하려는 니모에게 빌은 찢어진 자기 지느러미와 상처 난 몸을 보여주며 스스로 할 수 있다는 것을 일깨워준다.

아이에게 위기는 계속 찾아오고 어떨 땐 실패하기도 한다. 위기를 없애고 실패를 겪지 않도록 장애물을 치워주는 것이 좋은 것만은 아니다. 백신을 맞아 면역력을 키우듯, 감당할 수 있을 만큼의 위기와 실패는 경험해봐야 한다. 그래야 다시 찾아올 위기에 대처할 수 있고, 실패한다 해도 좌절하지 않고 도전할 수 있다.

▶ **차쌤의 조언**
교실에서 아이가 느끼는 위기 상황은 심각한 수준이 아닌 경우가 많다.

발표하기, 같이 해보지 않은 친구와 모둠 하기, 새로운 방법으로 학습하기 등 일상적인 학습활동에서도 두려움을 느끼는 아이가 의외로 많다. 이때 교사의 역할은 '빛'과 비슷하다. 방법을 알려주되 직접 도와주지 않고 지켜보는 것이다.

친구를 사귀고 싶어 하는 마음

　아이에게 친구는 무척 중요한 존재다. 어떨 때는 부모보다 더 소중하게 여기기도 한다. 친구를 사귀는 것만큼 새로운 친구를 사귀기 위해 지금 친구와 멀어지거나 헤어지는 경우도 있다. 아이는 친구를 통해 좀 더 큰 세상을 배우고, 친구를 통해 자기 내면을 보며, 친구를 통해 성장한다. 그 과정에서 동질감과 이질감을 동시에 느낀다. 친구 때문에 세상을 살아갈 힘을 얻다가도, 친구 때문에 세상에서 가장 큰 고통을 겪는다. 영화에서 친구는 어떤 모습으로 나오는지 살피는 것은 무척 흥미롭다.

새로운 친구와 사귀기

앤디가 가장 아끼던 인형인 카우보이 '우디'는 새로운 우주 영웅 로봇인 '버디'의 출현으로 위기가 생긴다. 앤디가 버디를 더 좋아하는 것 같고, 다른 장난감도 모두 버디 편이다. 예전에는 앤디가 우디만 좋아하고 다른 장난감들도 우디의 말이라면 모두 따르고 믿었는데, 버디는 멋지고 기능도 많으며 거기다 잘났다. 우디는 버디를 시샘하며 기분이 나빠지려 한다.(영화 '토이 스토리' 중에서)

노랫말에 나오는 우디의 속마음에서 새로운 친구와 사귀는 태도와 방법에 관해 생각해보자.

(버디의 멋진 비행에 다른 장난감들이 모두 환호성을 지르며 친하게 지내려고 한다.)

우디　　그만들 해. 며칠만 지나면 모두 예전으로 돌아갈 거야. 그래도 앤디는 날 제일 좋아해.
　　　　세상 모든 것이 내 것 같았어.
　　　　그때는 모든 게 제자리에 있었지.
　　　　그런데 하늘에서 폭탄 터지듯 한 녀석이 나타나 모든 게 달라지고 말았어.
　　　　이상한 일이 일어나고 말았어.
　　　　정말 이상해
　　　　이상한 일이 일어나고 말았네.

친구도 많았지만 이젠 모두들 내 곁을 떠나버렸어
예전처럼 지내려 노력해보네.
모두에게 영향력과 존경을 받았던 과거
이젠 아니야
내가 사랑하는 여자한테조차 사랑받지 못하네.
정말 이상한 일이 일어나고 말았네.
너무 이상해. 정말 이상한 일이야.

우디의 처지에서 보면, 버디는 어디서 갑자기 나타나 자신의 모든 친구를 빼앗고 가장 친했던 앤디의 사랑도 독차지한다. 예전엔 멋진 모습이었던 우디는 버디 때문에 모든 것을 다 빼앗긴다고 생각한다. 이상하고 슬픈 일이 연속으로 벌어지는데, 그 모든 것이 우디 때문인 것 같다.

학년이 바뀐 교실에서 흔히 일어나는 다툼의 시발점 중 하나이기도 하다. 교실 현장에서 어떤 아이가 우디일까? 인기 많고 영향력이 있었는데, 새로운 강자가 나타나 혼돈을 느끼는 아이이다. 갑자기 나타나 다른 아이들의 관심을 독차지하는 멋진 전학생도 '우디'라고 할 수 있다.

친구가 필요하고 좋은 친구를 사귀고 싶어 하는 마음은 모든 아이가 같다. 하지만 우정에 집착하는 경향이 강한 아이일수록 강한 불안을 겪는다. 친구 관계를 빨리 맺어야 하고 자기가 더 우월하게 보여야 하는 아이는 마음속에 불안감이 있는 경우가 많다. 어찌 보면 친구 앞에서 으스대려 하고 약한 모습 보이려 하지 않는 것도 자신의 불안감을 감추기 위한 노력일지 모른다.

▶ **차쌤의 조언**

친구를 사귀는 데 조급증이나 불안감이 있는 아이는 학급 임원, 대회 등 겉으로 보이는 것에 집착하는 경우가 많다. 지위나 재능 혹은 능력이 자신을 돋보이게 하고 자신을 특별하게 보이게 할 것으로 믿기 때문이다. 이런 경우는 특별한 방법이 없다. 내버려 두고 별 관심을 두지 않으면 된다. 아무리 옆에서 말해도 그저 잔소리처럼 들릴 뿐이다. 특별하게 보이는 것에 집착하는 것은 친구보다 우월해 보이려는 심리가 강해서다. 그것이 무의미하다는 것을 알려주기보다, 작은 역할분담을 실천하거나 성실한 태도와 밝은 얼굴로 인사하는 행위에 더 많은 격려와 칭찬을 하는 것이 좋다. 친구는 우월한 위치에서 내려다보며 사귀는 것이 아니라, 동등한 위치에서 배려하는 마음을 가지는 것이 더 중요하다는 것을 스스로 느껴야 진정한 친구를 사귈 수 있기 때문이다.

우정은 시간보다는 깊이가 더 중요하다

늑대 무리에게 쫓겨 도망가던 메이와 가부는 눈 폭풍이 심하게 불어오는 언덕 작은 동굴에 고립된다. 며칠째 먹지 못한 가부와 메이는 기진맥진해 있고, 메이는 가부에게 자신을 먹고 힘을 내 혼자라도 산을 넘어가라고 말한다. 가부는 꼬르륵하는 배를 부여잡으면서도 메이에게 그런 말을 하지 말라고 소리치며 눈물을 흘리고 그것을 바라보는 메이의 눈에도 이슬이 맺힌다.(영화

'폭풍우 치는 밤에' 중에서)

극한 상황에서 메이와 가부가 서로 얼마나 좋은 친구였는지 고백하는 장면을 눈여겨보자.

가부	(절규하듯 소리치며) 나는 왜 늑대 같은 걸로 태어난 거야.
메이	솔직히 말해줘요. 나와 처음 만난 오두막에서 내가 염소란 걸 알았다면 어땠을까요?
가부	먹었을 겁니다.
메이	그래, 그걸로 된 거예요. 그때의 느낌이 된다면 날 먹을 수 있어요.
가부	(울면서) 난 그렇게 하지 않을 거예요. 살아남으려 하든, 함께 굶어 죽든 상관없어요. 어느 쪽이 되든, 두 번 다시 함께 지낼 수 없을 거예요. 그게 가장 괴로워요.
메이	(함께 울며) 저도 그래요. 이 눈보라 속에서 생각했어요. 언젠가는 죽는 날이 온다. 하지만 우리가 만나 함께 보낸 시간이 없어지는 것은 아니라고.
가부	맞아요. 길거나 짧거나 할 뿐이죠. 폭풍우 치는 밤에 처음 만난 것처럼 해 볼게요.

누구나 좋은 친구를 사귀고 싶어 한다. 어떤 친구가 좋은 친구냐고 물으면, 대부분 착하고 배려심 있고 욕설을 하지 않으며 자신을 괴롭히지 않는 친구라고 말한다. 하지만 좋은 친구를 바라면서도 자신이 좋은 친

구의 태도를 가지는 데는 그리 큰 노력을 기울이지 않는다. 특히, 지나치게 자기 중심성이 강해 이기심이나 편견이 있는 아이일수록 좋은 친구를 사귀기 힘들다. 이런 아이들은 유독 교우관계에서도 어려움을 겪는다.

영화 '폭풍우 치는 밤에'에서 동굴 속 대화 장면은 아이들의 마음에도 깊은 인상을 남긴다. 좋은 친구를 사귀려면 자신이 먼저 좋은 친구가 되어줘야 한다는 것을 느낀다. 친구를 사귀는 데 익숙하지 못한 아이는 간혹 먹을 것이나 장난감 등으로 자신을 드러내려 하기도 한다. 또 친구를 소유하려 하고 집착하면 오래가지 못한다. 친구를 깊이 있게 사귀려면 마음을 전해줘야 한다.

"전 마음을 열어 보여줬는데, 그 아이는 제 마음을 알아줄지 걱정이에요."

이런 걱정을 하는 아이라면 메이의 말과 행동에 좀 더 귀를 기울이게 해보자. 진심을 전하면 친구도 받아준다는 경험을 해야 한다. 친구의 마음을 얻으려면 자신의 마음을 먼저 열어야 한다는 것. 그것이 바로 친구를 사귀는 용기다.

▶ **차쌤의 조언**

좋은 친구를 사귀려고 마음먹은 아이에게 자기 스스로 좋은 친구가 되는 법을 알려주는 것이 좋다. 아침에 반갑게 인사를 먼저하고 '미안해', '고마워'란 말을 쓰다 보면, 좋은 사람으로 인정받아 친구 사귀는 데 도움이 된다고 말해주는 것도 방법이다.

친구를 위하려는 마음에는 진정성이 담겨 있다

범고래 윌리를 죽이려고 하는 사장의 계략을 알게 된 제시는 수족관 직원들의 도움을 받아 그린우드(양아빠)의 트럭을 훔쳐 윌리를 트레일러에 싣고 바닷가로 데려가려 한다. 사장의 눈에 띄지 않기 위해 숲길을 선택했다가 길을 가로막은 부러진 나무 때문에 더 이상 나갈 수 없는 지경에 이른다. 한편, 집 나간 제시의 행방을 찾고 있던 제시의 양부모는 주유소에서 제시가 그린우드의 트럭을 몰고 어디론가 갔다는 소식을 듣고 추적해보니 진퇴양난에 빠진 범고래 윌리와 제시 일행을 보게 된다.(영화 '프리윌리' 중에서)

범고래 윌리를 구하기 위해 친구인 제시는 그린우드에게 이제껏 가장 진실하고 절실하게 도움을 호소한다. 제시와 그린우드의 대화를 보자.

그린우드	내 트럭 갖고 뭐 하는 거야? 고래는 또 뭐고?
제시	고래를 죽이려고 해요? 고래를 바다로 돌려보내야 해요. (그린우드) 아저씨, 도와주세요. 도와주시면 뭐든 할게요.
그린우드	내가 너에게 뭘 원하는데?
제시	뭘 원하는지 몰라요. 하지만 전 윌리를 꼭 살려야 돼요. 아시겠어요? 도와주세요. 부탁이에요. 윌리(고래)가 죽어요.
그린우드	(잠시 생각하더니) 트럭 뒷좌석에 윈치와 체인이 있다. 가져오너라.
제시	고마워요.

제시가 윌리는 서로 좋은 다르지만, 외로운 존재라는 점에서 서로 호감을 가지고 친구가 된다. 하지만 제시는 친엄마가 자신을 버렸다는 아픔 때문인지 양부모에게 마음을 열지 않는다. 오히려 겉으로는 버릇없고 함부로 대하는 것처럼 보인다. 그런 제시가 처음으로 그린우드에게 도움을 청하는 모습은 인상적이다.

  어떻게 제시는 자존심을 버리고 그린우드에게 도움을 요청하게 되었을까? 그건 제시가 윌리를 친구로서 정말 위하기 때문이다. 다른 친구와는 달리 자신이 도와주지 않으면 안 되었기 때문에 제시의 마음이 더 많이 움직였을지 모른다.

> ▶ **차쌤의 조언**
>
> 제시와 같이 교우관계에 극적인 상황은 아이에게 오지 않을 것 같지만, 작고 소소한 일에서 아이들끼리 진정성을 교환하는 것은 어렵지 않게 만날 수 있다. 학용품이 부족하고 필요할 때 건네준다든지, 자기 고민을 들어준다든지, 고맙거나 미안한 일이 있을 때 표현하는 것만으로도 아이들은 서로 진정성을 확인한다. 진실게임이나 비밀일기 등을 통해 직접 표현하지 않아도 작은 행동과 태도에서 서로의 마음을 알 수 있다는 것을 알려주면 어렵지 않게 마음을 전할 용기가 생긴다.

견해차가 생겼을 때

그린피스 환경운동가 레이첼과 알래스카 석유개발업자 맥그로는 사사건건 부딪친다. 하지만 빙벽에 고립된 고래 가족을 구출하기 위해 힘을 합친다. 각자 참여한 의도는 다르다. 레이첼은 고래를 살려 그린피스 활동을 적극 알리려 하고, 맥그로는 '환경을 생각하는 개발업자'로 자신을 홍보하기 위해서 많은 경비를 지원한다. 둘 사이의 앙금과 불신이 사라진 것은 아니지만, 고래 가족 구출작전을 통해 상대방의 처지를 이해하는 기회가 되었다.(영화 '빅 미라클' 중에서)

레이첼과 맥그로는 가장 많이 대립하는 관계였으나 각자의 이유에 따라 고래 구조 작업에 참여하면서 서로의 입장을 이해하는 실마리를 찾아 대화하는 부분이 인상적이다.

맥그로　　고래를 살리겠다고 우리가 약속하겠소.
레이첼　　생각만큼 나쁜 분은 아니군요.
맥그로　　나도 당신을 그렇게 생각해요.
레이첼　　하지만 북극에서 석유를 시추하려는 것에 대한 반대 의견은 변함없어요.
맥그로　　아가씨, 석유를 개발해야 한다는 내 생각에도 변함없소.

친구 사이라도 항상 즐겁고 재미있게 지내는 것은 아니다. 친구 관계에서도 의견충돌, 서로의 입장 확인, 다툼, 조율, 양보, 이해의 연속이다. 잘 지낼 때는 상대방의 의견을 수용하고 조율하는 데 문제가 없지만, 어느 순간 의견이 충돌하고 견해차가 생기면서 다툼의 소지도 생긴다.

견해차가 생겼을 때 아이들은 불안하고 당황해하지만, 친구 사이가 멀어질까 봐 자기 의견을 표현하는 데 주저한다. 친구 사이라도 견해차가 생기는 것은 당연하다. 당연하기 때문에 자기 입장을 친구에게 전하는 것도 친구로서의 역할이고 의무다. 자기 입장을 전하고, 의견이 다르면 설득하기도 하고, 필요하다면 친구의 의견도 수용하는 기회도 가져야 한다. 영화 '빅 미라클'은 바로 그 점을 이야기해주고 있다.

▶ **차쌤의 조언**

친구 간에도 견해차가 생긴다는 것을 꼭 알려줘야 한다. 견해차가 생겼을 때 대처 방법인 자기 생각과 감정 전달하기를 평소 구체적으로 알려주고, 다툼이 발생했을 때 생각과 감정 전달하기를 먼저 했는지 확인해야 한다. 생각과 감정의 전달만으로도 상당수의 다툼은 진정되거나 해결된다.

어른이 되고 싶은 마음

아이의 성장은 독립을 의미한다. 몸과 마음이 자라는 아이는 부모와 어른으로부터 독립한다. 어른이 되고 싶어 하는 아이를 바라보는 어른의 마음이 복잡하다. 건강한 독립을 바라지만, 미숙한 선택과 판단으로 자칫 나쁜 길로 빠지지 않을까 걱정한다. 특히, 이성 친구를 사귀기 시작하는 아이를 바라보는 어른의 마음은 편안하지 않다. 그러나 아이는 어른이 생각하는 것보다 좀 더 강하다는 것을 잊지 말아야 한다. 이성에 관심을 가지고 어른이 되고 싶어 하는 아이의 마음을 영화에서는 어떻게 표현하는지 살펴보자.

이성에 대한 관심 : 이것이 사랑일까?

> 건너편 이웃집에 브라이스의 가족이 이사 온다. 브라이스를 처음 본 7살 줄리는 뭔지 모를 끌림에 이삿짐을 풀고 있는 트럭 짐칸으로 들어가 막무가내로 도와준다고 한다. 어안이 벙벙한 브라이스의 아버지는 순간 기지를 발휘하여 브라이스를 집 안으로 들어가게 하지만, 줄리는 굴하지 않고 브라이스를 쫓아다닌다.(영화 '플립' 중에서)

같은 상황에 대한 묘사를 브라이스의 시각에서, 또 한 번은 줄리의 시각에서 풀어놓는다. 각자 상대방에 대한 감정과 느낌이 어떤지 표현하는 것에 주목해보자.

[브라이스의 이야기] 이사 가서 처음 만난 줄리는 눈치 없고 막무가내다. 그녀를 피해 집으로 들어가려는데 마당에서 내 손을 잡았다. 믿을 수가 없다. 오늘 처음 본 낯선 여자아이에게 손을 잡히다니. 때마침 엄마가 나타났고 난 용감하게 7살짜리 남자애답게 엄마 뒤에 숨었다. 하지만 내 문제는 여기서 끝이 아니었다. 전학 간 교실에 들어선 순간 줄리는 미친 듯이 달려와 나를 껴안았고, 난 아이들의 웃음거리가 되었다. 그날부터 난 줄리의 공식 애인인 듯 모든 아이의 놀림을 받아야 했다.

몇 년의 시간이 흘러도 내 인생은 엉망이 되어갔다. 난 6학년이 되었을 때 줄리가 가장 싫어하는 세리와 사귀었다. 세리는 줄리보다 훨씬 매력적인 여자다. 세리와 함께 다니면 줄리는 접근하지 못할 거다. 줄리가 볼 땐 세리의 손을 잡고 더 친한 척했다. 하지만 내 친구가 세리에게 관심을 가지면서 일은 꼬였고 얼마 뒤 차이고 말았다. 이런 날 보는 줄리의 눈은 더 능글능글해졌다. 줄리는 미친 여자처럼 수업 시간에 몰래 내 뒤에서 나의 냄새를 맡기도 했다. 우웩! 나에게 남은 단 하나의 희망은 내년에 중학교에 가면 헤어진다는 사실이다.

[줄리의 이야기] 내가 브라이스를 처음 봤을 때 벌써 첫눈에 반했다. 그의 가족은 방금 이사 왔고, 난 단지 도우려 했다. 브라이스도 한눈에 날 좋아하는 것 같았다. 그래서 브라이스가 집 안에 들어가기 전에 같이 놀려고 쫓아갔다. 근데 어느 순간 보니 그 애가 내 손을 잡고 있었다. 그리곤 나의 눈을 바로 쳐다봤다. 심장이 멎을 것 같았고 이렇게 첫 키스를 하는 줄 알았다. 때마침 엄마가 나타났고 그 애는 쑥스러워 얼굴이 빨개졌다. 브라이스는 나에게 감정이 있는 것이 확실하다. 하지만 남자가 너무 수줍었다.
그래서 난 그 애를 돕기로 결정했고 브라이스의 부끄러움을 없애주기 위해 전학 온 첫날 꼭 안아줬다. 6학년이 되었을 때 브라이스는 잠시 상태 안 좋은 세리와 한눈을 팔기도 했다. 그런데 브라이스는 멍청한 세리와 손도 잡았다. 하지만 브라이스는 똑똑해서 얼마 가지 않아 세리와 헤어졌다. 난 즐거웠고 세리는 힘들어했다.
이제 브라이스는 악녀 세리의 손에서 벗어났고 나에게 잘해주기 시작했다. 브라이스는 너무 귀엽고 수줍었으며 심지어 그 애의 머리에서는 수박 냄새가 난다. 그 냄새는 아무리 맡아도 좋다.
과연 나의 첫 키스는 어떻게 될까?

사춘기에 접어든 아이들은 이성에 관심을 보인다. 이것은 또 다른 교우관계로의 확장이지만, 아이들은 사랑이란 단어 속엔 뭔가 짜릿한 것이 더 있을 거란 환상이 있다. 보편적인 이성 교제의 모델을 보지 못한 아이들은 어른들의 행태를 따라 하려 한다. TV 드라마, 영화, 인터넷이나 또래 친구들에게 전해들은 정보는 마른 목을 축이는 감로수와 같다. 하지만 그런 정보는 사춘기의 이성 관계에서 별다른 도움을 주지 못한다.

아이가 몸과 마음이 따로 노는 이상한 시기는 바로 이성에 눈을 뜬 사춘기 초입이다. 아이들은 환상의 로맨스를 꿈꾸지만, 지켜보는 부모는 노심초사하며 걱정이 생긴다. 하지만 그걸 지켜보는 교사는 매번 반복되는 성가심의 코미디로 본다.

아이들이 언제 사랑의 감정에 빠질지 알 수 없다. 아이마다 성격과 성향이 다르듯 성장과 이성 관계도 다 다르다. 한 가지 확실한 것은 이성에 대한 관심이 생겼다는 것 자체가 성장의 증거이자 어른으로 가는 관문에 들어섰다는 것이다.

▶ 차쌤의 조언

이성 친구는 교우관계의 확장과 연장선으로 인식하는 것이 좋다. 공개적으로 아이들과 함께 이야기하면 더 좋다. 공공연하게 누가 누구와 사귄다고 시끌벅적하면 아예 공개적으로 커플식을 치러주고 좋은 이성 친구로 사귀도록 해주는 것도 괜찮다. 공개적인 커플식은 서로 좋은 친구 관계가 될 기회를 주는 것과 같다.

어른이 된다는 것

[루이스의 글] 남들보다 4배 이상 빨리 성장해서 늙어가는 잭이 학교에서 친구들과 행복하게 지내다 몸의 이상 반응이 와서 학교를 쉰다. 아이들은 잭이 학교에 돌아오도록 응원하고 잭도 용기를 내어 학교에 온다. 마침 '자라서 어떤 어른이 되고 싶은가?'에 대한 작문 시간이었고, 친구 루이스는 잭과 지낸 시간을 추억하며 자신이 쓴 글을 발표하고 있고 잭은 학교로 돌아와 루이스의 발표를 듣는다.

[잭의 졸업식 대표 연설] 어느덧 고등학교를 졸업하는 잭은 겉보기엔 80대 노인의 몸을 하고 있다. 원치 않지만, 인생의 종착역에 다다른 잭이 친구와 가족 그리고 자신을 사랑했던 많은 사람 앞에서 자신이 살아온 이야기를 담담히 풀어놓는다.(영화 '잭' 중에서)

루이스는 어른이 되어 자유스럽고 싶은 아이다. 루이스는 어른을 믿지 못하고 편견이 있었지만, 잭의 모습을 통해 좋은 어른은 아이처럼 순수해야 한다는 것을 깨닫는다. 잭의 졸업식 연설은 명장면이다. 졸업할 무렵의 잭은 80대 노인의 모습이지만, 실제로는 10대 후반이다. 남들보다 짧은 인생을 사는 잭은 어떻게 살아가야 하는지 깊은 여운을 남긴다.

[루이스의 글]
난 자라서 나의 가장 친한 친구처럼 되고 싶습니다.
그는 열 살 밖에 안됐지만, 나이가 많이 들어 보입니다.

그는 완벽한 어른입니다.

왜냐하면, 마음은 어린애이기 때문입니다.

새로운 것을 두려워하지 않고 배우며 새로운 사람을 거리낌 없이 사귑니다.

어른과는 다릅니다.

그 애는 모든 것을 처음 보는 것처럼 바라봅니다. 처음 보니까요.

대부분의 어른은 그렇지 않습니다. 어른은 돈을 벌고 이웃에게 자랑하기 위해 일을 합니다.

그리고 무엇보다 그 애는 친구가 무엇인지 압니다.

어른처럼 보이는 다른 사람과는 다릅니다.

커서 뭐가 될지 모르지만, 뭐가 되든 상관없습니다.

어떤 사람이 될지 알고 있으니까요. 난 거인이 되고 싶습니다. 나의 가장 친한 친구 잭입니다.

[잭의 졸업식 대표 연설]

사람은 마지막이 되면 좋은 일만 기억하고 나쁜 것은 잊으려고 합니다. 그리곤 미래를 생각하죠.

그때 갑자기 걱정이 되기 시작합니다. 10년 뒤에 뭘 하고 있을까? 하지만 절 보십시오.

너무 걱정하지 마세요.

멀리 보면 지구상에 남아 있을 사람은 얼마 없으니까요.

인생은 흐릅니다.

그리고 화가 나는 일이 있으면 눈을 들어 여름날의 하늘을 쳐다보세요.

융단 같은 밤하늘에 별이 박혀 있을 겁니다.

그때 혜성이 나타나 밤하늘을 가르면 밤이 낮처럼 됩니다.

그러면 소원을 빌고 절 생각하세요.

여러분의 인생을 찬란하게 만드세요.

전 그렇게 했습니다.

난 성공했어요. 엄마! 이젠 어른이 되었어요.

아이들은 어른이 되고 싶어 한다. 어른이 되면 잔소리도 듣지 않고, 하고 싶은 대로 마음껏 할 수 있다고 생각한다. 어른이 되면 모든 속박과 불합리한 현실이 사라질 것이라 기대한다.

루이스는 가정환경이 좋지 못하다. 아빠는 없고 엄마는 유흥업에 종사하느라 아들에게 신경 쓸 여력이 없다. 한 번씩 엄마의 애인이 아빠 역할도 하지만, 루이스가 보고 배우기에는 그리 탐탁하지 않다. 루이스의 현실은 어른에 대해 왜곡된 생각을 갖기에 충분하다.

하지만 잭과 함께 생활하면서 잭과 같은 어른으로 성장하고 싶다는 희망을 품게 된다. 잭은 본의 아니게 루이스에게 어른으로서의 모델이 된 것이다. 잭 역시 마찬가지다. 루이스와 친구들에게 친구로 인정받은 후부터 여느 아이와 마찬가지로 사회성을 익히게 된다.

졸업식의 대표 연설은 인생에 대한 한 편의 시를 보는 듯하다. 영화 '잭'을 본 아이들은 잭의 연설이 무엇을 의미하는지 정확하게 인식하지 못하더라도 느낌은 전달받는다. 세상을 좀 더 긍정적으로 살아야 한다는 보편적인 이야기지만, 그 말을 한 장본인이 '잭'이란 사실에 아이들은 더 큰 감동을 받는다.

▶ **차쌤의 조언**

어른이 되고 싶어 하는 마음에 아이는 가끔 예상치 못한 언행을 할 때가 있다. 그것이 교사와 다른 친구들에게 피해를 주지 않는다면 가끔 눈감아 주는 것도 지도 방법이다. 선택한 언행은 책임져야 한다는 것을 일깨워주면 스스로 조절하는 능력도 배워간다. 그렇게 어른이 되어간다.

주제별 영화

재미있는 영화

가치로운 영화

나를 찾는 영화

가족과 관련 있는 영화

친구와 관계된 영화

아이를 성장시키는 영화

차별과 편견에 관한 영화

꿈과 끼를 찾는 영화

과학과 관련된 영화

좋은 책이 원작인 영화

자연과 환경에 관한 영화

남북분단과 통일을 생각하게 하는 영화

재미있는 영화

이웃집 토토로
(My Neighbor Totoro, 1988)

장르(국가) 애니메이션(일본) ‖ **상영시간** 87분 ‖ **등장인물** 사츠키(언니), 메이(동생), 아빠, 엄마, 칸타(남자아이), 토토로 ‖ **공식 등급** 전체 관람가 ‖ **차쌤 추천 등급** 더빙 : 전 학년 / 자막 : 4학년 이상 ‖ **핵심 주제** 가족, 자매, 우정, 꿈, 희망

영화 소개

도시를 떠나 시골로 이사 온 사츠키와 메이는 의좋은 자매다. 엄마는 병원에서 요양 중이지만, 자상한 아빠와 행복하게 살고 있다. 새로 이사 온 집은 낡고 쓰러질 것 같지만, 사츠키와 메이에겐 너무나 좋은 놀이터다. 한편 혼자 놀던 메이는 숲속에서 토토로를 만나는데, 과연 이들은 어떤 친구가 될까?

눈여겨볼 장면

- **메이와 토토로의 첫만남** : 메이와 커다란 토토로의 만남은 아이들의 눈을 휘둥그레 만드는 첫 장면이다. 그림책에서만 보던 토토로를 만난 메이에게 감정 이입하는 아이들을 눈여겨보자.
- **사츠키와 떨어지지 않으려고 하는 메이** : 학교에 간 사츠키가 그리워 울던 메이는 기어이 할머니의 손을 붙들고 언니가 공부하는 학교로 간다.
- **사츠키를 좋아하는 칸타의 마음 읽기** : 칸타는 새로 이사온 사츠키를 좋아한다. 하지만 좋아하는 마음만 있지 그 마음을 전달하는 방법은 알지 못한다.
- **토토로에게 우산을 빌려주는 사츠키 그리고 고양이 버스** : 메이와 사츠키 자매 그리고 토토로가 친해지는 결정적인 장면이다.

영화 이야기 나누기

- 사츠키는 왜 메이가 다니는 학교에 찾아왔는가?
  - 눈물이 그렁그렁한 눈으로 사츠키의 안고 있던 모습을 떠올리자.
  - 담임선생님의 말에 힌트가 있다.
- 고양이 버스와 토토로의 관계를 말해보자.
  - 아이의 입장에 그럴듯한 답이라고 생각하는 모든 것은 인정해준다.

감상 후 활동

- **인상적인 장면 그리기**
  - 토토로와 아이들의 만남, 고양이 버스, 우산 쓴 토토로의 모습
  - 고양이 버스를 타고 하늘을 나는 장면
  - 마음속 꿈꿔오던 각자의 토토로 이야기해보기
- **토토로 캐릭터 그리기** : 정지한 캐릭터, 움직이는 캐릭터, 다른 인물과 함께 있는 캐릭터
- **모둠 상황극**
  - 만약 내가 ○○라면 어떻게 했을까?
  - 나만의 고양이 버스가 있다면 무엇을 하고 싶은가?
- **토론 활동** : 칸타는 사츠키를 좋아했을까?

한 걸음 더

이웃집 토토로는 1955년 일본 시골을 배경으로 하고 있다. 아이들이 특별히 일본 문화에 관심을 보이지 않은 한 자연스럽게 인물의 감정과 대사 그리고 움직임에만 관심을 두는 것이 좋다. 일본의 환경과 문화에 대해 질문하면, 자연스럽게 일본과 우리의 다른 점을 영화 속 장면을 이용하여 찾아보고 이야기해보는 것도 좋다. 토토로는 총 3종류가 나오는데, 가장 큰 토토로가 아이들 기억에 가장 많이 남는다. 나머지 두 토토로가 어떻게 생겼는지 물어보면, 아이들이 주의 깊게 감상했는지 알아볼 수 있다.

> 재미있는 영화

아이언 자이언트
(The Iron Giant, 1999)

장르(국가) 애니메이션(미국) ‖ **상영시간** 86분 ‖ **등장인물** 호가드(주인공), 엄마, 딘(호가드 친구아저씨), 로봇(아이언자이언트), 켄트(정부 요원), 로가드 장군 ‖ **공식 등급** 전체 관람가 ‖ **차쌤 추천 등급** 더빙 : 전 학년 / 자막 : 5학년 이상 ‖ **핵심 주제** 우정, 믿음, 고난 극복

영화 소개
아빠 없이 엄마와 살고 있는 9살 호가드는 호기심이 많다. 어느 날 UFO와 같은 거대한 물체가 하늘에서 추락했다는 소문을 듣고 궁금증을 참지 못한 호가드는 탐험을 나선다. 호가드가 발견한 것은 키가 20m나 되는 거대한 로봇이었는데 알고 보니 순진한 이 로봇과 함께 어떤 일들이 벌어지게 될까?

눈여겨볼 장면
- 늦게 일하는 엄마와 통화하는 호가드 : 걱정하는 엄마의 잔소리를 한 귀로 듣는 호가드. 그러나 통화할 때만큼은 상냥하고 사랑스럽게 한다.
- 호가드의 장난감 총과 사진기 : 아무도 로봇의 존재를 모르는 상황에서 현장에 떨어진 호가드의 장난감 총과 사진기로 인해 정부요원 켄트는 호가드를 의심한다.
- 호가드를 따라 하는 로봇 : 호가드를 통해 인간의 말과 행동을 배우는 로봇. 호가드와 로봇이 친구가 되는 결정적인 요인이 된다.
- 총을 보고 눈빛이 변하는 로봇 : 선과 악의 양면성을 가진 로봇의 모습을 보여준다.
- "너 자신은 네가 만들어가는 거야." : 무기이면서도 착한 마음을 가지고 있는 로봇이 갈등할 때 호가드가 로봇에게 해주는 말.

영화 이야기 나누기
- 총을 보고 변하는 로봇을 보고 과거의 로봇이 어떤 용도로 만들어졌는지 말해보자 : 로봇이 왜 만들어졌는지 영화 속에서는 나와 있지 않기 때문에 여러 답이 나올 수 있다. 그러나 로봇 스스로 자신이 무기가 되는 것을 거부하는 것에 대해 중점을 두고 이야기를 할 수 있다.
- 켄트는 왜 로봇을 위험하게 생각했는가? : 켄트는 공포에 사로잡혀있다. 공포로 인해 이성적인 판단이 마비된다.

감상 후 활동

- 인상적인 장면 그리기 : 로봇과 호가드의 만남, 슈퍼맨 표시를 달고 좋아하는 로봇, 신호를 보내며 합체하는 로봇
- 모둠 상황극 : 만약 내가 ○○라면 어떻게 했을까? 나만의 로봇이 있다면 무엇을 하고 싶은가?
- 토의 활동 : 로봇과 인간이 친구가 되기 위해서 필요한 것은 무엇인가?

한 걸음 더

영화의 배경인 1957년 소련의 스푸트니크 인공위성 발사 사건과 공산주의의 물결은 미국인들에게 두려움으로 다가왔고, 냉전의 분위기는 '친구 아니면 모두 적'이라는 극단적인 두려움을 가져왔다. 저학년에서는 호가드와 로봇의 우정을 중심으로, 고학년에서는 그 바탕 위에 인간의 공포가 주는 비이성적 판단에 대해 토의, 토론을 해보는 것도 좋다.

> 재미있는 영화

라이온 킹
(The Lion King, 1994)

장르(국가) 애니메이션(미국) ‖ **상영시간** 89분 ‖ **등장인물** 심바(사자), 무파사(심바의 아빠), 스카(심바의 삼촌), 날라(심바의 여자친구), 품바(흑멧돼지), 티몬(미어캣), 자주(앵무새), 라피키(예언자 원숭이), 하이에나 무리 ‖ **공식 등급** 전체 관람가 ‖ **차쌤 추천 등급** 더빙 : 전 학년 / 자막 : 4학년 이상 ‖ **핵심 주제** 위기 극복. 어른 되기

영화 소개
아프리카 동물의 왕국의 왕인 사자 무파사에게 아들 심바가 태어난다. 한편 왕의 동생 스카는 형을 몰아내고 심바를 죽이기 위해 하이에나들과 결탁한다. 간신히 목숨을 건진 심바는 미어캣 티몬과 멧돼지 품바와 나름 즐겁게 생활하다 우연히 자신의 운명을 깨닫게 된다.

눈여겨볼 장면
- 왕의 자세를 알려주는 무파사 : 왕이라도 마음대로 해서는 안 되며 자연의 섭리에 맞게 살아야 한다고 심바에게 가르치는 무파사.
- 용감한 것과 말썽부리는 것은 다르다 : 아버지의 말을 듣지 않아 목숨을 잃을 뻔한 말썽꾸러기 심바를 가르치는 무파사는 아버지의 권위는 가지되 심바가 느낄 수 있도록 기다려준다.
- 죄책감을 심어주는 스카 : 심바의 잘못으로 아버지가 죽었다고 생각하게 만드는 스카의 모습을 눈여겨보자.
- 어른이 된 자신의 얼굴을 보게 되는 심바 : 라피키의 도움으로 자기 얼굴을 보게 된 심바는 죽은 아버지의 영혼을 만나게 된다. 자신의 운명과 자신의 모습을 찾게 된다.

영화 이야기 나누기
- 왜 왕은 마음대로 해서는 안 되는가?
- 심바가 죄책감을 가지게 된 이유와 죄책감을 벗어나게 된 이유를 말해보자. 스카와 심바의 관계를 안내하면 쉽게 찾아낸다.
- 심바가 말썽꾸러기 어린 사자에서 동물의 왕이 된 이유가 무엇인지 말해보자.
  - 동물의 왕이 된 것은 곧 어른이 되었다는 뜻이다.

- 어른이 된다는 것은 다시 선택과 책임이라는 과정을 거친다.
- 아버지가 죽은 책임에 대해 스카가 집요하게 심바를 추궁할 때 책임을 인정하며 현실을 정면 돌파한다.

감상 후 활동

- 인상적인 장면 그리기 : 하나의 캐릭터 혹은 중요 캐릭터를 중심으로 그린다.
- 토의 활동 : 용감한 것과 말썽부리는 것의 차이를 어떻게 구별할 수 있을까?

한 걸음 더

라이온 킹은 어린 심바가 동물의 왕으로 등극하는 여정을 다룬 성장영화다. 어른이 된다는 것은 올바른 선택을 하고 그것에 대한 책임을 진다는 것을 보여주는 전형적인 권선징악을 다룬 영화다. 라이온 킹은 3D 애니메이션이 나오기 전 최고의 흥행을 기록했던 영화다. 음악과 영화가 결합한 뮤지컬 애니메이션의 최고 수준을 보여주며 지금도 뉴욕 브로드웨이에서 가장 인기 있는 뮤지컬 중 하나다. 〈Can You Feel The Love Tonight〉, 〈Hakuna Matata〉, 〈Circle Of Life〉 등 엘튼 존이 작곡한 배경음악이 무려 3곡이나 아카데미 주제가상 후보에 오르기도 했다. 원곡의 느낌을 살리기 위해서는 자막판을 권한다.

재미있는 영화

쥬만지
(Jumanji, 1995)

장르(국가) 모험, 판타지(미국) ‖ **상영시간** 104분 ‖ **등장인물** 앨런(주인공), 사라(앨런의 여자친구), 주디(누나), 피터(동생), 칼(사냥꾼), 앨런의 아버지, 주디의 고모, 경찰관 ‖ **공식 등급** 전체관람가 ‖ **차쌤 추천 등급** 자막 : 4학년 이상 ‖ **핵심 주제** 용기, 위기 극복

영화 소개

1969년 앨런은 이상한 보드게임을 발견한다. 친구인 사라와 함께 게임을 하다 이상한 일이 벌어지고 급기야 앨런이 게임판 속으로 빨려 들어가고 만다. 1995년 새로운 집에 이사 온 주디와 피터가 다락방에서 같은 보드게임을 발견한다. 호기심 많은 주디와 피터가 게임판에 주사위를 던지자 이제껏 본적 없는 엄청난 일들이 벌어지게 된다.

눈여겨볼 장면

- "나는 아빠처럼 살기 싫어요." : 집단 따돌림을 당하는 앨런은 아버지에게 도움을 요청하지만, 아버지는 스스로 이겨내라고 한다. 아버지에게 분노한 앨런은 아버지에게 상처 주는 말을 한다.
- 쥬만지 보드게임판 : 주사위를 던지면 메시지가 나오고 메시지의 내용이 실제 상황으로 변한다. 아이들은 이 부분에 약간의 긴장과 호기심의 큰 매력을 느낀다.
- 거짓말을 밥 먹듯 하는 주디 : 예쁜 얼굴로 능청스럽게 거짓말하는 주디는 심리적으로 뭔가 부족해 보인다.
- 앨런의 실수로 망가진 신제품 신발 : 영화의 첫 시작 장면과 끝 장면에서 나온다. 앨런이 자신의 잘못을 뉘우치고 인정하며 관계를 회복하는 결정적 장면이다.
- "26년간 정글에 있었는데도 아버지처럼 돼 버렸군." : 앨런이 원숭이로 변하는 피터에게 용기를 잃지 말라고 해주는 충고가 '스스로 이겨내라'했던 자신의 아버지를 닮아가는 것을 보고 스스로 놀라 하는 말.

영화 이야기 나누기

- 영화 속 어떤 상황이 가장 기억에 남는가? : 게임 속에서 벌어졌던 상황을 기억하고 되돌아볼 수 있다.
- 사냥꾼과 앨런의 마지막 대화 : 위기의 순간 더 이상 도망가지 않겠다고 선언하는 앨런

- 앨런이 사라지고 난 뒤 아버지는 어떤 고통을 겪었을지 상상해보자. 아버지에게 감정이입을 해보면 아버지의 상황을 좀 더 밀도 있게 유추할 수 있다.

감상 후 활동

- 우리들의 보드게임 만들기
  - 쥬만지의 내용을 본 따거나 응용하여 새로운 보드게임을 만들어 놀아보자.
  - 달력 뒷면, 4절지, 주사위 등을 활용할 수 있다.

한 걸음 더

1969년의 앨런과 사라, 1995년 주디와 피터의 이야기가 순서대로 나오는데 영화에서는 순간에 넘어가기 때문에 아이들이 이해했는지 확인할 필요가 있다. 쥬만지 게임을 통해 영화의 주인공들은 각자 내면의 고통과 불안함을 이겨내는 힘을 얻는다. 용기란 현실을 직면하고 도망치지 않은 것에서 시작한다는 교훈을 자연스럽게 얻을 수 있다. '자투라-스페이스 어드벤쳐'는 쥬만지의 후속편이지만, 스토리가 이어지는 것이 아니라 보드게임의 배경이 우주로 바뀐다.

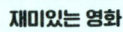
재미있는 영화

숀더쉽
(Shaun the Sheep Movie, 2015)

장르(국가) 애니메이션, 모험(영국) ‖ **상영시간** 85분 ‖ **등장인물** 숀(주인공 양), 농부, 비처(개), 티미(새끼 양), 셜리(엄마 양), 트윈스(쌍둥이 양), 트럼퍼(악당) ‖ **공식 등급** 전체 관람가 ‖ **차쌤 추천 등급** 전 학년 ‖ **핵심 주제** 행복, 용기

영화 소개
숀은 한적한 목장에서 자라는 시골 양이다. 어릴 적부터 농부와 즐겁고 행복하게 다른 양들이랑 지내고 있었지만, 어느 순간부터 매일 반복되는 따분한 일상이 지겨워지기 시작했다. 숀을 비롯한 양들은 한 번쯤 일탈을 꿈꾸는데 간단하게 생각했던 장난이 엄청난 일로 번지기 시작한다.

눈여겨볼 장면
- 잘 짜인 스케줄 표와 놀고 싶은 양들 : 양들에게 규칙적인 식사와 생활을 통해 농부는 잘 기르고 싶은 마음을 표현한다. 양들은 농부의 스케줄표가 지겹다. 그래서 농부를 눈을 피해 일탈을 꿈꾸지만 그것은 대단한 것이 아니라 집에서 겨우 피자보며 영화 보는 것이다.
- 대사 없는 영화 : 대사가 있긴 하지만 해석하지 않아도 되는 수준으로 동작이나 표정, 상황만으로도 충분히 이해할 수 있다.
- 사람의 복장으로 변신하여 농부를 찾는 양들의 소동 : 영화에서 가장 인상 깊은 장면이고 중요 상황이 연출되어 감상 후 이야기를 이어 나누기 좋다.
- 인기남이 된 농부 : 병원을 탈출하여 우연히 찾은 미용실에서 과거 양털 깎던 기억이 떠오른 농부는 사람들 머리를 양털 깎듯 이발한다. 이것이 빅시티에 유행이 되어 일약 농부는 '미스터 X'라는 이름으로 유명인이 된다.
- 양들을 알아보지 못하는 농부 : 기억 상실증 때문에 천신만고 끝에 농부를 찾아간 양들을 기억하지 못하는 농부. 양들은 실망하지만, 절망에 빠지지 않고 농장에서 부르던 노래를 합창하고 그 노랫소리를 들은 농부는 기억을 되살린다.

영화 이야기 나누기
- 왜 양들은 농부를 잠재웠을까?

- 왜 양들은 사람의 복장으로 변신해서 농부를 찾아다녔을까?
- 환자였던 농부가 빅시티의 인기 연예인이 된 이유는 무엇일까?

감상 후 활동

- 인상적인 캐릭터 그리기
- 진흙으로 캐릭터 만들기(모둠 활동)
  - 진흙으로 캐릭터를 만들어 모둠끼리 중요한 장면을 연출해본다.
  - 영화 속 장면이 아니더라도 다른 장면으로 상상해볼 수 있다.
- 대사 없이 상황극 하기(모둠 활동)
  - 영화 속 한 장면을 가져와 대사 없이 상황극을 해본다.
  - 캐릭터 그리기를 통해 만든 작품을 가슴에 붙이거나 머리띠로 만들어 사용한다.

한걸음 더

밝고 재미있는 설정이지만, 곱씹어 볼수록 더욱더 묵직한 느낌이 어른들에게 다가온다. 손을 비롯한 양을 아이로, 농부를 부모로 비유하면 좀 더 실감나게 와 닿을 것이다.

재미있는 영화

폴라 익스프레스
(The Polar Express, 2004)

장르(국가) 애니메이션, 가족, 판타지, 모험(미국) ‖ **상영시간** 100분 ‖ **등장인물** 소년(믿음), 소녀-hero girl(지도), 빌리-lonely boy(의지), 떠버리 소년-know it all(지식), 차장, 부랑자. 산타클로스 ‖ **공식 등급** 전체 관람가 ‖ **차쌤 추천 등급** 전 학년 ‖ **핵심 주제** 믿음, 용기, 의지

영화 소개

자정을 5분 남겨둔 크리스마스이브의 밤. 갑자기 들리는 굉음에 소년은 화들짝 놀라 밖을 내다보니 검은색 기차가 거친 엔진소리를 내뿜으며 그의 집 앞에 멈춰 서 있다. 잠옷에 슬리퍼 차림으로, 마당으로 달려 나온 소년에게 차장은 밑도 끝도 없는 이야기를 한다. "너도 갈 거니? 이건 북극행 특급열차 폴라 익스프레스야. 내가 너라면 이 기차를 타보겠구나." 타라는 건지, 말라는 건지 차장은 선택의 결정권을 소년에게 준 채 시계를 쳐다본다. 기차는 금세 떠나려 하고 무엇에 홀렸는지 소년은 폴라 익스프레스에 올라타 환상의 모험을 떠난다.

눈여겨볼 장면

- **폴라 익스프레스는 환상 그 자체**: 세계적인 동화 작가 크리스 반 알스버그의 원작 동화를 스크린에 옮긴 영화다. 폴라 익스프레스가 크리스마스에 산타가 있는 북극으로 향한다는 발상이 환상적이다.
- **기차에서 마시는 핫초코**: 화려한 음악에 맞춰 탭댄스를 추는 웨이터들이 달콤한 음료를 기다리는 아이들에게 환상적인 핫초코를 서비스한다. 아크로바틱 한 동작에 정확하고 절제된 군무(群舞), 다소 무서워 보이던 차장은 어느새 마이크를 들고 노래하기 시작한다. 한 편의 뮤지컬을 보는 듯한 장면에서 놓치지 말아야 할 것은 바로 식탁보. 마술처럼 펼쳐졌다가 사라지는 식탁보를 발견한다면 대단한 관찰력이라 할 수 있다.
- **살아서 움직이는 것 같은 기차표**: 소녀(hero girl)가 놓고 간 기차표를 전해주기 위해 다른 칸으로 옮겨가는 소년. 하지만 바람에 날려 손에 쥔 표가 날아가게 된다. 안타까운 탄성을 자아내게 하는 이 장면은 환상적인 영상 기술의 백미를 보여준다.
- **기차 지붕 위에 있는 '북극의 왕-부랑자' 아저씨**: 바람에 날아가 버린 기차표를 찾다가 소년은 기차 위에서 여행하고 있는 자칭 '북극의 왕'이라는 부랑자를 만나게 된다. 도대체 속마음을 헤아리기 어려운 부랑자 아저씨는 크리스마스가 어떤 의미가 있는지

소년에게 집요하게 물어본다. 소년의 곁에 있다가 갑자기 사라지고 잊어버리려고 하면 또 어느 순간 소년의 곁에서 지켜보고 있다. 무섭기도 하고 호기심도 생기게 하는 부랑자 아저씨의 정체는 과연 무엇일까?
- 영화로 만나는 롤러코스터 : "앞으로 자정까지 5분 남았군." 회중시계를 꺼내보는 차장은 영화 내내 이 대사를 읊조린다. 하지만 산타를 만날 때까지 5분 남은 시간은 좀체 넘어가지 않는다. 바쁘게 채근하는 차장 때문은 아니지만, 선로를 막아선 순록 떼와 얼음판 그리고 끊어진 선로를 뚫고 북극으로 다다르는 폴라 익스프레스는 한시도 눈을 뗄 수 없을 정도의 몰입감을 준다.

영화 이야기 나누기

- 나에게 크리스마스는 어떤 의미인가?
- 기차 지붕 위에 있던 '북극의 왕' 아저씨의 느낌을 말해보고 그는 과연 누구였을까 상상해본다.
- '실제 들리지 않는 방울 소리가 내 마음속에서는 영원히 들린다'의 의미는 무엇일까?
- 나의 기차표에는 무슨 글자가 적혀 나올지 상상해보고 말해보자.

감상 후 활동

- 인상적인 캐릭터 그리기
- 나만의 카드 만들고 발표하기
- 인상적인 장면 4컷 만화 만들기(모둠 활동) : 4명 한 모둠에서 영화 이야기를 나누고 영화 속 인상적인 장면을 하나씩 골라 4컷 만화를 만든다.

한 걸음 더

성탄절을 맞이해서 학년말 마무리 활동으로 적합하다. 자신이 가장 필요한 신념의 카드는 무엇인지 찾아보는 것은 일 년을 돌아보고 새로운 학년을 맞이하는 시기에 적절한 돌아보기와 마음가짐 활동으로 전개할 수 있다.

굿 윌 헌팅
(Good Will Hunting, 1997)

장르(국가) 드라마(미국) ‖ **상영시간** 126분 ‖ **등장인물** 윌 헌팅(주인공), 맥과이어 교수(상담가), 척키(윌의 친구), 램보 교수(수학자), 스카일라(윌 헌팅의 여자친구) ‖ **공식 등급** 15세 관람가 ‖ **차쌤 추천 등급** 6학년 이상 ‖ **핵심 주제** 내면의 성찰, 자아 성장

영화 소개
MIT에서 바닥을 청소하는 윌 헌팅은 누구도 풀지 못하는 수학의 난제도 간단히 풀어버리는 천재적인 두뇌를 가지고 있지만, 이제껏 한 번도 누구의 간섭도 받지 않고 야생마처럼 살아왔다. 그러나 윌에게는 누구에게도 말 못할 가슴속 상처가 있었으니 영혼의 스승 맥과이어 교수와의 만남으로 윌은 자신의 상처를 극복하고 세상으로 나갈 힘을 얻을 수 있을는지.

눈여겨볼 장면
- 어려운 수학문제를 한 번에 풀어버리는 윌 : 윌의 천재적인 재능을 보여주는 장면이면서 인정받고 싶으면서도 드러내고 싶지 윌의 성격도 알 수 있는 장면이다.
- 패싸움하는 윌과 술집에서 잘난 척하는 윌 : 사소한 일에도 분노하고 적개심을 드러내며 자신의 삶을 피폐하게 살면서도 필요하다면 천재적인 자신의 능력을 발휘할 줄 알며 세상을 조롱하듯 살고 있다.
- 윌과 맥과이어 교수와의 만남 : 윌은 맥과이어 교수를 분석하고 그를 분노하게 한다. 분노한 맥과이어 교수는 평정심을 찾고 윌이 아이라는 사실을 인정하고 용서한다.
- "너 자신이 누구인지 알아야 해." : 맥과이어 교수가 윌에게 해준 충고. 윌 자신이 누구인지 직면하게 하는 맥과이어 교수의 대화 내용과 표정 및 태도에 대해 집중해보도록 유도한다.
- "그건 네 잘못이 아니야(It's not your fault)!" : 맥과이어 교수가 윌에게 해준 말. 윌의 상처를 극복하게 해준 핵심 문장.

영화 이야기 나누기
- 윌은 왜 자신의 능력을 낭비하고 살았을까?
  - 아이들이 영화 속 장면을 이야기한 것을 모아 하나로 정리하는 것이 중요하다.

- 윌은 과거의 상처 때문에 주변을 불신하고 미워하지만, 내면은 상처를 위로받고 싶어 한다.
• 램보 교수는 왜 맥과이어 교수에게 도움을 요청했을까?
- 서로 미워했지만, 자신의 능력으로는 윌을 도울 수 없다고 생각했기 때문이다.
• "그건 네 잘못이 아니야!"란 맥과이어 교수의 말의 의미는 무엇인가?
- 죄책감으로 인해 자신의 인생을 낭비하지 않아도 된다는 맥과이어 교수의 충고

감상 후 활동

• 자유발표 : 맥과이어 교수는 나에게 무슨 말을 할까?
- 내가 듣고 싶은 이야기 말하기
- 내가 평소에 해보고 싶었던 이야기 말하기
- 발표가 부담스러운 아이는 편지 쓰는 활동으로 대체해도 된다.

한 걸음 더

공식 등급이 관람하는 아이들의 실제 나이보다 높은 경우는 교사의 지도하에 관람 상황이 통제되고 있는 경우에 한해서 제한적으로 허용할 수 있다. 그럴 경우 교사는 사전에 더욱 철저하게 영화를 분석해야 하며, 관람 중에도 오 개념이나 영화 속 과잉 감정이 무분별하게 전달되지 않도록 세심한 지도가 필요하다. 단, 욕설이나 애정 장면이 과도한 영화는 주제가 아무리 좋아도 수업 영화에서 배제한다.

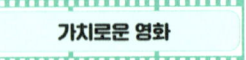

빅 피쉬
(Big Fish, 2003)

장르(국가) 판타지(미국) ‖ **상영시간** 125분 ‖ **등장인물** 에드워드(아빠), 윌(아들), 산드라(엄마), 조세핀(윌의 애인), 마녀, 닥터 베넷, 칼(거인), 칼로웨이(서커스단장), 핑과 징(샴쌍둥이), 제니퍼 ‖ **공식 등급** 12세 관람가 ‖ **차쌤 추천 등급** 5학년 이상 ‖ **핵심 주제** 거짓(허구)과 진실(사실)의 차이, 편견의 극복

영화 소개

윌은 아버지가 위독하단 소식을 듣고 고향에 찾아온다. 항상 거짓말만 한다고 생각한 아버지는 "내가 왕년엔 말이다"로 시작하는 모험담을 늘어놓는다. 아버지의 진짜 모습이 궁금해진 윌은 아버지의 진실과 거짓을 찾아 추적을 시작하는데.

눈여겨볼 장면

- 어릴 적 거인병을 겪고 난 뒤 엄청난 재능이 생긴 에드워드 : 야구, 미식축구, 농구 등 운동경기와 과학 재능도 엄청나 마을 최고의 인재가 된다.
- 에드워드(아버지)의 모험 순서 : ① 거인과의 만남, ② 신발이 걸려 있는 유령마을, ③ 서커스단에서 만나는 아내, ④ 전쟁에 참가하여 핑과 징을 만남, ⑤ 유령 마을의 복구
- 늙은 에드워드가 조세핀에게 들려주는 명언
  - "꿈은 보통 기억나지 않지만, 나쁜 꿈은 실제 일어난단다."
  - "악마라 불리는 것들은 대개가 외롭고 약한 존재더라."
  - "싸울 때가 있으면 질 때가 있고 인정해야 할 때도 있는데 바보는 멈출 줄 모르지."
- 황수선화로 가득 채운 정원에서 산드라에게 청혼하는 에드워드 : 약혼자에게 맞서 싸우지 않겠다고 맹세하고 죽도록 맞지만, 기어이 지킨다.
- 에드워드와 윌의 대화(1시간 18분 경) : 상상을 이야기하는 에드워드와 현실을 말하는 윌의 시각차를 보여준다.
- 윌에게 자신의 죽음을 알려달라고 하는 에드워드 : 아버지의 죽음을 상상으로 말해주며 아버지와 화해하는 아들의 마음이 담겨있다.

영화 이야기 나누기

- 유령마을 사람들은 왜 신발을 신고 있지 않았을까? :

- 지도에 존재하지 않는 유령마을이지만 너무나 행복해 떠나고 싶지 않기 때문.
• 윌은 왜 에드워드(아버지)를 못마땅하게 생각했는가?
• 에드워드와 제니퍼는 어떤 관계였고, 윌은 왜 제니퍼를 찾아갔는가?
- 과거 유령마을에서 만나 에드워드를 좋아했던 이름 모를 소녀 이름이 제니퍼였다.
- 아버지의 과거를 알고 싶어서

감상 후 활동

• 나만의 영화 포스터 만들기
 - 영화 속 장면 중 인상적인 장면을 중심으로 나만의 영화 포스터를 만들어보자.
 - 영화 제목 외에 적당한 광고 문구를 넣어도 좋다.
• 특별한 영화 감상평 쓰기
 - 주제 1) 내가 만드는 진짜 같은 거짓 이야기
  상상은 자유, 줄거리가 있는 이야기 만들기.
  감상평을 쓰고 난 뒤 자연스럽게 자유발표 시간을 가지면 된다.

한 걸음 더

윌(아들)의 시점에서 영화가 진행되므로 아빠, 엄마를 비롯해 많은 주인공이 현재의 모습과 과거의 모습으로 교차되기 때문에 관람 시 유의해야 한다. 판타지 영화의 특성상 상상과 현실이 모호해질 수 있고 그 자체를 어려워하거나 익숙하지 않아 불편해하는 아이도 있을 수 있다. 영화적 상황에 대해 지나치게 도덕적인 잣대를 가지고 평가하지 않도록 하는 것이 좋다.

가치로운 영화

누구에게나 찬란한
(Glory For Everyone, 2014)

장르(국가) 다큐멘터리(한국) ‖ **상영시간** 87분 ‖ **등장인물** 김남길(내레이션), 박철우(감독), 김태근(감독), 신성훈, 황병훈, 강규안, 박민재, 박영선, 최수민, 최준영, 송유건(이하 선수) ‖ **공식 등급** 전체 관람가 ‖ **차쌤 추천 등급** 3학년 이상 ‖ **핵심 주제** 시련의 극복, 자아존중감, 간절함, 자신감, 꿈과 희망

영화 소개
불우한 환경에도 불구하고 축구를 좋아하는 지역 아동센터의 아이들과 지도자들은 '희망 FC'라는 축구팀을 만들어 유소년 축구대회에 출전한다. 저마다 마음의 상처가 있는 아이들이 축구를 통해 꿈과 희망을 키워나가는 생생하고 가슴 찡한 감동의 실화를 함께 지켜보자.

눈여겨볼 장면
- 축구 실력은 좋지만 패스를 못 해 만년 후보인 병훈이 : 다른 사람과 소통하는 방법을 몰라 매사에 위축되고 자신감이 없다. 교실에서도 왕따를 당하지만 체념한 듯 보인다.
- 골을 못 넣는 스트라이커 성훈이 : 아버지의 죽음으로 축구도 위축된다. 팀의 리더인 성훈이의 위축은 팀 전체의 위축으로 이어진다.
- 마음속 시한폭탄을 가지고 사는 영선이 : 겉으로는 돌처럼 단단해 보이지만, 속으로는 참는 것이 깊어져 동료들의 사소한 놀림에도 욱하고 터져버린다.
- 실력이 떨어져 골키퍼 하는 수민이 : 서글서글 인상 좋아 보이지만, 독기를 품고 골키퍼 훈련을 하고 마지막 경기에서 몸이 부서져라 상대방 공격을 막아내는 투혼은 손에 땀을 쥐게 한다.
- 박철우 감독과 김태근 감독의 지도 스타일 찾아보기 : 박철우 감독의 지도 스타일이 왜 바뀌었는지 관찰하고 김태근 감독이 아이들의 마음을 읽고 어떤 지도방법을 선택했는지 찾아보자.

영화 이야기 나누기
- 희망 FC에 어떤 문제가 있었는가?
  - 영화 속 다양한 문제를 찾아 이야기해보자.

- 영선이와 선수들이 다툼이 생겼을 때 생겼을 때 어떻게 해결했는가?
  - 병훈이의 역할에 주목한다. 팀을 대표해서 주장과 선배들이 영선에게 사과한다.
- 친절했던 박철우 감독이 아이들을 모질게 지도했던 이유는 무엇인가?
  - 성적을 올리는 것만이 아이들의 미래를 위해 필요했다고 생각했기 때문에.
- 김근태 감독은 어떻게 아이들의 마음을 사로잡았는가?
  - 아이들의 눈높이에서 아이들이 원하는 것이 무엇인지 찾아낸다.

감상 후 활동

- 편지쓰기 : 희망 FC 선수들에게 보내는 나의 마음 쓰기. 선수단 전체 혹은 특정 선수, 감독에게 자신의 감정이 전달될 수 있는 편지 쓰기.
- 자유발표 : 내 인생의 마지막 기회라면 난 무엇을 할 것인가? 상황을 먼저 이야기하고 내가 할 수 있는 것을 발표하도록 한다.

한 걸음 더

※ 지역 아동센터 설명자료

결손가정, 저소득층 가정, 기타 도움이 필요한 아이들이 방과 후 혹은 방학 중에 기본적인 돌봄과 식사 그리고 다양한 교육프로그램을 제공 받는다. 지역 아동센터에서는 아이들이 사회복지사의 도움을 받을 수 있으며, 보건복지부 소속으로 중앙에 지원단을 비롯하여 전국 각처에서 운영하고 있다.

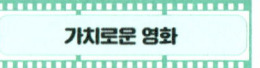

라이프 오브 파이
(Life of Pi, 2012)

장르(국가) 모험(미국) ‖ **상영시간** 127분 ‖ **등장인물** 파이(주인공), 호랑이(리차드 파커), 파이의 부모, 형, 오랑우탄(오렌지주스) 소설 작가(어른 파이와 인터뷰 함) ‖ **공식 등급** 12세 관람가 ‖ **차쌤 추천 등급** 5학년 이상 ‖ **핵심 주제** 진실과 거짓의 차이

영화 소개
동물원을 운영하는 파이의 아버지는 인도에서 캐나다로 모든 동물과 가족을 태우고 이주를 하다 심한 폭풍을 만나 배가 침몰하고 만다. 급히 내려진 구명정에 파이는 가까스로 탔고 다리 다친 얼룩말과 하이에나 오랑우탄 그리고 벵갈 호랑이까지 탑승했다. 과연 이들은 무사히 육지로 살아 돌아갈 수 있을까?

눈여겨볼 장면
- 이름 때문에 놀림 받는 파이 : 인도어로는 '깨끗한 영혼'이란 뜻이나 영어로는 '오줌싸다'는 '피싱(pissing)'과 발음이 비슷하여 놀림당한다. 하지만 스스로 원주율인 파이(π)라고 스스로 이름 짓는다.
- 수많은 신을 섬기며 가지는 의심과 믿음이 교차하는 파이 : 파이에게 종교는 호기심과 놀이다. 힌두교를 믿는 독실한 어머니와 이성적인 판단을 믿는 아버지는 파이가 자주적인 선택을 하도록 기회를 준다.
- 아들보다 힘들어했을 아버지 : 호랑이를 대수롭지 않게 여기는 아들을 혼내면서도 아내를 배려하지 않는 화물선 주방장과 싸움을 한 뒤 오랑우탄에게 손수 먹이를 주는 모습에 주목하자.
- 호랑이와 화해하며 공존을 결정한 파이 : 호랑이(리처드 파커)는 파이에게 공포와 고통인 동시에 외로움이 극심한 망망대해에서 의지할 수 있는 대상이기도 하다.

영화 이야기 나누기
- 파이가 놀림 받는 이유는 무엇이며 어떻게 극복했는가?
- 파이네 가족이 인도를 떠나 캐나다에 이민 가는 이유는 무엇인가?
  - 동물원을 경영하는 파이네 가족에 대한 인도 정부의 지원이 끊어지게 되어서.
- 호랑이는 파이에게 어떤 존재였는가?

- 진실과 거짓의 차이는 무엇인가?
  - 영화 속 이야기는 진실과 거짓 중 어느 한쪽으로 편들 수 없는 구조로 되어있다.
  - "바나나는 물에 뜨지 않는다." : 보험사 직원의 말을 통해 파이의 말에 의심한다.
  - 오랑우탄 : 엄마, 하이에나 : 주방장, 불교신자 : 얼룩말, 파이 : 호랑이로 바꾸어진 이야기를 한다.
  - 두 가지의 이야기를 듣고 어떤 결말을 내리든 그것은 아이들의 선택의 몫이 된다.

감상 후 활동

- 영화 포스터, 광고지 만들기
  - 영화 속 환상적인 장면을 이용해 영화 포스터나 광고지를 만든다.
  - 개별 활동 혹은 모둠별 활동으로 할 수 있다.
  - 다양한 장면을 활용해 포스터나 광고지를 만들고 작품을 모아 전시회를 한다.

한 걸음 더

원작인 얀 마텔의 세계적인 베스트셀러인 〈파이 이야기〉를 바탕으로 '와호장룡', '색계'를 연출한 이안 감독에게 2013년 아카데미 감독상을 안겨준 명작 '라이프 오브 파이'는 원작인 소설과 영상인 영화의 차이를 보다 생동감 있게 재해석을 하고 있다. 플래시백(flashback)이란 영화 속에서 과거를 회상하는 장면을 나타내거나 과거의 장면임을 암시하는 기법이다. 과거 장면의 회상은 현재의 사건을 설명하고 원인이 무엇인지 밝히기 위해 사용한다.

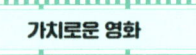
가치로운 영화

월-E
(WALL-E, 2008)

장르(국가) 애니메이션(미국) ‖ **상영시간** 104분 ‖ **등장인물** 월-E(주인공), 이브(탐사로봇), 선장, 오토(우주선 컴퓨터) ‖ **공식 등급** 전체 관람가 ‖ **차쌤 추천 등급** 전 학년 ‖ **핵심 주제** 사랑, 위기 극복, 결정

영화 소개
지구의 엄청난 쓰레기를 치우는 동안 인류는 우주를 떠돌고, 홀로 지구에 남은 월-E는 자신의 임무인 쓰레기 치우기를 멈추지 않는다. 애완용 바퀴벌레와 외롭게 살던 월-E에게 탐사로봇 이브의 등장은 새로운 이야기를 만든다. 이브는 인류를 다시 지구로 돌아오게 할 식물을 발견하고 우주선으로 돌아가려 하지만 월-E는 이브를 보고 난 후 사랑에 빠지고 마는데.

눈여겨볼 장면
- 새싹에 거는 희망과 신비 : 월-E가 찾은 새싹으로 인해 이브가 지구를 찾아오고 둘은 친해진다. 새싹은 황폐한 지구를 살릴 수 있는 증거가 되고 인류가 지구로 다시 돌아갈 수 있는 희망이다.
- 월-E와 이브의 마주 잡은 손
  - 월-E는 이브에 대해 지극 정성을 다해 진실로 대한다. 이브를 사랑하는 월-E의 행동은 마주 잡은 손에서 가장 극적으로 나타난다.
  - 지구로 돌아와 부서진 부품을 교체해도 이브를 알아보지 못하는 월-E의 모습은 역설적으로 가장 안타까운 장면 중 하나다.
- "난 생존이 아니라 생활을 하고 싶어." : 지구로 돌아가지 않으려는 파일럿 오토와 우주선 선장과의 언쟁 도중 선장이 한 말이다. 오랜 자동항해와 안락한 생활은 선장마저 나태하게 만들었지만, 식물의 가치를 깨달은 순간 각성하고 자신의 임무를 수행하려 한다.

영화 이야기 나누기
- 월-E는 왜 새싹을 발견해서 자기 집으로 가져 왔을까?
  - 월-E는 호기심이 많다. 신기한 것을 보면 집으로 가져와 보관하고 수집한다.

- 월–E는 왜 이브를 좋아하게 되었을까?
  - 이 질문에는 정답이 없다. 영화 속 장면 중에 찾아 설명하는지, 애틋함이 나타나는지 유의하며 들어보는 것이 좋다.
- 선장이 지구로 돌아가려고 결심을 하게 된 결정적인 이유는 무엇인가?
  - 이브가 가져온 식물의 가치를 깨닫고 자신의 임무를 기억했기 때문이다.

감상 후 활동

- 인상적인 장면 그리기 : 월-E가 경험한 모험을 중심으로
- 영화 토의 : 내가 좋아하는 사람이 생겼다면 난 무엇을 해주고 싶은가?(중학년)
- 영화 토론 : 지구로 가는 것은 옳은 결정이었을까?(고학년)
  - 가야 한다(찬성) : 우주선에서만 살 수 없다. 인간은 자기 의지대로 살아야 한다.
  - 가면 안 된다(반대) : 가더라도 선발대를 보내야 한다. 우주에 적응되어 뚱뚱해진 인간은 지구에서는 살기 힘들 것이다.

한 걸음 더

월-E는 애니메이션이면서도 대사가 거의 나오지 않아 모든 학년이 즐길 수 있다. 저학년에서는 월-E의 모험을 중심으로, 중학년은 월-E와 이브의 사랑 혹은 우정을 중심으로, 고학년에서는 '인간은 지구로 돌아가는 것이 옳았는가?'에 대한 토론을 중심으로 진행할 수 있다. '사랑'에 과민하게 반응하거나 수줍어한다면, '좋아한다'로 대체하는 것도 무방하다. 대체로 과민반응을 보이는 아이일수록 마음속으로는 이성에 관심이 많은 편이라고 생각하는 것이 좋다.

> **가치로운 영화**

치킨 런
(Chicken Run, 2000)

장르(국가) 애니메이션, 가족, 코미디, 스톱모션(영국) ‖ **상영시간** 101분 ‖ **등장인물** 진저(여주인공), 록키(남주인공), 뱁스(진저 친구), 맥(안경), 번티(터프), 파울로(나이 많은 수탉), 닉과 펫쳐(쥐 상인), 트위디 부부(농장주인) ‖ **공식 등급** 전체 관람가 ‖ **차쌤 추천 등급** 전 학년 ‖ **핵심 주제** 믿음, 용기, 의지, 자유

영화 소개

1950년대 영국의 한 양계장. 농장주인 트위디 여사는 달걀을 파는 것보다 치킨 파이를 만들어 파는 것이 더 유리하다고 여기고 새로운 사업을 준비한다. 한편, 닭들은 자신들이 모두 요리 재료가 될 것이란 사실에 충격과 공포에 떨지만, 평생을 닭장에 갇혀 살았기에 무엇을 어떻게 해야 할지 모른다. 다른 암탉과 달리 진저는 생각이 다르다. 자신과 다른 동료 모두 이곳에서 탈출하여 자유를 찾을 의지를 불태운다. 하지만 아무리 계획을 세워보지만, 현실적으론 날지 못하기에 소용이 없다. 그러던 어느 날 하늘에서 떨어진 미국산 수탉 록키의 등장은 양계장에 새로운 활력을 불어넣는다. 록키가 암탉들에게 날 방법을 알려주겠다는 것이다. 비로소 닭들은 탈출할 용기를 얻고, 진저와 록키는 사랑에 빠진다. 과연 닭들은 날아서 농장에서 탈출할 수 있을까?

눈여겨볼 장면

- 진저의 의지 : 암탉 진저는 자유를 추구한다. 진저의 자유는 탈출이다. 매번 실패하지만, 결코 포기하지 않는다. 진저의 대단한 점은 혼자 탈출하지 않고 모든 동료와 함께 자유를 누리려고 한다는 점이다.
- 록키의 거짓말 : 수탉 로키는 어느 날 갑자기 양계장에 떨어졌다. 하늘을 나는 방법을 암탉들에게 알려준다고 했지만, 하늘을 나는 록키의 훈련방식은 뭔가 이상하다. 그렇지만 끝까지 따라 하는 암탉들. 과연 록키의 거짓말이 어떤 결과를 낳을지 아이들에게 먼저 물어보는 것도 좋다.
- 암탉들의 갈등과 해결 : 탈출해야 한다고 외치는 진저와 닭장에서 편안하게 살고 싶어 하는 다른 암탉들은 갈등한다. 알을 낳지 못하는 닭이 주인에게 죽임을 당할 때는 한 편이었지만, 치킨 파이를 만들기 위해 알을 못 낳은 닭을 죽이지 않고 오히려 사료를 더 많이 주자 갈등은 심화된다. 하지만 넉넉한 사료가 무엇을 뜻하는지 깨달은 암탉

들은 모두 함께 탈출할 방법을 찾는다.

영화 이야기 나누기

- 암탉들이 탈출하려고 하는 이유는 무엇일까?
- 암탉들의 갈등은 무엇이었을까?
- 내가 만약 암탉이라면 어떤 선택을 할 것인가?

감상 후 활동

- 인상적인 캐릭터 찾아 그리기
- 막대 역할놀이
  - 나무젓가락 크기에 맞춰 종이를 잘라 캐릭터를 그린다.
  - 영화의 한 장면을 역할놀이 한다.
- 진흙(아이클레이)으로 등장인물 만들기

한 걸음 더

치킨 런은 점토로 만든 클레이 애니메이션이다. 보통 영화 1분에 평균 24장의 사진이나 그림이 들어가는데, 클레이 애니메이션은 점토로 한 장면씩 움직임을 교체하며 사진을 찍어 완성하므로 제작 시간이 오래 걸린다. 하지만 그림으로 표현할 수 없는 입체감을 표현할 수 있고, 특유의 질감이 좋다. '치킨 런'은 저학년이나 유아들도 부담없이 즐길 수 있다.

나를 찾는 영화

슈렉
(Shrek, 2001)

장르(국가) 애니메이션(미국) ‖ **상영시간** 90분 ‖ **등장인물** 슈렉, 피오나 공주, 동키(당나귀), 파쿼드 경(악당) ‖ **공식 등급** 전체 관람가 ‖ **차쌤 추천 등급** 더빙 : 전 학년 / 자막 : 4학년 이상 ‖ **핵심 주제** 자존감, 자아 성찰, 자기 발견

영화 소개
파쿼드 경은 아름다운 피오나 공주와 결혼하려는 욕심을 품고 동화 나라 주인공들을 괴롭혀 평화롭게 살고 있던 괴물 도깨비 슈렉을 귀찮게 한다. 피오나 공주를 구출해 주기로 파쿼드 경과 거래를 하고 말 많은 당나귀 동키와 함께 공주를 구하기 위한 모험을 떠나는데.

눈여겨볼 장면
- 현실 비틀기 : 슈렉이 처음 등장해 기존의 동화를 설명하고 슈렉의 일상을 설명하는 장면은 타인과 다른 모습의 슈렉의 정체성을 설명하기에 좋다.
- "문제가 있는 건 내가 아니야. 날 문제로 삼는 세상이 문제지." : 슈렉과 동키는 피오나 공주를 성에서 구출해서 파쿼드 경의 성으로 돌아가던 중 해가 지고 밤이 되어 슈렉과 동키는 밤하늘의 별을 보며 이야기를 나누다 동키가 슈렉에게 왜 혼자 사는지 집요하게 묻자 슈렉이 화를 내며 말하는 장면이다.
- 슈렉과 동키의 우정 : 동키는 말 많고 다른 사람을 귀찮게 하는 것 같지만, 익살스러움과 외로움을 표현하는 입과 다른 사람의 말을 귀담아듣는 큰 귀를 가지고 있다. 자신의 감정을 솔직하게 표현하고 타인의 말을 잘 듣는 태도가 좋은 친구를 사귀는 데 도움이 됨을 살짝 알려주는 것도 좋다.

영화 이야기 나누기
- 가장 인상적인 장면을 찾아 이야기해보자.
- 슈렉은 왜 파쿼드 경을 찾아갔을까?
- 동키와 슈렉이 친구가 된 이유는 무엇인가?
- 피오나 공주의 비밀은 무엇이었나?

감상 후 활동

- **인상적인 장면 4컷 만화 그리기** : 기승전결의 스토리가 있는 4컷 만화로 표현해보기
- **역할놀이** : 3명씩 짝을 지어 슈렉, 피오나 공주, 동키의 역할을 정하고 영화 속 상황을 설정하여 재연해본다(짝이 맞지 않을 경우 파쿼드 경을 추가하면 된다.)
- **자유발표** : 그대로의 나의 모습 보기, 약간의 표현 연기도 가능
  - ○○은 이렇게 해도 괜찮았어. 그래서 나도 ○○에게 용기를 얻어 ★★처럼 할 거야. 난 부끄럽지 않아.
  - 평소에 해보고 싶었던 행동이나 표정 혹은 상황에 대해 자신의 이야기를 해본다.

한 걸음 더

영화 '슈렉' 가장 큰 장점은 있는 그대로 보기다. 인물이나 상황을 설명할 때 이 점을 가장 중요하게 생각해야 한다. 무겁기보다는 유쾌한 방향으로 유도하면 내성적인 아이도 용기를 낼 수 있는 기회가 된다. 역할놀이는 기본적인 감상 후 활동의 하나로 처음에는 재연에 중점을 두다가 점점 나라면 어떻게 반응했을지 결정해서 재해석하도록 유도하는 것도 좋다. 연기는 연기일 뿐이란 사실을 계속 강조해야 자연스러운 활동이 가능하다. 저학년은 인상적인 장면 그리기나 말하기 정도의 활동을 우선으로 한다.

나를 찾는 영화

쿵푸 팬더
(Kung Fu Panda, 2008)

장르(국가) 애니메이션(미국) ‖ **상영시간** 92분 ‖ **등장인물** 포(팬더), 시푸 사부, 타이그리스(호랑이), 몽키(원숭이), 바이퍼(뱀), 크레인(학), 매티스(사마귀), 타이렁(악당), 우그웨이(대사부), 미스터 핑(푸 아빠), 쳉(연락하는 새) ‖ **공식 등급** 전체 관람가 ‖ **차쌤 추천 등급** 더빙 : 전 학년 / 자막 : 3학년 이상 ‖ **핵심 주제** 자기 발견, 자존감, 자기 성찰, 믿음

영화 소개

마음은 절대 고수지만 몸은 초고도 비만에 먹보인 팬더 푸는 우그웨이 대사부에 의해 우연히 용의 전사로 지목받는다. 한편 용의 전사가 되려는 옛 제자 타이렁은 감옥을 탈출해 오고 있고 시푸 사부와 무적 5인방은 용의 전사로 지목된 푸를 믿지 못하는데. 푸는 과연 전설의 용의 전사로서 숨겨진 재능을 발휘할 수 있을 것인지.

눈여겨볼 장면

- "그냥 믿는 수밖에. 그 아이를 믿어야 해." : 시푸 사부에게 포를 남기고 우그웨이 대사부는 홀연 세상을 등지고 만다. 시푸 사부는 선택의 여지가 없고, 그냥 믿어야만 했다. 그렇다면 시푸 사부는 어떻게 포를 믿을 수 있었을까? 대사부가 시푸 사부를 믿었다. 시푸 사부는 대사부의 믿음을 받고 다시 포를 믿는 것이다.
- 맞춤형 교육을 받는 푸 : 먹을 것에 집착하는 푸는 엄청난 유연성을 보여준다. 그걸 간파한 시푸 사부는 이것을 이용해 쿵푸 수련에 활용한다.
- 타이렁과 시푸 사부와의 관계 : 시푸 사부는 타이렁을 제자 이상으로 친아들처럼 키웠다. 타이렁은 엄청난 재능에도 불구하고 사악한 욕심 때문에 인생을 망친다. 그러나 바른길로 이끌지 못한 시푸 사부의 안타까움도 묻어난다.

영화 이야기 나누기

- 포는 어떻게 용의 전사가 될 수 있었나?
- 용의 문서에는 왜 아무런 내용도 없었을까?
  - 육수의 비법은 없다고 말한 푸 아빠의 말을 기억하자. 맛있다고 믿으면 그것이 비법이다.
- 타이렁은 왜 용의 전사가 될 수 없었을까?

- 나만의 우그웨이 사부가 있다면 난 무슨 말을 듣고 싶을까?

감상 후 활동

- 인상적인 장면 그리기
- 푸, 시푸 사부, 타이렁, 무적 5인방 중 하나를 골라 자신의 느낌을 담은 편지쓰기
- 상황극 : 용의 전사 자리를 놓친 무적 5인방의 기분은 어떠했을까?
  - 총 6명이 한 조
  - 타이그리스, 몽키, 바이퍼, 크레인, 매티스는 푸에 대한 불만을 이야기한다.
  - 시푸 사부 역할을 맡은 아이는 "그렇다면 푸가 너보다 더 나은 건 무엇이니?"란 질문을 무적 5인방에게 한다.
  - 한 명씩 말하고 한 명씩 대답한다. 무적 5인방과 시푸 사부의 역할을 바꿔 할 수도 있다.

한 걸음 더

자칫 뛰어난 재능은 노력이 필요 없다고 생각하는 오개념이 생기기도 한다. 푸가 자신의 운명을 받아들인 후 했던 노력을 되새겨 보게 하면서 절실한 노력 역시도 중요함을 이야기해줘야 한다. 푸가 용의 전사가 될 수 있었던 이유는 믿음을 받았기 때문이다. 믿음은 푸의 자존감을 높였고 푸 스스로 성찰할 수 있도록 도와줬다.

나를 찾는 영화

겨울 왕국
(Frozen, 2013)

장르(국가) 뮤지컬 애니메이션(미국) ‖ **상영시간** 108분 ‖ **등장인물** 엘사(언니), 안나(동생), 한스(외국왕자), 크리스토퍼(얼음상인), 울라프(눈사람), 스벤(순록) 왕과 왕비(엘사와 안나의 아빠, 엄마), 트롤 ‖ **공식 등급** 전체 관람가 ‖ **차쌤 추천 등급** 더빙 : 전 학년 / 자막 : 3학년 이상 ‖ **핵심 주제** 자기발견, 있는 그대로 보기, 가족의 사랑

영화 소개
아란델 왕국의 왕위 계승자 엘사는 세상의 모든 것을 얼려버리는 마법 능력이 있다. 엘사는 긴장한 나머지 즉위식 때 얼음 마법을 써버리고 사람들은 공포에 빠진다. 낙심한 엘사는 왕국을 떠나 자신만의 얼음 성을 만들어 세상과 담을 쌓는다. 언니의 모습을 지켜보며 안타까워하는 동생 안나는 언니를 설득하려 크리스토퍼, 울라프와 함께 모험을 떠나는데.

눈여겨볼 장면
- 안나를 다치게 하는 엘사와 엘사를 그리워하는 안나 : 엘사는 안나를 보호하기 위해 거리를 둔다. 그런 사실을 모르는 안나는 항상 엘사를 그리워하는데 영화 초반에 나오는 안나의 노래에 그 감정이 녹아있다.
- 엘사의 능력을 숨기려고 하는 부모 : 엘사에게 항상 장갑을 끼고 능력을 숨기라고 하고 문을 걸어 잠가 출입을 막는다.
- 성을 떠나 자신의 얼음 성을 만드는 엘사 : 메인 주제가 '렛잇고(Let It Go)'가 나오는 부분. 가사를 잘 새겨듣도록 시작 전에 잠시 안내를 해주는 것도 좋다. 엘사가 자신의 정체성을 찾는 부분이다.
- 울라프와 눈 괴물 : 엘사가 얼음 마법으로 만들어낸 두 개의 캐릭터로 엘사의 마음이 담겨있다. 울라프가 엘사의 사랑을 상징한다면 눈 괴물은 엘사의 분노를 상징한다.

영화 이야기 나누기
- 엘사는 왕비 즉위식에서 왜 장갑을 벗지 않으려고 했을까?
- 엘사가 산속에 얼음 성을 만들었을 때 안나는 왜 엘사를 찾아갔을까?
  - 안나와 한스의 대화를 보면 엘사를 진정으로 사랑하고 자신을 해치지 않겠다는 믿

음이 있었다.
- 엘사의 마음을 돌려 모든 걸 제자리로 돌리고 싶었기 때문이다.
• 울라프가 나타난다면 무엇을 해보고 싶은가?
- 눈사람 만들어본 경험을 이야기해보고 눈사람에 감정을 이입해서 이야기해보면 더 재미있다.

감상 후 활동

• 가장 인상적인 캐릭터를 그리고 편지쓰기
• 역할극 : 엘사와 안나의 역을 나눠 기본 대사를 이야기한 후 자연스럽게 아이 자신의 마음을 담아 다음 이야기를 진행한다.
- 엘사의 기본 대사 : 난 더 이상 착한 소녀로 살고 싶진 않고 누구도 다치게 하고 싶지 않아.
- 안나의 기본 대사 : 언닌 항상 나의 언니야. 언니는 괴물이 아니야.

한 걸음 더

'겨울왕국'의 진면목을 감상하려면 자막판이 훨씬 좋다. 영화감상 후 노래만 따로 들려주면 내용 이해에도 도움을 주고 아이들이 다양한 부분에서 인상적인 장면을 찾아 그릴 수 있다. 여자 역할이라고 역할극을 꺼리는 아이가 있다면 엘사와 안나를 형제라 가정해서 연기하면 된다.

> 나를 찾는 영화

인사이드 아웃
(Inside Out, 2015)

장르(국가) 애니메이션(미국) ‖ **상영시간** 102분 ‖ **등장인물** 라일리(주인공), 감정 5인방(기쁨, 슬픔, 까칠, 소심, 버럭), 빙봉(라일리의 어릴 적 상상 친구) ‖ **공식 등급** 전체 관람가 ‖ **차쌤 추천 등급** 더빙 : 전 학년 / 자막 : 5학년 이상 ‖ **핵심 주제** 나의 감정 알기, 나의 감정 표현하기

영화 소개
어린 라일리는 부모와 친구들과 함께 행복한 나날을 보낸다. 감정 컨트롤 타워에 있는 다섯 감정도 각기 역할을 나눠 라일리가 기억 저장소에 좋은 기억만 채울 수 있도록 노력한다. 하지만 라일리의 가족이 샌프란시스코로 이사하게 되면서 라일리의 감정이 흔들리고 만다. 급기야 라일리는 위험한 상상과 행동을 하려고 하는데.

눈여겨볼 장면
- **감정이 생기는 순서** : 가장 먼저 기쁨, 슬픔이 생기고 까칠, 버럭, 소심이 생긴다. 거의 동시에 생기면서 각자 영향을 준다는 점을 기억하자.
- **전학 간 학교의 첫날을 엉망으로 보낸 라일리가 저녁 식사 때 엄마, 아빠와 다투는 장면** : 라일리, 엄마, 아빠 역시 각각의 감정 컨트롤 타워가 있다. 세심하게 라일리의 감정을 살피는 엄마와 둔감한 아빠의 감정 컨트롤 타워. 각자의 겉보기 모습과 내면의 모습 살피며 비교한다.
- **변화된 환경과 사라지는 핵심기억** : 라일리의 환경 변화는 어릴 적 만들어두었던 핵심 기억이 사라진다. 가족과 다투면서 가족 섬이 무너지고 예전 친구와 다투면서 친구 섬이 사라진다.
- **빙봉의 발견** : 기쁨이와 슬픔이는 기억 저장소에 버려진 빙봉을 만나는데 빙봉은 기쁨이와 슬픔이의 감정을 동시에 가지고 있다. 라일리가 자라면서 빙봉은 유치하다고 생각해서 버려지게 된다.

영화 이야기 나누기
- 기쁨이는 왜 슬픔이를 원에 넣어두고 못 나오게 했을까?
- 빙봉은 누구이고 왜 기억저장소에서 지내는 걸까?
- 까칠, 소심, 버럭이만 감정 컨트롤 타워에 남았을 때 무슨 일이 벌어졌는가?

- 라일리가 벌이는 일탈행동을 찾아 이야기한다.

감상 후 활동

- **감정 5인방 그리기** : 가장 마음에 드는 캐릭터는 가운데 그린다.
- **상황극** : 나만의 빙봉을 다시 만나서 놀기
  - 등장인물 : 나, 빙봉 2명이 한 조
  - 나의 어릴 적 빙봉 소개하고 빙봉과의 추억 이야기하기
  - 빙봉과 나의 역할 바꾸어 하기

한 걸음 더

자신의 감정을 표현해보는 활동은 정서발달에 많은 도움을 준다. 부정적인 감정의 표현이라도 자신의 감정을 조절하기 위한 방법의 하나기 때문에 교사는 영화 수업 시간은 허용적 태도를 유지하는 것이 좋다. 슬픔을 드러내면 아이들이 놀린다고 생각하고 실제 슬픈 영화를 보고 우는 아이를 보며 놀리는 아이가 더 슬픈 감정을 드러내는 것을 두려워할 가능성이 있다. 슬픈 감정이 생길 때 슬픔을 드러내는 것은 자연스럽고 용기 있는 행동이라는 것을 알려주는 것이 좋다.

나를 찾는 영화

원 챈스
(One Chance, 2013)

장르(국가) 드라마(영국) ‖ **상영시간** 106분 ‖ **등장인물** 폴 포츠(주인공), 줄스(폴 포츠 부인), 롤랜드(아버지), 이본느(어머니), 브래드(폴 친구), 매튜(폴을 괴롭히는 친구), 알렉산드르(베니스 오페라 학교에서 노래 부른 파트너) ‖ **공식 등급** 12세 관람가 ‖ **차쌤 추천 등급** 5학년 이상 ‖ **핵심 주제** 시련 극복, 용기

영화 소개
2007년 영국의 오디션 프로그램인 〈브리튼즈 갓 탤런트〉를 통해 세계적인 오페라 가수로 성장한 폴 포츠의 실화를 다룬 영화다. 왕따, 아버지의 냉대, 외모의 콤플렉스를 이겨낸 폴 포츠의 인생 역전 드라마를 함께 보자.

눈여겨볼 장면
- **무시와 굴욕** : 못생긴 얼굴, 뚱뚱한 몸, 자신을 놀리며 때리는 아이들. 영화 첫 시작 5분 안에 폴 포츠는 얼마나 굴욕과 무시를 당하는지 알 수 있다.
- **기회와 좌절의 연속** : 작은 바에서의 첫 공연, 파바로티의 심사를 받는 기회에서 긴장으로 인해 실패, 작은 오페라의 주연을 맡지만 공연 직전 맹장염으로 쓰러짐, 목소리가 나오지 않아 고민하다 제목소리가 나온 날 교통사고를 당함
- **무대 앞에 선 폴 포츠의 고백** : 무력감, 자신 없음, 소심함으로 기회를 날려버린 경험을 이야기하는 폴 포츠. 하지만 정작 이 무대가 자신에게 온 마지막 기회라는 것을 안다. '파바로티가 틀렸다는 것을 보여줘, 당신을 사랑하는 카메론'이란 아내의 문자를 받고 폴 포츠는 용기를 내 무대에서 최고의 목소리를 보여준다.
- **아버지와 화해하는 폴 포츠** : 아들의 마음을 이해해주지 못한 과거에 대해 용서를 구하는 아버지와 화해하는 폴 포츠. 먼저 화해의 손을 내미는 아버지의 모습에 주목하자.

영화 이야기 나누기
- 폴 포츠의 어린 시절 아이들에게 왕따를 당할 때 기분은 어떠했을까?
  - 폴 포츠에게 감정을 이입할 수 있도록 해주는 것이 좋다. 정답은 따로 없다.
- 나에게 왔던 기회가 사라지거나 어이없게 놓친 경험이 있는가?
  - 폴 포츠의 경험을 바탕으로 자신에게 있었던 경험을 이야기한다.

- 이유가 명확하지 않을 때는 "왜 그랬었니?"라는 추가 질문을 할 수 있다.

감상 후 활동

- 모둠 상황극 : 내가 만약 폴 포츠의 친구라면 무슨 조언을 해주었을까? (좌절하는 폴 포츠, 위로하는 친구들 1,2,3)
- 폴 포츠에게 편지쓰기 : 좌절하는 친구에게 편지쓰기로 대체 가능
- 자유발표 : 폴 포츠에게 본받을 점 발표하기

한 걸음 더

- 영화 속 오페라 들춰보기
  - '의상을 입어라' 레온카발로의 [광대] 중에서. 우스꽝스러운 광대 복장을 하고 처음 무대에서 부른 노래. 야유가 환호로 바뀐다.
  - '그대의 찬 손' 푸치니의 [라보엠] 중에서. 베니스 오페라 학교에 입학 후 알렉산드르와 같이 불러 큰 호응을 얻지만, 파바로티 앞에서는 소리조차 내지 못한다.
  - '공주는 잠 못 이루고' 푸치니의 [투란도트] 중에서. 온갖 좌절을 견디고 일어서 마침내 〈브리튼즈 갓 탤런트〉에서 부른 노래.

나를 찾는 영화

샤크
(Shark Tale, 2005)

장르(국가) 애니메이션 · 가족 · 코미디 · 모험(미국) ‖ **상영시간** 90분 ‖ **등장인물** 오스카(주인공), 돈 리노(아빠 상어), 엔지(오스카 여자 친구), 레니(아들 상어), 프랭키(레니의 형), 로라(리노의 첩자), 사익스(세차장 사장), 어니 · 버니(사익스의 부하. 해파리) ‖ **공식 등급** 전체 관람가 ‖ **차쌤 추천 등급** 전 학년 ‖ **핵심 주제** 진정한 나를 찾기

영화 소개

고래 세차장의 직원으로 일하는 작은 물고기 오스카는 일확천금을 노리는 허풍쟁이다. 오스카는 전 재산을 경마에 투자해 상어 밥이 될 위기에 놓인다. 한편, 오스카의 친구 상어 레니는 채식주의자에 평화를 사랑하지만, 상어계의 대부인 아버지 돈 리노는 아들을 탐탁하게 생각하지 않는다. 그러다 형 프랭키와 함께 오스카에게 아버지의 빌린 돈을 받아 오라는 지시를 받는다. 그러던 중 우연히 떨어진 닻에 프랭키가 죽고 레니는 겁에 질려 숨을 곳을 찾는다. 오스카는 상어 사냥꾼으로 알려져 일약 스타가 된다. 오스카는 자신에게 복수를 하러 오는 레니의 아빠 돈 리노에게 쫓기고, 사랑하는 연인 엔지의 마음도 돌려야 한다. 오스카는 이 어려움을 잘 빠져나갈 수 있을까? 그리고 레니는 다시 상어의 삶으로 돌아갈 수 있을까?

눈여겨볼 장면

- **거짓말 위에 쌓은 탑은 무너진다** : 오스카는 유명해지고 싶지만, 현실은 그렇지 못하다. 큰돈을 빚진 작은 물고기이고, 고래의 혓바닥을 청소하는 한낱 청소부이다. 물론, 오스카가 그렇게 된 데는 이유가 있다. 친구들에게 아빠가 고래 입을 청소하는 최고의 청소부라고 자랑했다가 된통 놀림을 받은 것이다. 결국, 그도 커서 아빠처럼 고래청소부가 되었으나 그의 마음속에는 커다란 야망이 자라게 된 것이다. 우연한 계기로 '상어 사냥꾼'으로 불리게 된 오스카. 그는 거짓말 위에 하나씩 하나씩 명성과 인기를 쌓아간다. 지나가기만 해도 플래시가 터지고, 말 한 마디 행동 하나가 관심의 대상이 된다. 자신의 바람대로 인기인이 된 것이다. 하지만 근본이 애매하면 모든 것이 흔들리는 법이다. 거짓말은 거짓말을 부르고 수습이 불가능한 상황에 이른다.
- **고정관념에서 벗어나 스스로 선택하기** : 오스카는 고래청소부로 살아야 하는 고정관념에서 탈출하고 싶고, 레니는 상어답게 살아야 하는 고정관념에서 벗어나고 싶다. 고

정관념이 꼭 나쁜 것은 아니다. 상식이라고 하는 일상적으로 생각하고 행하는 무수히 많은 관념은 어느 정도 고정되어 있는지도 모른다. 하지만 부정적인 의미에서의 고정관념은 자신이 어떤 선택을 했느냐에 따라 결정된다. 어른은 아이의 선택에 따른 결과를 뻔히 예측할 수 있다. 그러나 그 결과가 예측된다고 하더라도 아이 스스로 선택할 수 있는 선택권을 온전히 줘야 한다.

영화 이야기 나누기
- 우리 주변에 있는 고정관념에는 무엇이 있을까?
- 오스카처럼 작은 거짓말이 커다란 거짓말이 된 경우를 본 적이 있는가?
- 돈 리노가 레니를 인정해주었을 때 레니는 어떤 기분이 들었을까?

감상 후 활동
- 자유발표 : 평소에 '이건 꼭 해야 한다'고 믿는 것은 무엇인가?
- 내가 해본 거짓말 발표하기

한 걸음 더
주인공인 오스카를 중심으로 보기보다는 오스카와 레니를 함께 묶어 수업을 진행하는 것이 좋다. 오스카는 주인공이지만, 흠이 많다. 그러기에 아이들에게 부정적인 영향을 주지 않을까 걱정스럽기도 하지만, 오히려 그런 면에서 매력 있는 캐릭터다. 특히, 마지막에 오스카가 진실을 말하는 장면은 교육적으로 의미 있다. 반면 레니는 우락부락한 외면 때문에 여린 내면이 드러나지 않아 오해 받는 캐릭터다. 따라서 이 둘의 조합은 아이들에게 많은 시사점을 줄 수 있고, 자기 삶을 돌아보는 데 도움이 될 것이다.

가족과 관련 있는 영화

프리키 프라이데이
(Freaky Friday, 2003)

장르(국가) 드라마, 코미디(미국) ‖ **상영시간** 93분 ‖ **등장인물** 애나, 태스 박사(애나 엄마), 제이크(애나 남친), 해리(애나 동생), 라이언(엄마 새 남편), 스테이시(애나가 싫어하는 친구) ‖ **공식 등급** 12세 관람가 ‖ **차쌤 추천 등급** 4학년 이상 ‖ **핵심 주제** 엄마와 딸의 관계, 서로에 대한 이해, 입장 바꿔 생각하기

영화 소개
말썽꾸러기 사춘기 딸과 잔소리 대장 엄마가 어느 날 서로 몸이 바뀌어버렸다. 이럴 수가! 정신은 예전 그대로인데 딸은 엄마로, 엄마는 딸로 살아야 하는 이 기막힌 현실을 어떻게 받아들일지.

눈여겨볼 장면
- 엄마의 아침과 딸의 아침 비교하기 : 엄마의 성격과 딸의 성격을 한눈에 파악하고 다툼의 이유도 유추할 수 있다.
- 제이크의 관계를 걱정하는 엄마 : 이성 관계에 대한 엄마와 애나의 견해차를 보여주는 좋은 사례
- 오디션에 나가게 해달라고 애원하는 애나 : 밴드 오디션 날짜와 엄마의 재혼식이 겹쳐버린 상황에서 애나와 엄마는 극심한 견해차를 보인다.
- 몸이 바뀐 상태에서 담임교사와 동생 해리의 상담하는 엄마(실제로는 애나) : "세상에서 제일 좋은 우리 누나"라는 제목의 작문을 본다. 동생의 속마음을 보는 애나.
- 애나의 오디션 참석을 허락하는 라이언(새 아빠) : 애나에게 자신을 강요하지 않으려는 라이언의 마음을 엿볼 수 있다.
- 재혼식에서 속마음을 말하는 엄마(실제로는 애나) : 죽은 아빠를 그리워하는 애나의 마음이 나타남. 그러나 새아빠가 좋은 사람이라는 것을 인정하고 새로운 가족으로 받아들인다.

영화 이야기 나누기
- 엄마와 딸이 서로의 몸이 바뀐 원인이 무엇일까?
  - 새로운 여행의 시작 : 식당에서 다투던 중 주인이 준 포춘쿠키의 예언 때문에 바뀜

- 애나가 동생에 대한 생각이 바뀌게 된 이유는 무엇 때문이었을까?
- 애나는 왜 엄마의 새 결혼을 싫어했을까?

감상 후 활동

- 부모님 때문에 속상한 일 '베스트 5' 만들어보기
  - 8절지나 A4용지 사용 : 칠판에 붙여 활동을 확대하려면 8절지가 좋다.
  - 자신의 속상한 일을 공개적으로 이야기해보는 것은 스트레스 해소에 도움 된다.
  - 다른 친구들의 속상한 일도 알게 되면 서로 위로받는다.
  - 그래서 부모님이 미운지에 대해 이야기해본다면 위로받고 싶고 인정받고 싶어 하는 아이들의 마음이 나올 수 있다.
- 엄마 아빠에게 편지쓰기 : 평소에 하지 못했던 말을 담는 것이 핵심이다. 용서와 화해의 기회 제공
- 상황극 : 엄마와 내가 역할이 바뀐다면 무슨 일이 벌어질까?
  - 등장인물 : 해설, 엄마, 자녀 3명이 한 조, 연기가 낯선 아이는 해설역을 맡는다.
  - 엄마가 아닌 아빠로 대체해도 상관없다.

한 걸음 더

영화는 재혼 가정의 이야기를 바탕으로 전개되지만, 수업의 중심은 부모와 자식 간의 소통과 공감에 주력하는 것이 좋다.

가족과 관련 있는 영화

천국의 아이들
(The Children Of Heaven, 1997)

장르(국가) 드라마, 코미디(이란) ‖ **상영시간** 87분 ‖ **등장인물** 알리(오빠), 자라(동생), 카림(아버지), 어머니 ‖ **공식 등급** 12세 관람가 ‖ **차쌤 추천 등급** 4학년 이상 ‖ **핵심 주제** 오빠와 동생에 대한 서로의 마음 읽기

영화 소개
이란의 가난한 집 아들 알리(초등학교 3학년)는 엄마의 심부름을 하다 동생 자라의 하나밖에 없는 구두를 잃어버린다. 결국, 알리의 운동화를 나눠 신고 오전반은 자라가 오후반은 오빠 알리가 학교에 다닌다. 전국 마라톤 대회 3등 상품이 운동화라는 사실을 알게 된 알리는 우여곡절 끝에 대회에 참가하게 되는데.

눈여겨볼 장면
- 알리의 장보기와 심부름하는 모습 : 알리의 집이 무척 가난하단 사실을 알 수 있다.
- 자라의 신발을 잃어버렸을 때 남매의 대화와 둘의 표정 살피기 : 알리는 자라에게 미안함으로 눈물을 흘리고 자라는 신발이 없어져 슬프지만, 오빠를 원망하지 않는 착한 마음씨를 가졌다.
- "9살이나 먹어놓고 아직도 어린애인 줄 알아?" : 아빠에게 호통 당하는 알리. 죄책감에 시달린다.
- 새 연필 한 자루를 주는 알리 : 오빠의 낡은 운동화를 신고 학교 가야 하는 자라에게 연필 한 자루를 살며시 건네며 미안한 마음을 전한다.
- 아버지와 일(정원관리)하러 가는 알리 : 이란 전체가 못사는 것이 아니라 알리가 사는 동네가 가난한 동네임을 알 수 있다. 의외로 소심한 카림(아버지) 대신 일거리를 맡아 오는 알리.
- 마라톤 대회에 나가기 위해 테스트를 받는 알리 : 눈물을 흘리며 참가하고자 하는 알리의 간절한 마음이 나타나 있다.

영화 이야기 나누기
- 알리는 왜 구두를 잃어버렸나? : 알리가 채소 가게에서 물건을 고르던 중 고물상 아저씨가 자라의 구두를 담은 봉지를 가지고 가버렸기 때문이다.

- 구두를 잃어버린 자라는 학교를 어떻게 다녔는가?
- 알리 아버지의 소심함이 나온 부분은 어디인가?
- 알리는 왜 마라톤 대회에 나가려고 했는가?

감상 후 활동

- 자라와 알리에게 편지쓰기(기본) : 자라와 알리 중 한 명을 정해 편지를 쓴다. 둘 모두에게 써도 좋다.
- 자라는 알리에게 알리는 자라에게 편지쓰기(심화) : 자라와 알리 중 한 명을 정하고 내가 만약 자라와 알리였다면 어떻게 했을 것인지 감정을 담아 편지를 써본다.

한 걸음 더

대부분의 아이는 제3국가의 영화를 보는 것이 처음이다. 익숙하지 않기 때문에 다른 나라의 상황에 대한 이질감이 생길 수 있지만, 우리와는 다른 모습을 있는 그대로 보고 받아들일 수 있도록 하는 것이 중요하다. 잃어버린 구두를 중심으로 벌어지는 알리와 자라의 심리에 초점을 맞추고 수업하는 것이 좋다.

가족과 관련 있는 영화

마음이...
(Heart Is, 2006)

장르(국가) 가족, 드라마(한국) ‖ **상영시간** 97분 ‖ **등장인물** 찬이(오빠), 소이(여동생), 마음이(강 아지), 엄마, 정현(여자 앵벌이), 앵벌이 두목, 베키(두목의 개) ‖ **공식 등급** 전체 관람가 ‖ **차쌤 추천 등급** 3학년 이상 ‖ **핵심 주제** 가족의 의미 알기, 용서와 화해

영화 소개

11살 찬이와 6살 소이는 아빠가 죽고 엄마가 집을 떠나고 없지만, 귀여운 강아지 마음이와 함께 살고 있다. 어느덧 시간이 지나 늠름한 개가 된 마음이는 그해 겨울 예상치 못한 사고가 일어나 찬이는 마음이를 미워하게 되는데.

눈여겨볼 장면

- 오줌 안 쌌다고 우기는 소이 : 이불에 오줌 싸고 마음이에게 잘못을 뒤집어씌우는 소이의 모습이 귀엽다.
- "오빠 미워! 오빠 똥 방구야!" : 오빠에게 때 쓰다 안 되면 소이가 하는 말이지만 사실은 오빠를 너무 좋아한다.
- 얼음판에서 나는 사고 : 설매타기를 하다 마음이가 얼음에 빠지고 뒤이어 소이가 빠진다. 이 사고로 소이가 죽고 찬이는 마음이가 소이를 죽게 했다고 믿는다. 그로 인해 찬이는 마음이를 버리고 부산으로 간다.
- 찬이와 마음이의 재회 : 무작정 찬이를 찾아 부산으로 온 마음이는 유기견으로 떠돌다 잡히기 전 극적으로 찬이와 만난다.
- 찬이가 깨트리는 유유와 몰래 숨긴 소시지 : 찬이는 상한 우유를 먹고 고통스러워하는 마음이를 보고 팔았던 상점의 유리창을 깨트린다. 그리고 마음이를 주기 위해 몰래 소시지를 챙기는 찬이의 마음을 살펴보자. 소이의 죽음 때문에 마음이를 미워하는 것이 아님을 알 수 있다.
- 마음이가 죽기 전에 사과하는 찬이 : 자신에게 화난 것을 마음이에게 화풀이한 것을 사과한다.

영화 이야기 나누기

- 찬이와 소이이가 부모 없이 살게 된 까닭은 무엇일까? : 아빠가 죽고 엄마가 집을 나가

게 되어서
- 찬이가 마음이를 미워하게 된 이유가 무엇인가?
- 찬이가 마음이를 미워하지 않는다는 증거가 나온 장면은 무엇인가?

감상 후 활동

- 편지쓰기
  - 가장 생각나는 주인공에게 편지쓰기
  - 찬이가 소이이게, 소이가 찬이에게, 마음이가 찬이 혹은 소이에게, 찬이 소이가 마음이에게 편지를 써보기
- 상황극 : 영화 속 상황에서 마음이와 찬이가 되어 서로의 마음을 말해보자.
  - 등장인물 : 찬이, 마음이
  - (상황 1) 소이가 빙판에 빠져 사고를 당했을 때
  - (상황 2) 유리창을 깨트렸을 때, 소시지를 숨겨왔을 때

한 걸음 더

불행한 가정사보다는 마음이와 소이, 찬이의 관계에 중점을 둬서 지도한다. 영화의 내용상 슬픈 이야기가 나오는데, 슬픈 감정이 들 때는 슬퍼해도 되고 눈물 흘리며 울어도 된다고 해준다. 찬이가 주인공이지만, 헌신적인 개 마음이가 더 감동적으로 다가온다.

가족과 관련 있는 영화

땡큐, 대디
(De toutes nos forces, 2015)

장르(국가) 가족, 드라마(프랑스) ‖ **상영시간** 89분 ‖ **등장인물** 줄리안(아들), 폴(아빠), 클레어(엄마), 여동생, 안나(줄리안이 좋아하는 여자), 세르지오, 요한(줄리안의 친구) ‖ **공식 등급** 전체 관람가 ‖ **차쌤 추천 등급** 5학년 이상 ‖ **핵심 주제** 가족애, 믿음과 용기, 편견의 극복, 선택과 수용

영화 소개
전신 장애를 앓고 있는 아들 줄리안 인간의 한계를 뛰어넘는 철인들만이 할 수 있다는 철인 3종 경기에 아버지와 출전하려고 한다. 세상이 정해놓은 편견에 도전하기 위해 용기를 낸 폴을 위해 아버지는 아들의 용기에 힘을 내 함께 도전한다.

눈여겨볼 장면
- 아내와 말다툼을 하는 폴 : 오랜만에 집에 돌아와서도 몇 주 동안 줄리안과 대화하지 않는 폴을 나무라는 클레어. 직장을 잃어 마음이 약해진 폴은 자책감에 화를 내고 만다.
- "줄리안과 함께 달려주세요." : 학교를 찾아가 줄리안의 친구들의 이야기를 듣는 폴. 세상은 위험한 곳이지만 극복할 수 있다고 배웠다는 아이들의 말을 듣는 폴이 줄리안과 경기에 참여할 결심을 한다.
- 여동생과 대화하는 엄마 : 줄리안과 아빠가 철인 경기에 참가를 결정하고 엄마는 극도의 불안에 사로잡힌다. 엄마는 아빠의 무책임함과 줄리안에 대한 불안함을 드러낸다. 여동생은 엄마에게 그동안 노력한 것을 인정하고 이제 믿음을 줘야 한다고 설득한다.
- 철인경기운영위원회에 쳐들어가는 줄리안 : 신체장애를 이유로 참가를 거부했던 위원회의 결정을 번복시킨다.
- 함께 연습하는 가족 : 아빠와 줄리안은 연습을 하고 엄마는 뒷바라지를 한다. 가족의 화합을 볼 수 있다.

영화 이야기 나누기
- 폴은 왜 어린 줄리안에게 따뜻하게 대하지 못했는가? : 폴은 줄리안이 태어났을 때 너무 기뻤지만, 아들의 장애를 알고는 크게 실망한다. 아들에게 도움을 주고 싶지만, 방법

을 몰랐기 때문에 두려웠던 것이다.
- 줄리안은 장애에도 불구하고 달리고 싶었던 이유가 무엇인가? : 스스로 세상에 도전하고 싶었기 때문이다.

감상 후 활동

- 자유발표 : 만약 나라면
  - 만약 내가 ○○라면 어떻게 했을 것이다.
  - 줄리안, 폴, 엄마 중 한 명을 선택해서 자유롭게 말한다.
  - 무엇을 말해도 되지만 그 이유가 무엇인지는 이야기하는 것이 좋다.
- 영화 토론 : 철인 3종 경기에 출전하려는 줄리안의 결정은 옳은가?
  - 찬성 측 : 줄리안이 선택했기 때문에 아버지의 희생은 당연하다.
  - 반대 측 : 철인 3종 경기는 인간의 한계에 도전하는 것이라 다른 방법을 찾아야 하는 편이 더 안전했다.

한 걸음 더

'나는 아버지입니다'라는 제목으로 국내에도 번역 출간된 '팀 호이트 부자'의 실화를 바탕으로 제작되었다. 아이의 선택과 부모의 수용이란 주제로 학부모 공개수업으로 진행해도 좋은 작품이다. 아이의 입장에서는 정신적, 육체적 한계의 극복을 위한 선택으로 부모의 입장에서는 아이의 선택과 그것에 대한 수용의 관점으로 진행하면 된다.

> 가족과 관련 있는 영화

꼬마 니콜라
(Le Petit Nicolas, 2010)

장르(국가) 가족, 드라마(프랑스) ‖ **상영시간** 91분 ‖ **등장인물** 엄마, 아빠, 니콜라(주인공), 알세스트(먹보대장), 조프루아(도련님), 클로테르(꼴찌), 외드(주먹대장), 뤼피스(허세짱), 아냥(밉상), 요아킴(깨방정) ‖ **공식 등급** 전체 관람가 ‖ **차쌤 추천 등급** 3학년 이상 ‖ **핵심 주제** 가족애, 가족의 마음 읽기

영화 소개

아! 동생은 정말 싫어. 동생이 생기면 엄마 아빠의 사랑을 다 빼앗기고 내 장난감과 내 방도 빼앗기게 될 거야. 동생을 좋아하다 보면 나를 귀찮아해서 숲에 버릴지도 몰라요. 10살짜리 꼬마 니콜라에게 생긴 인생 절대 위기. 니콜라와 친구들은 '동생 없애기' 비밀 조직을 만들면서 생기는 요절복통 이야기가 진행된다.

눈여겨볼 장면

- 꼬마 니콜라의 등장인물 소개하기 : 니콜라의 독백으로 영화는 시작하고 니콜라의 눈으로 본 친구들의 모습을 이야기한다. 내가 본 것을 우선해서 이야기하는 것이 더 재미있다는 것을 알 수 있다.
- "동생이 싫어!" : 니콜라는 태어나지도 않을 동생을 시기 질투해서 아예 없애버릴 궁리를 친구들과 한다. 니콜라가 동생을 싫어하는 이유는 자신이 독점적으로 받아오던 사랑을 빼앗기고 버려질지 모른다는 상상에서 시작된다.
- 부모님 환심 사기 프로젝트
  - 꽃으로 엄마 환심 사기
  - 엄친아 놀이해주기 : 엄마가 원하는 아이의 모습으로 보여주기
  - 집 청소하기 : 세탁기를 돌리다 고양이까지 빨아버린다
- 동생 없애기 상상 프로젝트
  - 마시면 힘세지는 약 만들어 팔아 돈 벌어 갱단에게 동생 없애달라고 부탁하기
  - 조프루아 집에 있는 자동차 훔쳐오기

영화 이야기 나누기

- 니콜라를 비롯한 아이들 중 가장 인상 깊은 아이를 찾고 그 이유를 말해보자.

- 니콜라는 왜 동생이 태어나는 걸 싫어했을까?
- 니콜라는 왜 소풍 가서 자동차의 문을 잠그고 나오지 않았을까? : 자기를 버리러 숲에 소풍 간 것으로 착각했기 때문에

감상 후 활동

- 입장 토론 : 언니, 오빠, 누나 vs 동생
  - 주제 : 난 이럴 때 ○○가 싫었다. 난 이럴 때 ○○가 좋았다.
  - 반 전체를 두 개의 집단으로 나누고 외둥인 아이에게 사회 권한을 준다.
  - 세 자녀 중 가운데인 아이는 두 집단 중 자신이 원하는 집단을 선택한다.
  - 집에서 언니, 오빠, 누나인 아이와 동생인 아이가 각자의 역할을 맡는다.
  - 싫었던 것을 충분히 말하고 나면 좋았던 점으로 주제를 바꾼다.

한 걸음 더

세계적으로 유명한 아동 소설인 르네 고시니의 동명 소설 '꼬마 니콜라'가 원작이다. 아이들이 영화 수업 시간에 황당무계한 이야기를 할 수 있는데, 아직 현실 인식이 분명하지 않고 자기중심적인 사고가 강하기 때문에 일어나는 아주 자연스러운 현상이다. 무의식적으로 하는 이야기를 통해 어떤 마음을 가지고 있는지 유추하는 것은 아이의 마음을 읽는 매우 중요한 기법이다. 단, 부모나 교사가 함부로 어른의 사고로 결론 내리는 것은 위험하다. 자기중심적 사고는 아이 스스로 현실에 부딪혀 보면서 수정해나가는 것이 가장 좋은 방법이고 아이 스스로 이겨내도록 지켜보는 것이 중요하다.

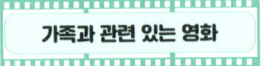

미세스 다웃파이어
(Mrs. Doubtfire, 1993)

장르(국가) 코미디 · 가족(미국) ‖ **상영시간** 125분 ‖ 다니엘/미세스 다웃파이어(아버지), 미란다(어머니), 리디아(큰딸), 크리스(둘째딸), 나탈리(막내딸), 스튜어트(사업가), 프랭크(다니엘 동생) ‖ **공식 등급** 12세 관람가 ‖ **차쌤 추천 등급** 5 · 6학년 ‖ **핵심 주제** 가족의 소중함

영화 소개

만화영화 더빙 배우인 다니엘은 늘 주변 사람들을 즐겁게 해주고 세 명의 자녀와도 잘 놀지만, 자유분방한 성격 탓에 결혼생활에 문제가 생긴다. 안정된 삶을 추구하는 아내 미란다는 다니엘과 이혼을 결심하고 일주일에 한 번만 아이들을 볼 수 있게 한다. 낙담한 다니엘은 가정부를 구한다는 미란다의 광고를 보고 분장 전문가인 동생에게 부탁해 '미세스 다웃파이어' 할머니로 변신해 가정부로 취직한다. 아이들을 보기 위해 여장을 하고 가정부가 되어 다시 집에 돌아왔지만, 아이들과 함께 지내면서 다니엘은 진정한 가족의 의미를 다시 깨닫는다.

눈여겨볼 장면

- "네 탓이 아니야. 헤어졌다고 해도 부모님이 널 사랑하는 마음은 변함이 없단다" : 부모님도 싸울 때가 있고, 그땐 떨어져 지내는 것이 더 좋을 수가 있음을 알려준다. 부모가 화해하면 좋지만, 그렇지 못하더라도 슬퍼하지 말라는 다웃파이어의 말은 가슴을 울린다. 부모의 다툼과 이혼이 아이의 탓이 아니란 것을 먼저 알려주는 다웃파이어는 아이의 마음을 이해하는 진짜 전문가가 되었다.
- 다니엘과 미란다는 왜 이혼하는가? : 부모의 다툼과 이혼의 과정을 아이들이 목격하는 것은 즐거운 것이 아니다. 그러나 영화를 통해 간접적으로 접해보는 것은 의미 있다. 특히, 다니엘과 미란다는 따로 떼어서 보면 꽤 괜찮은 사람이다. 아이를 사랑하는 것은 같지만, 그 방식이 다르다. 그것이 그들의 사랑에도 영향을 준다.
- 다니엘이 다웃파이어가 되면서 바뀐 것은 무엇인가? : 다니엘과 다웃파이어는 같은 인물이지만 겉으로 보이는 것이 다르듯, 성향도 다르다. 다니엘과 다웃파이어 모두 아이를 사랑한다. 그러나 다니엘의 사랑은 아이가 좋아하는 것을 계속해주면서 환심을 사는 데 치중해 있어 안정감을 주기 어렵다. 그러나 다웃파이어의 사랑은 아이의 성장에 중심을 두고 있다. 그래서 아이가 진정 원하는 것이 무엇인지 관찰하고 그것을

기반으로 도움을 준다. 다니엘과 다웃파이어의 사랑은 비슷하면서도 전혀 다른 결과를 가져온다. 결국, 다니엘은 다웃파이어의 역할을 해보면서 진정으로 아이를 사랑한다는 것이 무엇인지 깨닫는다.

영화 이야기 나누기

- 다니엘과 미란다가 이혼한 이유는 무엇인가?
- 다니엘이 할머니로 분장한 이유는 무엇인가?
- 행복한 가정은 어떤 가정인지 자신의 생각을 말해보자.

감상 후 활동

- 주인공 편들어주기(다니엘/미란다)
  - 다니엘과 미란다 중 한 명을 선택해서 변호를 해본다.
  - 왜 그런 말과 행동을 했는지 다니엘이나 미란다의 입장이 되어 설명해본다.
- 우리 가족의 갈등 해결하기 프로젝트
  - 가족끼리 갈등이 있었을 때 어떻게 해결했는지 사례를 발표한다.
  - 가족 간에 갈등이 일어나는 사례를 살펴보고 대책을 마련해본다.

한 걸음 더

부모의 이혼은 아이에게 엄청난 스트레스를 준다. 이런 스트레스는 부모의 이혼이 자신의 잘못이라는 죄책감을 아이에게 심어줄 가능성이 크다. 부모의 다툼에 아이는 어떻게 대처해야 할지 모르고, 화를 내는 부모의 모습이 자신을 책망하는 것으로 여기기도 한다. '부모의 이혼은 너의 잘못이 아니다'라는 다웃파이어의 마지막 대사는 그래서 큰 의미가 있다. 특히, 한부모 가정을 비롯한 다양한 형태의 가족이 많은 현대사회에서 다소 민감한 부분인 이혼의 문제를 밝고 건강하게 풀어볼 수 있다는 점에서 큰 의미가 있다.

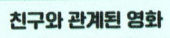
친구와 관계된 영화

맨발의 꿈
(A Barefoot Dream, 2010)

장르(국가) 드라마, 스포츠(한국) ‖ **상영시간** 121분 ‖ **등장인물** 원광(주인공, 축구감독), 인기(외교부 직원), 라모스, 모따비오, 뚜아, 조세핀(뚜아의 여동생), 제임스(사기꾼), 마르조(가게 점원) ‖ **공식 등급** 전체 관람가 ‖ **차쌤 추천 등급** 3학년 이상 ‖ **핵심 주제** 우정, 희망, 미래에 대한 도전

영화 소개
한때 유명한 축구선수였지만 지금은 하는 일마다 꼬이고 사기꾼 소리까지 듣고 사는 원광은 마지막 인생역전을 꿈꾸며 내전의 고통이 남아있는 동티모르까지 찾아와 미지의 땅에서 아이들에게 축구를 가르치며 희망을 가르친다.

눈여겨볼 장면
- 축구화 할부판매 시스템 : '원 데이 원 달라' 동티모르에서 축구용품점을 열었지만, 도저히 팔리지 않자 아이들에게 축구를 가르치며 하루에 1달러씩 축구화 값을 가져오게 한다.
- 라모스를 일으켜주는 모따비오의 손 : 상대 팀의 거친 태클에 그라운드에 쓰러진 라모스, 모따비오는 라모스를 일으켜준다. 부모 시절부터 내려오는 오랜 증오와 불신을 씻어내 주는 시작, 스포츠가 줄 수 있는 최고의 장면이다.
- "가난하다고 꿈도 가난해야 하니?" : 히로시마 대회에 출전하기 위해 동분서주하는 원광의 모습을 보고 인기가 타박하자 반쯤은 웃자고 하는 말. 현실의 벽을 이겨내고 이겨낼 힘을 준다.
- "난 맨날 시작은 하는데 끝을 본 적이 한 번도 없거든. 그 혼자서도 못 가본 끝을 쟤들하고는 같이 갈 수 있을 것 같아서….": 히로시마 대회에 참가하기 위해 주민들이 바자를 열던 중 쏟아지는 폭우를 맞으며 원광이 인기에게 하는 말. 원광은 아이들로 인해 자신의 상처를 치유 받는다.

영화 이야기 나누기
- 원광이 동티모르에서 아이들에게 축구를 가르친 이유가 무엇인가?
- 라모스와 모따비오는 왜 서로 미워했는가? : 오랜 내전으로 인한 부모세대의 아픔과 미

움은 친구들에게까지 이어진다.
- 라모스와 모따비오가 서로를 인정하고 화해하게 된 이유는 무엇인가? : 히로시마 대회에서 상대방의 거친 태클에 쓰러진 라모스를 모따비오가 일으켜준다.

감상 후 활동

- 자유발표 : 영화 속 인물이 되어 말해보기
  - 내가 만약 인기나 원광이었다면 상대방에게 무엇이라 말했을까?
  - 내가 만약 라모스나 모따비오였다면 상대방에게 무엇이라 말했을까?
  - 내용을 축약하거나 불분명하게 말할 때는 그 이유가 무엇인지 물어보자.

한 걸음 더

동티모르는 16세기에 포르투갈의 식민지가 된 후, 1975년까지 무려 400년의 지배를 받았고 이후 25년간 인도네시아의 식민지였던 아픈 역사의 땅이다. 1999년 동티모르 독립을 묻는 국민투표에서 국민은 독립을 원했지만, 이에 불복한 인도네시아군과 민병대로 인해 잔혹한 내전을 겪었고 이때 동티모르 인구의 1/4에 이르는 20만 명이 목숨을 잃었다. 이에 9월 유엔은 다국적군을 파병해 동티모르 평화유지활동을 펼쳤다. 이후 2002년 5월 동티모르는 인도네시아로부터 독립했다. 한편, 한국 정부는 1999년 9월 유엔 평화유지군으로 상록수부대를 파병해 2003년 10월 임무를 마치고 철수시켰다.

친구와 관계된 영화

토이 스토리
(Toy Story, 1995)

장르(국가) 애니메이션(미국) ‖ **상영시간** 77분 ‖ **등장인물** 우디(보안관 장난감), 버즈 라이트(우주전사 장난감), 미스터&미스 포테이토(감자 장난감), 슬링키(개 장난감), 렉스(공룡 장난감), 햄(돼지 저금통), 앤디(장난감 주인), 씨드(장난감 파괴자) ‖ **공식 등급** 전체 관람가 ‖ **차쌤 추천 등급** 더빙 : 전 학년 / 자막 : 4학년 이상 ‖ **핵심 주제** 상상력, 우정, 다툼과 화해

영화 소개
카우보이 장난감인 우디를 아끼는 어린이 앤디는 최신 장난감인 버즈를 생일선물로 받는다. 날개와 우주복을 입은 버즈는 손에서 레이저도 나온다. 문제는 버즈가 자신이 장난감이란 사실을 모른다는 점이다. 과연 우디와 버즈에게 무슨 일이 벌어질까? 나머지 장난감 친구들과 잘 지낼 수 있을까?

눈여겨볼 장면
- 움직이는 장난감 : 사람들이 보지 않을 땐 장난감들이 움직이고 사람처럼 말도 한다. 장난감도 인간처럼 감정이 있음을 보여준다.
- 사이 나쁜 우디와 버즈 : 앤디의 이쁨을 독차지하는 버즈를 시기하는 우디. 문제의 원인은 여기에 있다.
- 장난감 파괴자 씨드
  - 공감능력이 부족해 친구들에게 피해를 주는 아이에게 생각할 점을 마련해준다.
  - 장난감들을 부수고 파괴하는 것을 즐거움으로 아는 씨드
  - 씨드에 의해 고통받고 있는 장난감의 시선 찾기
- 장난감들의 반격 : 씨드의 장난으로 고통받던 장난감들이 힘을 합쳐 위기를 극복하는 장면

영화 이야기 나누기
- 우디와 버즈가 다투고 화해하는 과정을 이야기해보자 : 영화 속 이야기를 통해 다툼과 화해의 과정을 이야기해본다. 위기에 빠졌을 때 우디가 버즈에게 했던 말을 기억하자("네 도움이 필요해.")
- 버즈가 느끼는 감정을 주의 깊게 살펴보고 이야기해보자 : 자신이 우주전사라 믿고 있던

버즈가 장난감이란 사실을 알게 되었을 때의 감정. 버즈의 느낌과 비슷한 내 느낌 말하기(예 : 산타클로스에 대한 믿음)

감상 후 활동
- 인상적인 장면 그리기, 캐릭터로 표현하기
- 모둠 역할극 : 내가 장난감이 된다면?
  - 내가 장난감이 되어 장난감의 입장을 말해보자.
  - 잘 노는 장난감에서 버림받은 장난감이 되는 과정을 표현해보자.
- 토의 활동 : 잊힌 장난감이 된다는 것은 어떤 의미인지 자신의 입장을 말해보자.

한 걸음 더

1995년 픽사가 월트 디즈니와 함께 제작한 최초의 극장용 장편 3D 애니메이션으로 애니메이션의 역사를 바꾼 기념비적인 작품이다. 아이들이 즐겨 노는 장난감을 의인화한 기발한 발상이 상상력을 증대시킨다. 누구나 한 번쯤 장난감과 연결된 기억을 가지고 있다. 영화 속에 등장하는 의인화된 장난감은 아이가 가지고 놀다 잊혀버린 추억의 대상이 되기도 하지만 누군가로부터 잊히기 싫어하는 아이의 심리 특성과도 유사한 점을 찾을 수 있다. 상반되어 보이는 이 두 가지를 잘 활용하면 학급에서 재미있는 상황극이나 역할놀이로 발전시켜 심화 수업도 할 수 있다.

친구와 관계된 영화

장강 7호
(長江7號 CJ7, 2008)

장르(국가) 코미디(홍콩) ‖ **상영시간** 88분 ‖ **등장인물** 디키 초우(주인공), 아버지, 패니(디키 초우의 여자친구), 악동 4인방, 스톰 드래곤(유도), 매기(뚱보 소녀), 유엔 선생님(담임), 공사장 책임자, 카오 선생님, 체육 선생님 ‖ **공식 등급** 전체 관람가 ‖ **차쌤 추천 등급** 3학년 이상 ‖ **핵심 주제** 상상력, 우정, 다툼과 화해

영화 소개

명문학교에 다니는 디키 초우는 무척 가난하다. 아버지는 무척 가난하지만, 아들을 사랑한다. 우연히 아버지가 쓰레기장에서 주워온 이상한 물건이 우주에서 온 슈퍼 장난감일 줄이야. 디키 초우는 '장강 7호'라 이름 붙이고 세상에서 가장 친한 친구로 지낸다. 하지만 장강 7호에겐 누구도 모르는 초능력과 비밀이 있었는데 과연 디키 초우와 장강 7호의 운명은 어떻게 되었을까?

눈여겨볼 장면

- **커서 가난한 사람이 되겠다는 디키 초우** : 성실하고, 거짓말 안 하고 안 싸우고 열심히 공부하는 사람은 가난해도 존경받는다고 생각하는 아버지의 영향을 받은 디키 초우는 항상 밝고 건강하다.
- **장강 7호의 초능력** : 썩은 사과, 부서진 선풍기 그리고 죽은 아버지를 살려낸다.
- **장강 7호의 실제 초능력과 상상 마법능력** : 디키 초우는 꿈에서 장강 7호의 엄청난 초능력으로 시험과 학교 체육에서 엄청난 힘을 발휘한다. 그러나 현실은 달랐다. 같은 소재의 이야기가 다른 형태로 나오는 것이 신선하고 재미있다.
- **디키 초우의 오해** : 장강 7호가 엄청난 마법능력이 없다는 사실을 알고 실망한 디키 초우는 장강 7호를 쓰레기통에 버리고 만다. 그 순간 자기가 오해해서 실수했다는 사실을 깨닫고 후회한다.
- **아버지를 살리는 장강 7호** : 아버지가 죽었을 때 디키 초우는 아무것도 하지 않고 울며 잠을 자려 한다. 가장 슬픈 장면. 장강 7호는 아버지를 살리고 생명을 다한다.

영화 이야기 나누기

- 장강 7호는 어떻게 디키 초우의 집에 오게 되었나? : 아버지가 쓰레기장에서 주웠다.

- 디키 초우는 왜 장난감 가게에서 떼를 썼나? : 장난감이 너무 갖고 싶어서
- 장강 7호가 초능력을 가졌다는 것은 무엇을 보고 알 수 있는가?
- 디키초우는 왜 장강 7호가 자신을 속였다고 생각했는가?

감상 후 활동

- 나만의 장강 7호 그려보기 : 나의 모습과 나만의 장난감인 장강 7호의 모습을 한 장의 그림으로 표현하기. 약간 다른 모습으로 표현해도 상관없다.
- 자유발표 : 영화 속 인물이 되어 말해보기
  - 내가 만약 장강 7호였다면 디키초우에게 무슨 말을 했을까?
  - 내가 만약 디키 초우였다면 장강 7호에게 무슨 말을 했을까?

한 걸음 더

아버지는 농민공의 삶을 살고 있고 디키 초우 역시 가난한 삶을 살고 있어 중국의 심각한 빈부 격차를 보여주고 있지만, 영화 수업에서는 디키초우와 장강 7호, 그리고 아버지와 선생님과의 관계에 집중해서 수업하는 것이 좋다.

친구와 관계된 영화

폭풍우 치는 밤에
(가부와 메이 이야기, 2005)

장르(국가) 애니메이션(일본) ‖ **상영시간** 110분 ‖ **등장인물** 가부(늑대), 메이(염소), 늑대 두목, 장로 염소, 할머니 염소, 타브(메이 친구) ‖ **공식 등급** 전체 관람가 ‖ **차쌤 추천 등급** 더빙 : 전 학년 / 자막 : 3학년 이상 ‖ **핵심 주제** 우정, 믿음, 신뢰, 편견의 극복

영화 소개
어느 폭풍우가 치던 밤 오두막에 숨어있던 염소 메이와 다리를 다친 늑대 가부는 서로의 정체를 알지 못한 체 대화를 나누다 친구가 되기로 했다. 그러나 다음날 약속을 정하고 만나 서로의 정체를 확인하고 난 후 둘은 정말 친구로 지내기로 했다. 과연 늑대와 염소는 진정한 친구가 될 수 있을까?

눈여겨볼 장면
- 어둠이 가져다준 두려움과 친근감 : 폭풍우 치는 밤에 우연히 만나게 된 메이와 가브는 서로 존재를 모른 채 목소리만으로 서로를 인식한다. 어릴 적 이야기, 폭풍에 두려워하는 모습 등은 서로에게 두려움과 친근감을 동시에 느끼게 해준다.
- 다음날 다시 만난 메이와 가부 : 각자 염소와 늑대라는 사실을 알았지만, 친구로 지내기로 하는 모습이 인상적이다.
- 메이에게 보름달을 보여주려고 했던 가부 : 나중에 기억을 잃어버리는 가부가 메이와 친구였다는 사실을 깨닫게 하는 복선의 역할을 한다.
- 각자의 무리에게 추궁을 당하는 메이와 가부 : 늑대는 염소를, 염소는 늑대를 서로 먹이와 적으로 생각하고 있어 서로 친하게 지내는 메이와 가부는 심한 추궁을 당한다. 메이와 가부는 각 집단의 스파이가 정보를 수집해 올 것을 강요받는다.
- 목숨을 걸어도 좋을 친구 메이 : 늑대 무리로부터 도망가다 더 이상 도망갈 곳이 없어진 메이를 뒤에 두고 가부는 친구를 지키기 위해 홀로 늑대 무리와 맞선다.

영화 이야기 나누기
- 폭풍우 치는 밤에 메이와 가부가 만났을 때 서로를 못 알아본 이유는 무엇인가? : 어둡고 무서웠으며 코가 막혀 냄새를 맡지 못했다.

- 메이와 가부가 서로 친구가 된 이유는 무엇인가? : 편견을 버리고 서로를 있는 그대로 인정했기 때문이다.

감상 후 활동

- 내 친구 광고 만들기
  - 내 친구를 소개하는 광고 만들기
  - 형식 : 가브가 메이에게, 혹은 메이가 가브에게
- 자유발표 : 나와 다른 성향의 친구를 말해보자.
  - 지금 사귀고 있는 친구 중에서도 나와 다른 성향의 친구를 소개해보기
  - 나와 다른 성향의 친구 사귀기를 상상해 말해보기
  - 자신의 성격을 먼저 말하고 다른 성향의 친구를 소개하거나 상상해 말하기

한 걸음 더

1994년 출판된 그림책 '가부와 메이 이야기'가 원작이다. 동화 '가부와 메이 이야기'는 250만 부가 판매된 일본 아동 출판계의 기념비적인 베스트셀러이며 일본 교과서에도 수록되었다. '폭풍우 치는 밤에'는 TV판, 재상영판 등 여러 종류가 있으나 수업용으로는 2005년 제작된 '가부와 메이 이야기'가 가장 적합하다.

친구와 관계된 영화

프리윌리
(Free Willy, 1993)

장르(국가) 드라마(미국) ‖ **상영시간** 112분 ‖ **등장인물** 제시(주인공), 윌리(범고래), 그린우드(양아빠), 애니(양엄마), 레이(수족관 여자 직원), 랜돌프(수족관 남자 직원), 다니엘(사장) ‖ **공식 등급** 전체 관람가 ‖ **차쌤 추천 등급** 4학년 이상 ‖ **핵심 주제** 상상력, 우정, 다툼과 화해

영화 소개
12살 제시는 부모로부터 버림받은 후 양부모와 함께 생활하지만, 항상 불만이 가득하다. 어느 날 수족관에서 말썽을 피우다 청소하는 벌을 받다가 자신과 같은 처지에 있는 말썽꾸러기 범고래 윌리를 만난다.

눈여겨볼 장면
- **윌리의 포획과 제시의 방황** : 교차되어 나오는 두 장면은 윌리와 제시가 외롭다는 것을 보여준다.
- **제시와 범고래 윌리와의 만남** : 수족관 안에서 낙서하던 제시는 운명적으로 커다란 범고래 윌리를 만난다. 물에 빠진 제시를 윌리가 구해주면서 우정을 키운다.
- **제시와 양부모의 관계** : 마음을 열지 않는 제시와 끝까지 기다리는 양부모의 마음을 찾을 수 있다. 제시가 양부모의 호의를 무시하는 장면이 나올 때마다 주의를 기울여 볼 수 있도록 알려주는 것이 좋다. 제시는 자신의 상처로 인해 끊임없이 양부모가 자신을 버리지 않을까 걱정한다.
- **예전 친구들과 만나는 제시** : 수족관에서 봉사 활동하는 제시에게 예전처럼 거리에서 같이 놀자는 친구들의 제안을 제시는 거부한다. 스스로 자신의 행동을 결정하는 제시의 태도에 주목한다.

영화 이야기 나누기
- **제시는 왜 거리에서 방황하며 문제를 일으켰을까?** : 엄마에게 버림받았다고 생각해서 자포자기하는 심정이었을 것이다.
- **사장은 왜 수족관을 늘리지 않는가?** : 영화의 가장 큰 갈등, 수족관을 늘리는 대신 보험금을 받아 이득을 취하기 위해서이다. 사장은 윌리를 단순히 돈을 많이 벌기 위한 수

단으로 본다.
- 제시의 하모니카는 의미가 있을까? : 제시는 외로울 때 하모니카를 불었고 그 소리는 윌리의 마음도 움직였다.
- 범고래 쇼에서 왜 윌리는 지나치게 긴장하며 쇼를 망쳤는가? : 아이들이 벽을 치며 지나치게 윌리를 자극해서.

감상 후 활동

- 자유를 찾은 윌리를 표현하는 영화 포스터 만들기 : 가장 인상적인 장면을 떠올리며 문구와 함께 표현한다.
- 역할놀이 : 바다로 탈출하는 제시와 윌리의 마음 표현하기
  - 등장인물 : 제시와 윌리
  - 바다로 탈출하기 직전 방파제를 뛰어넘을 때 각자의 마음 및 행동 표현하기
  - 제시는 격려의 말을 윌리는 고마움의 말을 준비해 행동과 함께 표현한다.

한 걸음 더

제시와 윌리의 종을 넘어선 우정을 다루고 있다. 둘의 우정에 있어 주변 사람들의 헌신과 배려에 대해서도 찾아볼 필요가 있는데, 우선 제시의 양부모와 수족관 직원들의 노력도 빼놓을 수 없다. 제시와 윌리의 우정을 느낀 아이들은 주변 어른들의 마음도 읽을 수 있도록 유도하면 감정의 장을 넓혀 긍정적인 시선을 주위로 넓히는 데 도움을 준다.

친구와 관계된 영화

우리들
(THE WORLD OF US, 2015)

장르(국가) 드라마(한국) ‖ **상영시간** 94분 ‖ **등장인물** 선(왕따당하는 아이), 지아(전학생), 보라(왕따하는 아이), 윤(선의 남동생), 선의 엄마, 아빠, 지아 할머니 ‖ **공식 등급** 전체 관람가 ‖ **차쌤 추천 등급** 4학년 이상 ‖ **핵심 주제** 우정

영화 소개

초등 4학년 여자아이 선은 분식집을 하는 엄마와 공장일로 바쁜 아빠 그리고 남동생 윤이와 살고 있다. 풍족한 가정은 아니지만, 부모의 사랑을 받고 동생도 챙기는 착한 아이다. 하지만 학교에선 보라 무리에게 왕따를 당한다. 방학하는 날 전학해 온 지아를 만나 절친이 된다. 그런데 개학이 되고 학교에 갔을 땐 지아는 보라 무리의 친구가 되어있었고 둘 사이는 멀어진다. 선과 지아가 절친이었을 때 나눴던 비밀이 이젠 보라 무리의 놀림감이 되고 만다. 결국, 선은 혼자만 알고 있던 지아의 비밀을 보라에게 폭로해버리고, 화가 난 지아 역시 선의 비밀을 보라에게 말해버린다.

눈여겨볼 장면

- **가위바위보 그리고 편 가르기** : 영화의 시작 장면으로 피구를 하기 위해 편을 가르는 아이들의 가위바위보 소리가 들리고, 선의 얼굴이 클로즈업되어 있다. 이기는 편에서 먼저 피구를 잘하는 아이를 데리고 가는데, 선은 마지막까지 선택받지 못한다. 선택될까 기대하던 표정에서 점점 낙담하는 표정으로 변해가는 것이 인상적이다.
- **그럼 언제 놀아?** : 친구가 때리면 가만히 있지 말고 같이 때리라고 호통치는 누나에게 윤은 천연덕스럽게 자신이 싸우지 않는 이유를 말한다. 놀고 싶은데 싸우면 더 놀지 못한다는 윤이의 말에 할 말을 잃고 마는 선은 멍하게 쳐다본다.
- **이 또한 지나가리라** : "너 선 밟았어." "아니, 나 안 밟았어." 영화 초반 피구를 하던 중 선을 두고 아이들이 선을 밟았다고 말하고 카메라는 선을 따라간다. 선을 밟았는지 안 밟았는지 중요하지 않다. 중요한 건 선 주위의 아이들이 선에게만 냉정하게 대한다는 사실이다. 선은 매우 섭섭하고 분하며 억울하지만, 표정에 나타낼 수 없다.
"너 선 밟았어." "아니, 나 안 밟았어." "안 밟은 것 맞아. 내가 봤어." 영화 마지막 장면에 갈등이 깊어 서로 원수가 된 선과 지아는 하고 싶지 않은 피구를 하게 된다. 원래 피구를 잘하던 지아였지만, 아이들의 달라진 시선에 위축되어 제대로 피구를 하지

못한다. 그러던 중 아이들은 지아가 선을 밟았다고 몰고 간다. 하지만 선은 지아가 선을 밟지 않았다고 변호해준다.

영화 이야기 나누기

- 선이 보라의 무리로부터 왕따를 당하는 이유가 무엇이라 생각하는가?
- 지아가 전학 와서 선과 친하게 된 까닭은 무엇이었나?
- 개학하고 나서 왜 지아는 선을 멀리했는가?
- 보라는 왜 선과 지아를 왕따하려 하였는가?

감상 후 활동

- 주인공 편들어주기(선/지아/보라)
  - 주인공 중 한 명을 선택해서 변호를 해본다.
  - 왜 그런 말과 행동을 했는지 한 명을 선택하여 각자의 입장을 설명해본다.
- 친구 사이의 갈등 해결하기 프로젝트
  - 친구끼리 갈등이 있었을 때 어떻게 해결했는지 사례를 발표한다.
  - 친구 간에 갈등이 일어나는 사례를 살펴보고 대책을 마련해본다.

한 걸음 더

아이들은 무수히 많은 순간순간 갈등하고 오해하며 가끔 화해하나 또 갈등과 오해가 불거진다. 그것을 바라보는 부모나 교사는 마음 편하지 않다. 아이의 말을 믿을 수도, 안 믿을 수도 없는 상황에 봉착하면 더 당황하는 것은 어른일 수 있다. 갈등은 해결해야 하고 불안은 해소해야 한다는 생각으로 접근한다면 더 큰 갈등과 불안을 가져온다. 아이들이 가지는 불안을 있는 그대로 인정하는 것이 필요하다. 불안해하는 아이를 보면 어른도 불안하긴 마찬가지다. 그러나 아이는 불안에 빠지면 어른 보다 더 불안해한다. 좀 덜 불안한 어른이 더 불안한 아이의 손을 잡아주고 응원하며 지지해줘야 한다.

샬롯의 거미줄
(Charlotte's Web, 2006)

장르(국가) 코미디, 가족, 판타지(미국) ‖ **상영시간** 97분 ‖ **등장인물** 월버(돼지), 펀(농장주 딸), 샬롯(거미), 템블턴(쥐), 거시(거위) ‖ **공식 등급** 전체 관람가 ‖ **차쌤 추천 등급** 전 학년 ‖ **핵심 주제** 자아 존중감, 타인 존중, 우정

영화 소개
농장에서 태어난 새끼돼지 월버는 친구를 많이 사귀고 싶어 한다. 언제나 다정한 목소리로 월버를 대하는 거미 샬롯은 외로운 월버의 친구가 되어주기로 약속하고 언제나 자기편이 되어주는 농장주의 딸 펀과 함께 행복한 나날을 보낸다. 그러던 중 까칠한 쥐 템블턴으로부터 지금까지 동물들이 쉬쉬하던 충격적인 비밀을 듣게 되는데.

눈여겨볼 장면
- "저도 약하다고 죽이실 건가요?" : 또래들보다 약하게 태어난 새끼 돼지를 죽이려 하자 펀이 아버지에게 한 말. 펀이 월버와 친구가 된 계기다.
- "같은 장소에서 살았다고 해서 친구라고 말할 수 있을 것 같진 않은데요." : 농장에 살게 된 월버는 다른 동물의 따돌림을 받는다. 그러나 농장의 다른 동물들 역시 농장에 살면서도 서로를 좋아하지 않는다는 것을 알 수 있는 대화.
- "이제 인사를 나눌 때가 된 것 같은데." : 샬롯이 월버를 만나 친구가 되기 위해 처음 할 일을 말해주는 장면. 서로 '안녕'이란 말을 하고 서로의 이름을 알려주는 것이 인사라는 것을 알려준다.
- 템블턴이 말하는 비밀 : 크리스마스가 오는 겨울이 오면 인간은 돼지를 죽여 스모크 하우스에서 소시지와 베이컨을 만든다.
- 대단한 돼지(SOME PIG) : 월버가 겨울에 죽지 않게 하겠다고 약속한 샬롯은 밤새 거미줄로 글자를 쓰고 일약 월버는 유명한 돼지가 되어 연일 사람들이 구경 온다.
- 샬롯의 걸작(새로운 새끼를 위한 알과 알집) : 거미에 불과한 자신의 친구가 되어주고 농장에서 가장 아름다운 존재로 만들어준 것에 대한 고마움을 말한다.

영화 이야기 나누기
- 몸집이 작았던 꼬마 돼지 월버가 태어나자마자 죽지 않았던 이유는 무엇인가?

- 샬롯과 월버가 친구가 되기 위해 가장 먼저 한 것은 무엇이었나?
- 스모크 하우스는 무엇을 하는 곳인가?
- 월버가 죽지 않게 하기 위해 샬롯이 처음으로 한 일은 무엇인가?
- 샬롯이 월버에게 진정으로 고마워한 일은 무엇이었는가?

감상 후 활동

- 자유발표 : 서로에게 고마움 이야기하기
  - 친구와 짝을 지어 월버, 샬롯으로 역할을 맡아 서로에게 고마움을 이야기한다.
  - 영화 속 상황이나 대사를 기억해서 말하는 것이 좋다.
  - 서로에 대한 칭찬을 누가 더 많이 하는지 게임으로 진행할 수도 있다.

한 걸음 더

인간은 생존을 위해 동물이 필요하다. 실과에서도 경제동물을 배운다. 영화 속 이야기에 감정이입을 하면 인간이 동물을 죽이고 먹는 자체에 대한 비판적 시각에 대해서도 충분히 이야기를 나눌 수 있다. 영화 속에서는 '스모크 하우스'가 대표적인 예다. '샬롯의 거미줄'은 1952년 출간 이래 4천 5백만 부 이상 팔린 베스트셀러이며, 전 세계 45개국, 23개의 언어로 번역된 아동 문학의 고전이다.

아이를 성장시키는 영화

카
(Cars, 2006)

장르(국가) 애니메이션, 모험(미국) ‖ **상영시간** 121분 ‖ **등장인물** 라이트닝 맥퀸(주인공), 셀리(변호사), 허드슨(전설의 레이서, 판사), 보안관, 칙 힉스(레이서), 킹(레이서), 메이터(견인차), 귀도(지게차), 루이지(타이어가게주인) ‖ **공식 등급** 전체 관람가 ‖ **차쌤 추천 등급** 더빙 : 전 학년 / 자막 : 3학년 이상 ‖ **핵심 주제** 자아발견, 자아성찰, 타인 존중, 믿음과 신뢰

영화 소개

라이트닝 맥퀸은 탁월한 레이서지만 혼자 잘난 척하며 팀 의견을 무시하다 무난히 우승할 수 있는 게임에서 공동 1위를 하게 된다. 사상 초유의 사태에 재경기가 이뤄지고 다음 레이싱 장소로 이동하던 중 사고로 맥퀸은 스프링필스라는 작은 마을에 버려지게 되는데.

눈여겨볼 장면

- "레이싱은 원맨쇼가 아니야." : 타이어가 펑크 난 채로 레이싱을 한 맥퀸에게 킹이 들려준 조언. 그러나 맥퀸은 흘려듣는다. 향후 맥퀸의 깨달음에 대한 복선 역할도 한다.
- "무조건 빨리 가는 게 중요한 게 다가 아니라 즐기며 가는 게 중요했었죠." : 대도시에서 잘나가던 변호사 셀리에게 호감을 가지던 맥퀸은 스프링필스란 시골에 정착한 그녀의 이야기를 통해 아름다운 자연과 서로 돕고 사는 것에 대한 의미를 알게 된다.
- "저것들은 부질없는 텅 빈 컵일 뿐이야." : 허드슨은 과거 피스톤 컵을 3번이나 차지한 전설적인 레이서였지만, 큰 사고를 당하고 사람들의 관심이 사라지자 인기와 환호는 부질없는 것이라는 것을 깨닫고 자신의 삶을 살아가는 중이다.
- 킹의 뒤를 밀어주는 맥퀸 : 칙의 반칙 때문에 킹이 레이싱에서 탈락할 위기에 처했을 때 결승선 앞에선 맥퀸은 트랙을 다시 돌아가 킹을 밀어준다. 결국, 칙이 우승하게 되지만 맥퀸은 이제 개인의 능력보다 타인과 함께 살아가는 것에 대한 의미를 깨닫게 된다.

영화 이야기 나누기

- 맥퀸은 왜 스프링필스에 혼자 떨어지게 되었는가? : 트레일러에게 휴식을 주지 않고 밤새 달리다 사고가 났다.

- 맥퀸은 셀리와의 드라이브를 통해 무엇을 느꼈는가?
- 허드슨은 왜 맥퀸에게 피스톤 컵이 부질없는 것이라고 했는가?
- 스프링필스를 경험하기 이전의 맥퀸과 그 후의 맥퀸의 차이는 무엇인가? : 자신에 대한 믿음에서 동료에 대한 믿음으로 바뀌었다.
- 맥퀸은 왜 결승선을 넘지 않고 뒤돌아가 킹의 뒤를 밀어줬을까?

감상 후 활동

- 인상적인 장면을 그리고 라이트닝 맥퀸에게 편지쓰기 : 8절지를 이용해 앞면엔 그림, 뒷면에 편지를 써 본다.
- 영화 토의 : 맥퀸은 돈과 명예를 가장 중요하게 여겼다. 살아가는 데 무엇이 소중하고 그 이유가 무엇인지 토의해보자.

한 걸음 더

라이트닝에게 편지를 쓰는 것은 자신에게 쓰는 편지와 같다. 라이트닝이 느꼈을 감정에 대해 좀 더 구체적으로 쓰게 하면 아이 스스로의 감정을 잘 표현할 수 있다. 표현에 대한 평가는 하지 않는 것이 좋다. 영화 토의를 한 후에는 정리하면서 비슷한 의견은 반 전체의견으로 모아보는 것도 좋은 활동이 된다. 가족, 친구, 건강, 믿음, 신뢰 등 단어로 묶일 수 있는 의견을 모아보는 것도 좋다.

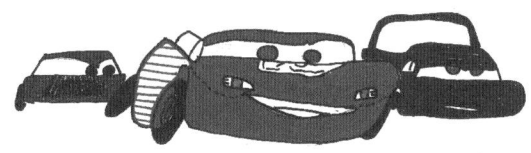

아이를 성장시키는 영화

빅
(Big, 1988)

장르(국가) 코미디, 판타지(미국) ‖ **상영시간** 104분 ‖ **등장인물** 조쉬(주인공), 엄마, 빌리(조쉬 친구), 맥밀란(사장), 수잔(직장동료), 폴(직장동료) ‖ **공식 등급** 12세 관람가 ‖ **차쌤 추천 등급** 5학년 이상 ‖ **핵심 주제** 성장, 자아정체성, 사랑

영화 소개

13살 조쉬는 놀이공원에 놀러 갔다가 '졸타'란 기계에 어른이 되고 싶다는 소원을 빈다. 다음날 진짜 어른의 몸이 되어버린 조쉬를 본 엄마는 놀라고 결국 집에서 쫓겨난다. 갑자기 어른이 되어버린 어린 조쉬는 어른들의 세계에서 어떤 모험을 겪게 될까? 어른이 되어서 마음대로 살 수 있을까?

눈여겨볼 장면

- **갑자기 어른이 되어버린 조쉬** : 소원이 이뤄지긴 했지만, 어른이 되어버린 아침에 벌이는 소동을 살펴보자. 자신이 누구인지 엄마는 알지 못하지만, 함께 아는 노래를 부르자 친구 빌리는 알아 차린다.
- **사장과 함께 거대 피아노 장난감 연주를 하는 조쉬** : 장난감 가게에 놀러 온 조쉬는 사장을 만나게 되고 같이 피아노 연주를 해보면서 조쉬가 장난감에 대한 매우 큰 감수성을 가졌다는 사실을 알게 되는 명장면이다.
- **장난감 회사에서 회의하는 모습** : 어른의 관점에서 장난감 설계를 하는 다른 사람과는 달리 조쉬는 어른처럼 보이지만, 아이의 관점에서 장난감을 이야기하고 이것은 큰 효과를 본다.
- **"겁나니까 때린 거예요."** : 조쉬와 폴이 게임 중 폴이 반칙하고도 인정하지 않아 다투었고, 조쉬의 상처를 치료해주는 수잔이 해준 말. 조쉬가 계속 성과를 내자 폴은 조쉬를 미워하고 그것을 겁나기 때문에 폭력적으로 변했다는 것을 말해준다.
- **수잔과 키스하는 조쉬/마지막 키스는 이마에 해준다.** : 수잔은 남자로서 조쉬를 좋아하고 조쉬 역시 사춘기 남자아이로서 수잔을 좋아하며 좀 더 친밀한 관계가 된다. 조쉬가 자신을 어린애라고 고백했을 때 왜 갈등했는지 주의 깊게 본다.

영화 이야기 나누기

- 조쉬는 왜 갑자기 어른이 되었고 빌리가 조쉬를 알아본 이유는 무엇인가?
- 피아노 연주를 함께한 사장은 조쉬의 어떤 면에 반했는가?
- 장난감 회사에서 조쉬의 의견은 왜 중요하게 생각되고 채택되었을까?
- 게임을 하다 왜 폴은 조쉬를 때렸는가?
- 수잔과 조쉬는 서로 사랑했을까? : 수잔의 관점과 조쉬의 관점으로 나눠서 이야기를 나누는 것이 좋다.

감상 후 활동

- 글쓰기 : 내가 만약 내일 당장 어른이 된다면 어떤 일이 벌어질까?
- 영화 토의 : '어른이 된다는 것은 의미일까?' 영화 속 조쉬가 보여준 모습과 그 외 다른 어른들이 보여준 모습을 찾아내고 이야기해본다.

한 걸음 더

지금과는 다른 컴퓨터 시스템이 나오고 물가 수준이 지금보다 낮다는 것을 염두에 둬야 한다. 특히, 수잔이 담배 피우는 장면도 현재 심의 기준에는 부적합하나 역시 과거 영화이므로 아이가 질문을 했을 때만 대답해주는 것이 좋다. 수잔과 조쉬가 사랑하는 장면에 대해서는 언급을 해줘야 한다. 수잔은 조쉬를 성인 남자로서 사랑했고 조쉬는 사춘기 남자아이였음을 인식시키는 것이 좋다. 필요하다면 그 장면을 다시 보면서 이야기해주는 것이 불필요한 오개념을 줄일 수 있다.

아이를 성장시키는 영화

집으로
(The Way Home, 2002)

장르(국가) 드라마, 가족(한국) ‖ **상영시간** 87분 ‖ **등장인물** 외할머니, 상우(주인공), 상우 엄마, 철이(동네 아이), 혜연(동네 아이) ‖ **공식 등급** 전체 관람가 ‖ **차쌤 추천 등급** 전 학년 ‖ **핵심 주제** 성장, 배려

영화 소개
형편이 어려워진 엄마는 7살 상우를 외할머니에게 맡긴다. 도시에서만 살던 상우는 첩첩 산골에 말도 못 하고 글도 모르는 외할머니와 지내려니 갑갑해 죽을 지경이다. 과연 상우는 어떻게 이곳에서 지낼까?

눈여겨볼 장면
- 상우와 할머니와의 첫 만남 : 자기 뜻과 상관없이 외할머니에게 오긴 했지만, 상우는 평소 자기 마음대로 하던 것이 여실히 나타난다. 특히, 엄마가 외할머니에게 하는 이야기를 잘 들어보면 상우의 평소 모습이나 생활 습관을 유추하는 데 도움이 된다. 상우는 외할머니에게 함부로 대하지만, 외할머니는 성우를 마음으로 대한다.
- 바늘에 실을 연결해주는 상우 : 상우는 처음에 시골에서 혼자 논다. 외할머니는 상우와 친하게 지내려 하지만 말도 못 하고 방법이 없이 지내면서 상우가 필요한 것이 있으면 하나씩 도와줄 뿐이다. 외할머니가 처음으로 상우에게 도와달라고 부탁하는 것은 바늘 코에 실을 끼우는 것. 복선의 역할을 한다.
- 심술부리는 상우 : 오락기 배터리가 떨어져 사달라고 조르지만, 살 데가 없는 시골에서 애꿎은 외할머니에게 화풀이하는 상우의 모습을 보자. 요강 깨트리기, 할머니 고무신 숨기기, 벽에 낙서하기 등 유치한 방법을 쓴다.
- 외할머니의 헌신을 조금씩 이해하는 상우 : 외할머니와 장에 함께 간 상우는 물건 하나라도 팔려고 하는 모습과 상우에게만 자장면을 사주는 모습을 보면서 외할머니에 대한 생각을 조금씩 바꾼다. 자신이 좋아하는 초코파이를 할머니를 위해 넣어준다.
- "아무 말도 쓰지 말고 보내면 할머니가 아픈 줄 알고 상우가 달려올게." : 할머니에게 한글을 가르치는 상우는 할머니에 대한 사랑을 전한다. 상우는 할머니와 헤어지면서 자신이 가장 아끼던 로봇 카드를 할머니에게 준다.

영화 이야기 나누기

- 상우와 할머니의 첫 만남에서 기억나는 것을 말해보자.
- 외할머니가 처음으로 상우에게 부탁한 것은 무엇인가?
- 오락기에 배터리가 떨어진 상우는 어떻게 했는가?
- 외할머니에 대한 생각을 바꾸게 되는 계기는 무엇인가?
- 상우가 헤어지면서 할머니에게 한글을 가르쳐준 이유는 무엇인가?

감상 후 활동

- 할아버지, 할머니에게 편지쓰기
    - 상우의 외할머니를 생각하며 할아버지나 할머니에게 편지를 써보자.
    - 할아버지, 할머니가 없는 경우에는 아버지, 어머니에게 쓰도록 한다.

한 걸음 더

상우 입장에서 보면 자신의 의지와는 상관없이 도시에서 지내다가 시골에 있는 외할머니 곁으로 갔기 때문에 어찌 보면 심술이 나는 것은 당연할 수도 있다. 그러므로 영화 속 상우의 심술스러운 행동에 대해 지나치게 도덕적인 관점에서 잘잘못을 따지는 것은 바람직하지 않다.

아이를 성장시키는 영화

새미의 어드벤쳐
(Sammy's Adventures: The Secret Passage, 2010)

장르(국가) 애니메이션(벨기에) ‖ **상영시간** 88분 ‖ **등장인물** 새미(주인공 거북), 셀리(새미의 여자친구), 레이(새미의 남자 친구), 스노우(고양이) ‖ **공식 등급** 전체 관람가 ‖ **차쌤 추천 등급** 전 학년 ‖ **핵심 주제** 현실에 충실한 도전정신

영화 소개

알에서 깨어나자마자 갈매기의 먹이가 될 뻔하다 가까스로 살아난 장수거북 새끼인 새미는 운명적으로 셀리를 만났다가 헤어진다. 작은 뗏목을 타고 홀로 바다를 여행하던 중 수다스럽고 쾌활한 새끼거북인 레이를 만나 10년간 바다를 떠돌아다닌다. 새미의 앞에는 과연 어떤 미래가 펼쳐질까?

눈여겨볼 장면

- "뭘 믿고 혼자 돌아다녀? 세상이 얼마나 무서운 곳인데." : 작고 연약한 새미는 바다에서 처음 만난 다른 거북들로부터 무서운 이야기를 듣는다. 거북을 잡아먹으려는 바다 악당에 대해 듣는다. 하나도 안 무섭다고 새미는 말하지만, 그건 정말 아무것도 몰라서 하는 말인지도 모른다.
- 부서지는 뗏목 : 몸이 커져 버린 새미와 레이는 더 이상 뗏목 위에서 함께 지낼 수 없는 지경에 이른다. 공간이 좁아지니 사소한 일에도 다툼이 생긴다. 친구 사귀기만큼 어려운 것이 친구와 헤어지는 것이다. 처음엔 즐겁게 잘 지내다가도 서로의 성향이 맞지 않으면 헤어지는 경우가 다반사다.
- "삶이란 건 희한해. 더 이상 버틸 수 없을 만큼 힘들다가도 갑자기 상황이 변하고 좋은 일이 생기거든." : 새미는 죽을 고비를 쉴 새 없이 겪지만, 그때마다 누군가의 도움을 받고 이겨낸다. 그런 새미의 행동이나 생각을 잘 살펴보면 매우 긍정적이란 사실을 알 수 있다.
- "첫걸음이 가장 힘든 거란다." : 모든 바다거북 새끼가 다 빠져나가고 마지막 남은 작은 새끼만 홀로 울고 있는데 이제 할아버지가 된 새미가 해주는 말이다. 첫걸음을 시도하는 아이에게 용기를 주고 도전을 격려하는 마음을 표현할 때 아이는 비로소 자신의 길을 가게 되는 것을 볼 수 있다.

영화 이야기 나누기

- 내가 만약 알에서 막 깨어난 새미였다면 어떤 기분이 들지 말해보자.
- 새미와 레이가 친구가 된 이유가 무엇인지 찾아보고 왜 헤어졌는가?
- 새미가 여행 중에 힘든 일을 겪으면서도 포기하지 않았던 이유는 무엇인가?
- 할아버지가 된 새미가 마지막 남은 작은 새끼에게 해준 말은 무엇인가?

감상 후 활동

- 자유발표 : 나는 어떤 곳에 여행 가고 싶은가?
    - 내가 가고 싶은 여행지를 골라 나만의 여행에 관해 이야기해본다.
    - 현실에 존재하지 않는 가상의 여행지이거나 불분명하더라도 어떤 마음, 느낌 혹은 경험하고 싶은 것에 관해 이야기하는 것에 더 중점을 두도록 한다.

한 걸음 더

어른이 보기엔 '새미'는 생존이라는 극한의 상황에 몰렸지만, 아이가 보기에는 그렇게 복잡 미묘하지 않다. 자신에게 주어진 환경을 탓하지 않고 현실을 충실하게 극복하려는 자세에 초점을 맞춰 보는 것이 좋다. 좌절하는 것보다 행동하여 움직이는 것이 현실에 맞닥뜨린 고난이라고 하는 벽을 넘는 가장 강력한 무기가 된다는 점을 잊지 말아야 한다. 또한, 동물의 시선에서 인간을 바라보고 인간의 삶이 어떻게 자연에 영향을 미치는지 이야기해보는 것이 좋다.

아이를 성장시키는 영화

조조 래빗
(Jojo Rabbit, 2020)

장르(국가) 드라마·코미디(미국) ‖ **상영시간** 108분 ‖ 조조(주인공), 로지(조조 엄마), 엘사(유대인 소녀), 요르키(조조 친구), 히틀러(조조의 상상 친구), 클렌젠도프 대위(훈련 교관) ‖ **공식 등급** 12세 관람가 ‖ **차쌤 추천 등급** 6학년 이상 ‖ **핵심 주제** 성장

영화 소개

제2차 세계대전이 한창인 독일의 어느 마을. 10살 소년 조조는 엄마와 함께 살고 있다. 조조는 나치를 열렬히 신봉하지만, 어린아이 특유의 허세와 순진한 마음을 가진 아이다. 조조는 유년 캠프에게 가서 훈련받는 도중 선배들에게 토끼를 죽이라고 강요를 받는다. 하지만 토끼를 죽이지 못하자 조조는 겁쟁이로 놀림받는다. 조조에겐 상상의 친구 아돌프 히틀러가 늘 곁에 있다. 히틀러의 조언에 용기를 얻고 훈련에 참여하다 조조는 수류탄 사고를 당한다. 조조는 집에 숨어있던 유대인 소녀 엘사를 발견하고 뜻하지 않는 상황에 놓인다. 과연 조조는 전쟁이 끝날 때까지 무사히 살아남을 수 있을까?

눈여겨볼 장면

- **상상 속 조조의 친구 히틀러** : 조조가 히틀러를 상상의 친구로 삼은 것은 유약한 성격으로 소속감이 없는 자기 내면을 강하게 만들기 위해서다. 조조는 히틀러를 통해 용기와 위안을 얻는다. 토끼를 죽이지 못해 도망갔을 때도 남들은 알지 못하는 토끼의 강함에 대해 조언을 듣는다. 그러나 엄마의 죽음 이후 각성하면서 내면의 히틀러를 차버린다.
- **조조와 신발 끈** : 조조는 혼자 신발 끈을 묶지 못해 늘 엄마가 도와준다. 그러나 엄마는 반나치 운동을 비밀리에 하다 발각되어 교수형을 당한다. 엄마의 죽음을 본 조조는 인생에 가장 큰 슬픔을 느낀다. 엄마가 조조에게 해준 것처럼 조조도 죽은 엄마의 신발 끈을 묶다 오열한다. 조조에게 있어 신발 끈은 성장의 상징을 의미한다. 히틀러를 찬양하고 유대인을 혐오하던 소년은 자신의 신발 끈 뿐 아니라 다시 볼 수 없는 엄마의 신발 끈을 묶을 정도로 성장한다.
- **조조를 살려주는 클렌젠도프 대위** : 전쟁은 참혹한 것이다. 전쟁 때문에 반미치광이처럼 지내던 훈련교관 클렌젠도프 대위는 마지막 죽음의 순간 조조를 살려준다. 그 역시 전쟁의 또 다른 희생자란 것을 알 수 있다. 마지막 전투가 끝나고 연합국에 대항

했던 군인으로서 자신의 죽음을 예감했던 대위는 멋모르고 독일 군복을 걸치고 있던 조조를 유대인이라고 말하며 자신을 희생하여 조조를 구한다. 이것뿐 아니라 영화 곳곳에서 조조와 그의 엄마, 유대인이었던 엘사를 도와주기 위해 노력한 것을 보면 전쟁 상황이었음에도 최소한의 인간성을 지키려고 노력한 인물로 묘사된다.

영화 이야기 나누기

- 조조는 왜 토끼를 죽이지 못했는가?
- 조조는 히틀러와 무슨 관계였는가?
- 조조에게 신발 끈은 어떤 의미가 있는가?
- 엘사는 왜 조조의 집에 숨어있어야 했는가?

감상 후 활동

- 나에게 신발 끈은 무엇인가?
  - 내가 성장할 수 있게 해준 것은 무엇인지 찾아본다.
  - 엄마에게 신발 끈을 묶어주는 것이 무엇을 의미하는지 글로 써보거나 발표한다.

한 걸음 더

'조조 래빗'은 아름다운 성장을 다루지 않는다. 특히, 엄마의 죽음, 교수형 등이 묘사되어 있어 다소 자극적일 수 있다. 거기다 조조의 친구로 가상이지만 히틀러가 나오기 때문에 영화 수업 전 자세한 설명은 필수다. 이 영화에서 주목할 것은 성장은 고통을 수반한다는 점이다. 아이들의 순수한 눈에 비친 당시 독일의 모습은 전쟁의 비참함과는 또 다른 모습으로 묘사되어 흥미롭다. 영화를 보는 아이들의 시선과 접점을 맞출 수 있다면 꽤 좋은 수업을 할 수 있다.

차별과 편견에 관한 영화

별별 이야기
(If You Were Me: Anima Vision, 2005)

장르(국가) 애니메이션, 옴니버스(한국) ‖ **상영시간** 72분 ‖ **공식 등급** 전체 관람가 ‖ **차쌤 추천 등급** 전 학년 ‖ **핵심 주제** 인권, 장해 이해, 소수자 차별

영화 소개

1편 낮잠 : 손가락과 한쪽 발이 없는 아이와 부모 이야기, 장애 이해(13분)
2편 동물농장 : 양들만 있는 농장에서 적응하지 못하는 염소 이야기, 소수자 편견(15분)
3편 그 여자의 집 : 엄마 혼자 아이 양육을 다 하는 모습을 보여주는 이야기(12분)
4편 육다골대녀 : 외모 차별에 대한 아픔을 다룬 이야기(10분)
5편 자전거 여행 : 불법 이주 노동자의 고단한 삶을 다룬 이야기(10분)
6편 사람이 되어라 : 입시 위주의 교육문제를 다룬 이야기(12분)

눈여겨볼 장면

- 낮잠 : 수영장에서 함께 수영하는 장애인 부녀를 바라보며 무서워하는 다른 부모. 아이들보다 더 편견을 가진 어른의 모습. 장애에 대한 잘못된 의식을 심어준다.
- 동물 농장 : 뿔난 염소를 구박하고 때리는 대장을 피해 양과 양이 되기 위해 양털을 뒤집어쓰며 들킬까 두려워하는 염소의 모습이 애처롭다.
- 그 여자의 집 : 남편은 집안일과 양육에 무관심하고 아내는 숨 막혀 하는 모습을 물에 빠진 것으로 비유했다. 전체적인 분위기가 우울하고 불안해 보인다.
- 육다골대녀 : 집안의 모든 안 좋은 외모 자질을 다 갖춘 막내는 커다란 통뼈, 큰 얼굴, 살찐 몸, 짧은 목과 다리, 거친 머리칼을 가진 그녀가 선택하는 무기는 돈, 성형, 화장, 장신구, 학력 등이 올려진 탁자다. 그러나 그녀는 무기를 보고 갈등한다.
- 자전거 여행 : 이주노동자의 삶과 애환을 자전거 여행으로 표현하는 것이 인상적이나 왜 그들이 힘든 삶을 살고 있는지에 대한 것은 나와 있지 않다.
- 사람이 되어라 : 좋은 대학을 가야 진짜 사람이 된다고 하는 어른들의 위선이 적나라하게 나타난다.

영화 이야기 나누기

- 낮잠 : 장애를 가진 아이가 수영하는 모습을 보고 다른 부모들은 어떻게 했는가?
- 동물농장 : 대장 양은 왜 염소를 못살게 굴었는가?
- 그 여자의 집 : 집안일과 아이 기르기를 다 책임지는 아내의 마음은 어떠할까?
- 육다골대녀 : 주인공 막내가 세상을 살아가는 데 필요한 무기는 무엇이었나요?
- 사람이 되어라 : 사람이 되기 위한 공부는 과연 어떤 것이었나?

감상 후 활동

- 인상적인 장면 그리기
- 인상적인 장면의 이유 발표하기

한 걸음 더

옴니버스 영화이기 때문에 수업 주제에 맞게 개별 영화를 따로 관람해도 상관없어서 동기유발 자료로 활용해 1시간의 수업으로 진행하기에 적합하다. '자전거 여행'은 이주노동자의 이야기를 다루고 있으나 경찰이 불법이주노동자를 잡는 과정에 피를 흘리는 장면은 자칫 정당한 공권력 집행 자체가 나쁘다는 인식을 줄 수 있다. 따라서 왜 이주노동자들이 불법적인 방법이라도 우리나라에서 일을 할 수밖에 없고 그것으로 인해 우리 사회는 어떤 피해를 보는지에 대해 이야기하는 것이 좋다.

차별과 편견에 관한 영화

날아라 펭귄
(Fly, Penguin, 2009)

장르(국가) 드라마, 옴니버스(한국) ‖ **상영시간** 110분 ‖ **등장인물** 승윤(에피소드 1 주인공), 엄마, 아빠, 이주훈(에피소드 2 주인공), 조미선(주훈 동료), 한창수(주훈 동료), 권 과장(에피소드 3 주인공), 권노인(에피소드 4 주인공), 할머니 ‖ **공식 등급** 전체 관람가 ‖ **차쌤 추천 등급** 5학년 이상 ‖ **핵심 주제** 편견, 서로에 대한 이해, 가족의 소중함

영화 소개

- 에피소드 1. 자식 교육을 잘하려는 엄마, 너무 많다고 생각하는 아빠 그리고 힘들어 하는 승윤이의 이야기.
- 에피소드 2. 채식주의자에 술 못 마시는 이주훈과 담배 피우는 조미선의 이야기
- 에피소드 3. 두 자녀와 아내는 교육 때문에 외국으로 나가고 홀로 한국에 남아 지내다 그토록 기다리던 가족이 모이는 날이 되었는데.
- 에피소드 4. 평생 남편 수발만 하다 퇴직한 남편을 뒤로하고 자신의 인생을 살고 싶어 하는 아내와 달라진 아내가 무서운 퇴직 가장의 이야기

눈여겨볼 장면

- "왜 못해 그 간단한 걸." 자녀교육을 잘 시키고 싶어 하는 엄마 : 아이 옆에서 영어지도를 하는 엄마는 승윤이가 자신감 없다고 생각한다. 모든 것을 승윤이를 위해 노력한다고 생각하지만, 오히려 승윤이는 더 위축된다. 하지만 눈치 보지 않을 땐 거북이와 영어로 유창하게 대화한다.
- 병실에서 한창수와 이주훈의 대화 : 술을 못 마시는 이주훈의 사정을 알게 되고 바지락 이야기를 통해 고기를 먹지 않게 된 사연을 알게 된 후부터 이주훈을 이해하게 된다.
- 권 과장의 독수리, 기러기, 펭귄 아빠의 사연 : 자녀를 유학 보낸 아버지 중 경제 사정에 따라 외국으로 자주 가는 독수리, 가끔 가는 기러기, 보낸 후 한 번도 못 가는 펭귄으로 비유한다.
- "당신은 설명해 줘도 몰라." : 오랜 유학 기간 동안 자녀는 엄마와 관계가 깊어지고 아버지와는 단절된 관계를 보여준다.
- 할머니들의 모임과 할아버지들의 모임 : 서로의 시각차를 비교해보자.
- 할아버지와 할머니가 다툼 : 자아실현을 위해 늦은 나이에도 공부하고 노력하는 할머

니에 비해 세상의 변화에 적응하기 힘들어하지만 변화할 용기가 없고 타인을 배려하는 일에 익숙하지 않은 할아버지와의 갈등이 다툼으로 변한다.

영화 이야기 나누기

- 승윤이가 공부하는 것에 부담을 느끼는 이유는 무엇인가?
- 한창수와 이주훈이 화해하게 된 이유는 무엇인가?
- 독수리, 기러기, 펭귄 아빠는 무엇을 말하는 것인가?
- 할아버지와 할머니는 왜 다투었는가?

감상 후 활동

- **자유발표**: 나의 생활과 연결하여 이야기하기. 4가지의 에피소드 중 가장 공감되는 것은 무엇인지 찾아보고 이야기해보자.
- **영화 토의**: 우리 일상에서 편견으로 인해 쉽게 하는 말은 무엇인지 찾아보자.
  - 영화에서 나오는 편견의 예를 먼저 찾는다.
  - 생활에서 우리가 쉽게 하는 편견의 예를 찾는다.
  - 확장 토의: 가족의 사이에서 오해와 편견을 가지는 것은 어떤 것인지 찾아보자.

한 걸음 더

인권에 대한 영화지만 에피소드의 진행상 성장과 가족에 관한 이야기 속에서 편견과 오해에 관한 내용이 많다. 각 에피소드의 인물은 독립적으로 존재하지 않고 서로 이어져 있으므로 분절적으로 수업하는 것보다 통합적으로 접근하는 것이 좋다.

차별과 편견에 관한 영화

말아톤
(Malaton, 2005)

장르(국가) 드라마(한국) ‖ **상영시간** 115분 ‖ **등장인물** 초원이(주인공), 엄마, 아빠, 코치, 중원(초원이 동생) ‖ **공식 등급** 전체 관람가 ‖ **차쌤 추천 등급** 4학년 이상 ‖ **핵심 주제** 장애 이해, 편견 극복, 성장

영화 소개

초코파이와 얼룩말을 좋아하는 초원이는 자폐증이 있다. 엄마는 매우 슬퍼하지만, 좌절하지 않고 초원이를 위해 헌신한다. 그러던 중 초원이가 달리기에 재능이 있다는 사실을 알고 희망을 품는다. 어느덧 성장해 20살 청년이 되었지만, 지능은 5살에 머문 초원이는 과연 마라톤 선수가 될 수 있을까?

눈여겨볼 장면

- **초원이의 특이한 행동** : 주변 사람들에게 관심이 없는 모습(영화 초반), 초코파이와 얼룩말 좋아하기, 동생에게 존댓말 쓰기, 아무 때나 방귀 뀌고 막 춤추기, 사소한 것이라도 기억한다.
- **초원이 엄마의 모습** : 자폐증이 있는 초원이의 모습에 슬퍼하고 좌절하지만, 끝까지 포기하지 않는 모성. "저의 소원은 초원이보다 하루 먼저 죽는 거예요." "20년을 벌 받으며 사는 거예요."
- **코치의 태도 변화** : 귀찮아서 100바퀴를 뛰라고 했는데 기진맥진 그걸 다 뛰는 초원이를 보며 자폐를 이해하고 마음을 바꾼다.
- **초원이 엄마와 코치의 갈등** : 어릴 때보다 훨씬 나아진 초원이를 바라보는 엄마와 마라톤 선수로는 부적합한 초원이를 바라보는 코치의 인식 차이. 엄마가 초원이에 대한 사랑과 집착의 경계가 모호함을 보여준다.
- **중원(초원이 동생)과 엄마와의 갈등** : 초원이에게만 관심 있는 엄마에게 사랑을 못 받았다고 생각하는 동생 중원과 초원이를 이해해달라고 하는 엄마가 갈등한다.
- **"초원이 안 쓰러져요." 자신의 다리 상태를 스스로 말하는 초원이** : 마라톤 대회 참가를 말리는 엄마와 뛰고 싶어 하는 초원이의 극적인 모습. 엄마를 벗어나 스스로 선택하고 결정하려는 초원이의 행동.

영화 이야기 나누기

- 초원이의 특이한 행동은 어떤 것이 있었나?
- 초원이 엄마의 모습 중 생각나는 것을 말해보자.
- 코치 선생님은 무엇 때문에 자폐인 초원이를 이해하게 되었는가?
- 중원이는 왜 엄마와 갈등했는가?
- 초원이는 왜 마라톤 대회에 꼭 참가하고 싶었을까?

감상 후 활동

- 3단계 편지쓰기
  - 1단계 : 초원이 혹은 엄마가 되어 하고 싶은 말을 적는다.
  - 2단계 : 초원이와 엄마를 바라보는 다른 가족이나 등장인물을 정해 대신 편지쓰기
  - 3단계 : 내가 초원이 혹은 엄마에게 하고 싶은 말 쓰기

한 걸음 더

이 영화는 2002년에 자폐의 장애를 가지고 있으면서 국내 최연소 철인 3종 완주기록을 가지고 있는 당시 19살인 배형진 군의 실화를 소재로 했다. '말아톤'은 심리적인 묘사와 극적 상황을 많이 묘사하고 있어 등장인물들의 감정표현이 더 많이 나온다. 초원이를 대하는 엄마의 모습은 바람직한 양육의 태도로 접근하기보다 심경의 변화에 중점을 주는 것이 좋다.

차별과 편견에 관한 영화

잭
(Jack, 1996)

장르(국가) 코미디, 드라마(미국) ‖ **상영시간** 113분 ‖ **등장인물** 잭(주인공), 엄마(카렌), 아빠(브라이언), 마르케즈(선생님), 우드러프(가정교사), 루이스(잭 친구) ‖ **공식 등급** 12세 관람가 ‖ **차쌤 추천 등급** 5학년 이상 ‖ **핵심 주제** 자아 성찰, 성장, 배려, 편견 극복, 장애 이해

영화 소개
10달 만에 태어날 아이가 10주만에 태어나고 생체시계가 남들보다 4배 빨리 돌아가는 잭. 이제 10살이 된 잭은 40대 아저씨의 몸을 가지고 있지만, 마음은 10살이다. 남들처럼 학교에 가고 싶어 하는 잭은 드디어 꿈에 그리던 학교로 가는데 처음으로 자신이 평범하지 않다는 사실을 알게 된 잭의 앞날은 어떻게 될까.

눈여겨볼 장면
- 학교에 가고 싶어 하는 잭 : 학교에 가야 한다는 로렌스 선생님의 의견과 걱정하는 부모의 마음을 살펴보자.
- 상자 안에서 놀고 있는 잭과 호들갑 떠는 잭
  - 처음 학교에 갔다 와서 적응을 잘 못 해 상자 속에서 웅크리며 말을 하지 않으려는 잭에게 엄마와 아빠는 계속해서 말을 건다.
  - 농구를 통해 자신감을 찾게 된 잭은 학교에서 돌아와 호들갑을 떨며 아빠에게 전화하며 즐거워한다.
- 상자 안에서 이야기를 나누는 엄마와 아빠 : 잭은 성장해서 아이들과 즐겁게 놀 때 엄마와 아빠는 뭔가 상실감에 빠진다.
- 아이들 곁으로 다시 돌아온 잭 : 잭을 보고 싶어 하는 아이들과 건강 문제로 학교 가지 못하는 잭. 아이들로부터 용기 얻는 잭과 잭으로부터 용기 얻는 아이들의 모습이 인상적이다.
- "난 성공했어요. 이제 어른이 되었어요." : 잭이 고등학교를 졸업하며 할아버지 모습이 되어 연설하는 명장면. 가슴 깊이 올라오는 감동을 느껴보자.

영화 이야기 나누기
- 잭은 왜 덩치가 큰데도 학교에 가지 못했는가?

- 잭에게 몸을 숨기는 상자는 어떤 의미가 있는가?
- 잭이 처음으로 아이들과 친해지게 될 수 있었던 것은 무엇 때문인가?
- 건강이 안 좋아 학교를 쉬던 잭이 다시 돌아오게 된 이유는 무엇일까?
- "난 성공했어요. 이제 어른이 되었어요"라고 잭이 말한 이유는 무엇일까?

감상 후 활동
- 미래의 나의 모습 상상하고 그려보기
- 미래의 나에게 편지를 써보기
- 역할놀이 : 현재 나의 모습과 미래 나의 모습의 변화 표현하기
  - 나는 ○○입니다. 10년이 지난 뒤의 모습을 상상해 보겠습니다.
  - 차례대로 20년, 30년, 40년 뒤의 모습을 상상해 표현하면 자신의 인생을 상상해 볼 수 있다.

한 걸음 더
조로증은 어린아이에게 초기 노화현상이 나타나는 희귀한 유전적 질병이지만, 영화에서 잭의 성장은 조로증과는 차이가 있고 극을 위한 설정이다. 루이스의 엄마가 잭을 유혹하는 장면은 아이들에게 정확하게 상황을 설명해주는 것이 바르게 이해하는 데 도움된다. 핵심은 루이스 엄마는 잭이 어른이라고 생각했기 때문에 좋아한 것이고 술집에서 어른들이 잭에게 시비를 건 이유도 잭이 어리다는 것을 몰랐기 때문이다.

> 차별과 편견에 관한 영화

아이 엠 샘
(I Am Sam, 2001)

장르(국가) 드라마(미국) ∥ **상영시간** 131분 ∥ **등장인물** 샘(아빠, 주인공), 레베카(엄마), 루시(딸), 리타(샘 변호사), 애니(루시를 돌봐준 옆집 아주머니), 터너(상대 변호사), 샘 친구 4인방(지적장애 친구들), 윌리(리타의 아들), 랜디(루시의 양엄마) ∥ **공식 등급** 12세 관람가 ∥ **차샘 추천 등급** 5학년 이상 ∥ **핵심 주제** 가족의 사랑, 편견의 극복

영화 소개
지적장애로 7살 지능인 샘은 커피 전문점에서 일하면서 혼자서 딸 루시를 키우고 있다. 사랑스러운 딸 루시는 아빠를 좋아하고 샘도 같은 장애를 가진 친구들과 힘을 합쳐 루시를 잘 돌보고 있었다. 하지만 루시가 7살이 되면서 너무 똑똑해져 아빠와 멀어질 것을 두려워하여 학교 수업을 태만히 하고, 급기야 사회복지기관에서 샘은 아빠에게 양육능력이 없다는 판정을 받게 된다.

눈여겨볼 장면
- 샘과 루시의 첫 대화 : 세상에 대한 궁금증을 물어보는 루시와 천진난만하게 대답하는 샘. 부녀지간의 사랑을 보여주는 장면이면서 앞으로의 갈등을 암시하는 복선.
- 글을 읽으려고 하지 않는 루시 : 아빠보다 똑똑해지는 것을 두려워하는 루시는 자신이 성장하면 아빠와의 관계가 예전과 달라지고 아빠와 멀어질 것 같아 걱정한다.
- 법원에서 양육권 박탈을 당하는 샘의 표정 : 샘은 왜 자신이 루시와 함께 살지 못한다는 판사의 법률적인 용어를 이해하지 못한다. 샘이 슬퍼하는 표정에 주목하자.
- 유능한 변호사이지만, 자기 아들에겐 시간을 못 내는 리타 : 지적 장애가 있는 샘은 자신의 모든 것을 딸을 위해 헌신하지만, 샘보다 가진 것이 많은 리타는 자기 아들에게는 바쁘다는 이유로 소홀하다.
- 샘이 생각하는 좋은 부모의 역할 : 법정에서 지적 장애로 인해 부모의 역할을 할 수 있겠느냐는 터너(변호사)의 질문에 좋은 부모는 항상 곁에 있으면서 참고 들어주는 것이라 말한다.

영화 이야기 나누기
- 샘은 왜 루시를 혼자 키우게 되었는가? : 루시가 태어나자마자 엄마가 샘과 루시를 버

리고 떠났다.
- 리타는 왜 샘을 위해 무료변론을 맡았는가?
- 샘이 생각하는 좋은 부모는 어떤 부모를 말하는가? : 재판 과정을 떠올리게 한다.

감상 후 활동

- 영화 토론 : 샘은 아빠로서 자격이 있는가?
  - 있다 : 지적 능력이 떨어지더라도 자녀를 사랑하는 마음만 있으면 키우는 데는 아무런 문제가 없다.
  - 없다 : 자녀 양육은 현실이다. 영화 초반부에 샘이 루시를 키울 때 어려움을 보면 샘의 지적 장애는 루시에게 생명의 위협이 될 수도 있었다. 루시가 커 갈수록 갈등은 더 커질 것이다.

한 걸음 더

리타는 처음엔 샘의 변론에 관심이 없다가 남을 돕는다는 명성을 얻기 위해 일부러 무료변론을 맡는다. 영화에서는 자세한 상황설명이 없으므로 설명해주는 것이 좋다. 샘이 루시에 대한 양육권을 되찾기 위한 법정 공방에 나오는 용어들은 초등학생이 이해하기 조금 어려운 면이 있다.

차별과 편견에 관한 영화

주토피아
(Zootopia, 2016)

장르(국가) 애니메이션(미국) ‖ **상영시간** 108분 ‖ **등장인물** 주디(토끼), 닉(여우), 보고(물소, 경찰국장), 라이언 하트(사자, 시장), 벨 웨더(보좌관), 클로하우저(호랑이, 민원담당), 가젤(가수), 미스터 빅(마피아 보스), 나무늘보 직원 ‖ **공식 등급** 전체 관람가 ‖ **차쌤 추천 등급** 3학년 이상 ‖ **핵심 주제** 편견의 극복

영화 소개

육식동물과 초식동물이 서로 사이좋게 살아가는 '주토피아'에서 토끼 '주디 홉스'는 경찰이 된다. 천신만고의 노력으로 '주디'는 경찰학교 수석 졸업의 영예를 안고 주토피아의 '라이언 하트' 시장 직권으로 가장 중심가에서 근무할 기회를 얻지만, 동료 경찰로 인정받지 못하고 주차단속 등 허드레 업무만 맞는다. 그러다 수달 아빠 실종 사건을 48시간 이내에 해결하라는 임무를 받게 되고, 뻔뻔한 사기꾼인 여우 '닉 와일드'에게 도움을 요청하여 본격적으로 사건의 진상을 수사해나간다. 과연 주디와 닉은 이 거대한 사건을 해결할 수 있을까?

눈여겨볼 장면

- **다양한 동물들의 천국, 주토피아의 두 얼굴** : 동물들의 유토피아처럼 보이는 주토피아는 한 꺼풀 벗겨보면 차별과 편견이 존재하는 이중적인 곳이다. 이동의 자유는 몇몇 동물에게만 주어지고, 경찰대를 졸업한 주디도 토끼라는 이유로 차별받는다.
- **주디와 닉의 편견과 차별 극복** : 주디와 닉은 각자 조금 다른 방법으로 편견과 차별을 극복한다. 먼저 주디는 처한 현실을 이겨내는 노력형이다. 그래서 현실에 굴복하지 않고 정면으로 돌파한다. 닉은 세상의 편견을 역이용하여 살아가는 현실 적응형이다. 그래서 현실을 인정하고 거기서부터 가장 합리적으로 돌파할 수 있는 방법을 찾아 자기 방식대로 현실을 수용한다.
- **"변화의 시작은 당신이고 바로 나 정확히 우리 모두다"** : "두려워할 것은 두려움뿐" 주디의 외침은 변화의 시작은 우리 자신이라는 점을 명확히 한다. 각자 작은 부분에서 변화를 시작하면, 그 변화가 결국 사회 전체에 영향을 미친다는 의미를 가지고 있다. 아이들이 생각하는 세상은 엄청나게 크다고 생각하지만 직접 영향을 주고받는 세상은 의외로 작을지도 모른다. 변화에는 용기가 필요하다. 용기는 자신을 바꾸는 것부터

시작해서 가족과 친구에게 영향을 준다. 변화하려면 두려움이 생긴다. 두려움의 실체는 세상의 차별과 편견이 아니라 변화할 수 있을까 의심하는 자신에게 있다.

영화 이야기 나누기

- 주디는 왜 경찰이 되고 싶어 했는가?
- 닉은 자신에 대한 오해에 어떻게 행동했는가?
- 주디와 닉은 자신이 가지고 있는 편견을 어떻게 극복했는가?
- 벨 웨더의 진짜 모습은 무엇인가?

감상 후 활동

- 등장인물에게 편지쓰기
    - 편견을 주제로 쓰면 더 좋다.
    - 주인공이 아니어도 상관없다.
- 영화 토론
    - 영화 속 중요 메시지를 찾아 그것에 대한 찬반 의견 발표하기
    - 적당한 토론 예시) 1.닉이 살아가는 방법에 대하여. 2.체력이 강해야 경찰을 할 수 있는가?

한 걸음 더

이 영화는 에니메이션임에도 불구하고 풍자적인 요소와 표현이 많다. 특히, 다양성의 가치를 지향하면서도 인종차별 등의 갈등이 끊이지 않는 미국 사회를 많이 표현했기 때문에 정서상 확 와 닿지 않을 수 있다. 그래서 다양성의 이해와 존중이란 측면에서 접근하는 것을 권한다. 특히, 다양성 존중이 다소 부족한 우리 현실을 돌아보게 하는 것도 좋은 방법이다.

> **꿈과 끼를 찾는 영화**

세 얼간이
(3 Idiots, 2009)

장르(국가) 드라마(인도) ‖ **상영시간** 170분 ‖ **등장인물** 란초(주인공), 파르한, 라주, 피아(란초 여자친구), 차투르(별명 소음기), 조이(모형헬기제작), 총장(별명 바이러스) ‖ **공식 등급** 12세 관람가 ‖ **차쌤 추천 등급** 5학년 이상 ‖ **핵심 주제** 자신의 진로를 찾는 법, 진정한 공부

영화 소개

인도의 일류 명문대인 ICE에 란초라는 괴짜 학생이 입학했다. 공학자가 되기 위해 입학했지만 자기 꿈은 무엇인지 모르는 파르한, 가난한 식구를 책임져야 하는 라주와 함께 세 명이 뭉쳤지만, 그들은 얼간이로 취급받는다. 무조건 일등을 해야 하는 차투르는 그들을 비웃는데. 과연 세 얼간이가 어떤 말썽을 부릴지 지켜보자.

눈여겨볼 장면

- "알 이즈 웰(모두 잘 될 것이다 : All is well의 인도식 발음)" : 매사에 긍정적인 자세로 살아가는 란초의 삶을 한마디로 표현한 말. 삶을 힘들어하는 라주와 파르한에게 희망을 주고 다른 학생들에게도 영향을 준다.
- 조이의 죽음을 통해 나타난 총장과 란초의 갈등
  - 총장 : 최고의 교수와 경쟁하는 학생은 인도의 최고대학으로 만들었다.
  - 란초 : 새로운 아이디어와 발명엔 관심 없고 경쟁만 있는 공학은 문제 있다.
- 일등만 하려는 차투르의 삶 : 의미는 필요 없이 무조건 외우고 일등을 하기 위해서라면 다른 학생들을 방해한다. 의미를 알지 못한 채 외운 연설을 하다 세 얼간이의 꼬임에 빠져 망신을 당한다.
- 자살하려는 라주와 친구들의 노력 : 공부 때문에 스트레스 받던 라주의 일탈을 용서하지 않던 총장의 모든 책임이 란초에게 있다는 거짓말을 하면 용서해준다는 말에 갈등하다 자살하려 한다. 친구들의 열정적인 도움으로 목숨을 구한 라주는 자신이 원하는 삶을 살아간다.
- 자신의 진로에 관해 이야기하는 파르한 : 인도에서 가장 유명한 공대에 가서 공학자가 되길 바라는 아버지는 주변의 시선을 의식하지만, 파르한은 동물사진작가가 되고 싶어 한다. 파르한이 이겨낸 것은 바로 두려움이며 그것을 도와준 것은 란초다.

영화 이야기 나누기

- 매사에 긍정적인 자세로 살아가는 란초의 삶을 표현하는 가장 적절한 대사는?
- 조이의 죽음을 통해 나타난 총장과 란초의 갈등한 이유는 무엇인가?
- 차투르의 인생 목적은 무엇이었는가?
- 라주는 왜 목숨을 끊으려고 했는가?
- 파르한이 진정 되고 싶었던 것은 무엇이며 어떻게 아버지를 설득했는가?

감상 후 활동

- 영화 토론 : 바이러스 총장과 차투르의 삶의 방식은 과연 나빴는가?
  - 나빴다 : 인생은 경쟁만 있는 것이 아니다. 진정한 삶의 방식은 아니다.
  - 나쁘지 않다 : 열심히 해서 잘 먹고 잘산다고 하는 것이 나쁜 것만은 아니다.

한 걸음 더

토론을 진행할 때 영화 상황만 주어지면 바이러스 총장과 차투르는 악당이 되어버린다. 따라서 경쟁의 당위성(총장), 잘 살고 싶은 욕망(차투르)으로 치환하여 토론하는 것이 적절하다. 소개된 영화 중 상영시간이 가장 길다. 인도영화의 특성상 노래와 연기가 나오며 대사는 인도어와 영어가 섞여 있다.

꿈과 끼를 찾는 영화

스쿨 오브 락
(The School Of Rock, 2003)

장르(국가) 코미디(미국) ‖ **상영시간** 108분 ‖ **등장인물** 듀이/슈니블리(주인공/학교에서 가명), 섬머(반장), 잭(기타), 로렌스(키보드), 케이티(베이스기타), 프레디(드럼), 토미카(싱어) ‖ **공식 등급** 전체 관람가 ‖ **차쌤 추천 등급** 5학년 이상 ‖ **핵심 주제** 도전, 용기, 극복

영화 소개

록 밴드를 하는 듀이는 밴드에서 쫓겨나고 급한 김에 친구를 사칭해 명문 초등학교 임시 음악 교사로 취업한다. 공부를 가르칠 생각 없이 시간 때울 생각만 하던 듀이는 기발한 생각을 떠올린다. 바로 아이들에게 록음악을 가르쳐 록 밴드 경연대회에 나가기로 하는 것. 클래식 기타, 피아노, 첼로 등만 다뤄본 아이들이 과연 경연대회에 나갈 수 있을까?

눈여겨볼 장면

- 클래식 음악 수업을 하는 모습을 통해 밴드를 만들려는 듀이 : 임시 음악 교사이면서도 아무것도 가르치지 않던 듀이는 아이들이 클래식 악기 수업을 하는 것을 보고 밴드를 만들려는 시도를 학급 프로젝트로 만든다. 클래식 기타, 피아노, 첼로, 심벌즈를 연주하던 아이들을 기타, 키보드, 베이스기타, 드럼 역할을 하고 나머지는 백싱어 그리고 반장은 매니저에 임명한다. 아들의 욕망과 듀이 자신의 욕망이 적절하게 응용하고 모든 아이에게 역할을 준다.
- 록음악을 하는 이유를 설명하는 듀이 : 기존의 권위에 도전하고 자신이 하고 싶은 것과 자신의 있는 그대로를 표현하는 것이 록음악이라고 알려준다. 아이들이 하기 싫어하는 것을 모아 즉석에서 곡을 만든다.
- 토미카에게 힘을 주고 프레디에게 충고하는 듀이 : 록 밴드 예선전에서 뚱뚱하다고 다른 사람들이 놀림당할 거라 생각하는 토미카에게 노래의 재능을 발휘하는 것이 자신을 이기는 방법이란 것을 알려주고 프레디에게는 겉멋이 아닌 자신의 임무에 충실한 것이 진정한 록커라 일러준다.
- 듀이의 정체를 알게 된 아이들의 선택 : 듀이가 자격 없는 교사임이 밝혀진 뒤 아이들은 자발적으로 록 밴드 경연대회에 참여한다. 음악을 통해 자신이 하고 싶은 것이 더 중요하단 사실을 깨닫는다.

영화 이야기 나누기

- 듀이는 어떻게 초등학교에서 록 밴드를 만들게 되었는가?
- 아이들이 듀이가 설명하는 록음악에 빠져들고 열중하는 이유는 무엇일까?
- 듀이는 토미카와 프레디에게 어떤 격려와 충고를 했는가?
- 듀이가 쫓겨나고 난 뒤 아이들은 어떻게 했는가?

감상 후 활동

- 영화 감상평 : 나만의 교실의 선생님이 되어 본다면
  - 내가 만약 교사가 된다면 무엇을 가르칠 것인지 생각하고 써 본다.
  - 어떤 것을 가르치고 싶은지 순서를 정해 보도록 하고 그것을 왜 해야 하는지 근거를 쓴다.

한 걸음 더

전통적인 교사의 역할에서 벗어난 듀이가 가르치는 내용보다 듀이가 아이들의 욕구와 자신의 욕망을 밴드를 통해 공감대를 형성하는 것에 대해 중점을 두고 감상하는 것이 좋다. 시간 여유가 있으면 영화 토의를 통해 어떤 것을 가르치고 어떤 것을 가르치지 말아야 할 것인지 구체화해보는 것도 좋다.

꿈과 끼를 찾는 영화

쿨러닝
(Cool Runnings, 1993)

장르(국가) 코미디(미국) ∥ **상영시간** 95분 ∥ **등장인물** 데리스, 주니어, 율, 쌍카(이상 선수), 블리처(코치) ∥ **공식 등급** 전체 관람가 ∥ **차쌤 추천 등급** 4학년 이상 ∥ **핵심 주제** 용기와 의지, 포기하지 않는 열정, 편견의 극복

영화 소개

1988년 서울올림픽을 목표로 운동하던 자메이카에서 육상선수들이 선발전에서 탈락하자 동계 올림픽이라도 출전하고 싶어 왕년의 봅슬레이 금메달리스트인 블리처를 찾아가 코치가 되어줄 것을 부탁한다. 과연 한번도 눈을 구경하지 못한 더운 나라 선수들이 연습할 썰매도 없는 열악한 여건 속에서 어떻게 대회에 출전할 수 있을까.

눈여겨볼 장면

- **데리스와 블리처의 만남** : 블리처는 데리스의 코치 제안에 3가지 이유를 들어 거절한다. 자메이카는 눈이 없고, 올림픽은 3개월밖에 안 남았으며, 자신은 봅슬레이에 관심이 없다고 말한다. 과거 봅슬레이팀을 만들려고 했던 블리처의 기억을 되살린다.
- **올림픽에 출전할 경비를 마련한 주니어** : 자신 때문에 달리기경기를 망쳐 데리스와 율이 서울올림픽에 나가지 못했다고 생각해 자신의 차를 팔아 경비를 마련하고 주니어 역시도 아버지가 마련해준 안정된 직장을 버리고 자신의 꿈을 위해 투자한다.
- **자메이카 팀을 깔보는 다른 나라 선수들** : 블리처가 겨우 마련한 연습용 봅슬레이와 부족한 복장 거기다가 연습량이 부족해 사전 주행에서 완주조차 하지 못하는 실력은 다른 팀의 웃음거리가 되고 팀원들의 불화의 원인도 된다.
- **주니어와 아버지와의 대화** : 주니어를 데려오기 위해 직접 캘거리로 온 아버지는 집으로 돌아올 것을 명령하지만, 올림픽 선수로서 당당히 참여하겠다는 자기 뜻을 밝힌다. 어린이에서 사나이로 성장한 주니어의 모습에 율도 칭찬한다.
- **긴장을 이기기 위한 자메이카 팀만의 색깔 찾기** : 스위스 팀의 경기 모습을 따라 하다 꼴찌를 한 자메이카 팀은 부담감을 덜어버리고 원래 즐기기 좋아하는 자신들의 본래 모습으로 돌아간다.
- **과거 부정행위를 했던 블리처와 데리스와의 대화** : 금메달을 두 개나 딴 블리처가 왜 부정행위를 해서 제명되었는지 데리스는 궁금해한다. 당시 블리처는 승리 이외에는 어

떤 것도 눈에 들어오지 않았다고 고백한다.

영화 이야기 나누기

- 블리처가 봅슬레이팀을 만들자는 데리스의 제안을 받아들인 이유는 무엇인가?
- 왜 주니어는 안정된 직장을 버리고 자신의 차를 팔아 출전 경비를 마련했는가?
- 자메이카 봅슬레이팀을 깔보는 이유는 무엇이었는가?
- 주니어와 아버지와의 갈등은 무엇이며 어떻게 해결했는지 찾아보자.
- 긴장해서 실력을 발휘하지 못 했던 자메이카 팀은 어떻게 했는가?

감상 후 활동

- 편지쓰기 : 자메이카 팀을 응원하며 자신의 꿈도 이야기한다. 자메이카 팀 전체에게 쓰거나 주인공 한 명 한 명에게 따로 쓸 수 있다.

한 걸음 더

1988년 캘거리 동계올림픽에 출전한 자메이카 봅슬레이팀의 실화를 소재로 한 영화로 약간의 각색을 했다. '쿨러닝'의 의미는 자메이카팀의 응원구호로 '무사히 경기를 마친다'라는 의미이다.

빌리 엘리어트
(Billy Elliot, 2000)

장르(국가) 드라마(영국) ‖ **상영시간** 110분 ‖ **등장인물** 빌리(주인공), 아버지, 토니(형), 할머니, 윌킨스 선생님(발레 코치), 데비(발레 소녀), 마이클(빌리의 친구) ‖ **공식 등급** 12세 관람가 ‖ **차쌤 추천 등급** 5학년 이상 ‖ **핵심 주제** 용기와 의지, 포기하지 않는 열정, 편견의 극복

영화 소개

11살 빌리는 탄광에서 파업 중인 아버지와 형 그리고 할머니와 함께 산다. 빌리는 할아버지의 글러브를 끼고 복싱을 배우지만 같은 체육관에서 열리는 발레교실을 몰래 찾는다. 빌리가 발레에 재능이 있다는 사실을 알게 된 윌킨스 선생님은 빌리에게 로열발레학교 오디션을 보라고 권유하는데.

눈여겨볼 장면

- **발레를 처음 경험하는 빌리** : 체육관 열쇠를 전해줘야 하는 빌리는 처음으로 발레를 보게 된다. 음악에 따라 몸이 움직이는 것을 느끼고 자연스럽게 수업에 참여한다. 빌리의 재능을 발견하고도 심드렁하게 대하는 윌킨스 선생님을 주목하자.
- **처음으로 회전을 성공한 빌리의 모습** : 회전연습을 하기 위해 몰래 발레 책도 훔친 빌리는 성공하게 되고 세상을 다 가진 듯 거리에서 춤을 추며 돌아온다.
- **발레를 반대하는 아버지와 빌리의 갈등** : 자신이 하고 싶은 것을 해야 한다고 생각하는 빌리와 남자는 축구, 복싱, 레슬링 등을 해야 하고 여자는 발레를 해야 한다고 생각하는 아버지는 갈등하고 빌리의 마음은 무척 화가 나 있다.
- **빌리와 갈등하는 윌킨스 선생님** : 빌리 가족의 갈등으로 인해 빌리 역시 방황하고 개인연습을 해주던 윌킨스 선생님에게 심한 말을 하다가 뺨을 맞는다. 빌리는 마음에도 없는 말로 윌킨스 선생님께 화풀이하고 윌킨스 선생님은 빌리를 때렸다는 미안함에 서로 화해하고 다시 연습한다.
- **아버지와 형 그리고 윌킨스 선생님의 갈등** : 윌킨스 선생님의 로열발레스쿨 오디션 제안에 아버지와 형은 격렬하게 반대한다. 한편 이런 갈등 상황 속에 빌리는 자신의 감정을 움직임과 춤으로 표현한다. 빌리의 의지를 확인한 아버지는 비난을 무릅쓰고 파업을 포기한다.
- **"춤출 때 기분이 어땠니?"** : 오디션과 인터뷰를 망치고 마지막으로 들었던 질문. 모든

것이 사라지고 자신을 잊어버리는 것 같다고 말한 빌리의 대답이 인상적이다.

영화 이야기 나누기

- 빌리는 어떻게 발레를 경험하게 되었는가?
- 처음으로 회전에 성공한 빌리는 어떤 행동을 했으며, 무슨 느낌이 들었는가?
- 발레에 대해 아버지와 빌리는 어떤 입장이며, 왜 다투었는가?
- 춤출 때 빌리는 어떤 느낌이었다고 했으며, 그것이 의미하는 것은 무엇일까?

감상 후 활동

- 편지쓰기 : 빌리를 응원하며 자신의 꿈도 이야기한다. 꿈을 키우는 빌리의 모습이 드러나게 쓰면서 자신도 꿈을 찾기 위해 어떤 노력을 하는지 적어본다.

한 걸음 더

빌리와 데비의 대화에 야릇한 느낌이 나는 상황이 나오고 마이클의 동성애적 성향은 데비와 마이클이 빌리에 대한 좋은 감정을 표현하는 현상으로 이해한다.

꿈과 끼를 찾는 영화

몬스터 대학교
(Monsters University, 2013)

장르(국가) 애니메이션(미국) ‖ **상영시간** 110분 ‖ **등장인물** 마이크, 설리, 울지마 까꿍(마이크와 설리의 팀), 으르렁 히어로(최강 우승후보팀), 하드스크래블(학장) ‖ **공식 등급** 전체 관람가 ‖ **차쌤 추천 등급** 3학년 이상 ‖ **핵심 주제** 자신감, 자신의 재능 발견, 동료에 대한 믿음

영화 소개
'몬스터 주식회사'에서 최강의 콤비를 이루던 호탕한 설리와 재치 만점의 마이크가 12년 전으로 돌아가 풋풋한 대학생 풋내기 시절의 모습을 보여준다. 하지만 처음부터 둘은 친한 사이가 아니라 성격과 태도가 전혀 다른 앙숙이었는데.

눈여겨볼 장면
- **마이크와 설리의 개성 살피기** : 마이크의 귀여운 외모는 몬스터 세계에서는 최악의 조건이지만 누구에게도 뒤지지 않을 노력과 재치를 가진 반면, 설리는 모든 몬스터가 부러워할 재능을 타고 났지만 재능만 믿고 그다지 노력하지 않는 스타일이다. 마이크가 보기엔 설리의 능력은 매우 부럽고 한편으로는 능력만 믿고 노력하지 않는 설리의 시건방짐을 싫어한다. 한편 설리가 사사건건 참견하고 간섭한다고 생각한다. 마이크가 능력은 없으면서도 해보지 않은 것도 해본 것처럼 책에서 얻은 지식이 자기 것이라고 착각하는 것이라 생각하고 무시하고 경멸한다.
- **최강의 '으르렁 히어로' 팀과 최악의 '울지마 까꿍' 팀의 대결** : 겁주기 대회를 위해 태어났을 법한 외모를 가진 몬스터들의 '으르렁 히어로'와 몬스터계의 엄친아 설리를 제외하고는 하나같이 귀여운 외모로 주목 받지 못하는 무늬만 몬스터들만 급히 모은 '울지마 까꿍'의 대결은 처음부터 결과가 예상된다. 개개인의 우수한 재능을 이용해 시합에 나서는 '으르렁 히어로'에 비해 마이크의 작전과 설리의 재능 그리고 평범함 속에 숨겨진 다른 팀원들의 주목받지 못하는 재능을 조합하여 '울지마 까꿍'은 모든 출전팀 중 가장 낮은 순위로 시작해서 우승에 이르게 된다.
- **이야기된 공포는 공포가 아니다** : 분명 괴물들이 주인공이지만 전혀 무섭지 않다. 웃고 즐기며 영화를 보면서 몬스터는 무서운 것이라는 것을 아이들은 잊어버린다. 이유는 무엇일까? 귀신이나 괴물이 무서운 건 잘 모르기 때문이다. 알고 나면 긴장은 되더라도 공포스럽진 않다.

영화 이야기 나누기

- 마이크와 설리가 서로를 미워하는 이유가 무엇인지 알아보자.
- '울지마 까꿍'팀이 역경을 이겨내고 우승한 가장 큰 이유는 무엇일까?
- 괴물에 관한 이야기이지만 무섭지 않은 이유가 무엇일까?

감상 후 활동

- 몬스터 대학교 포스터 만들기 : 영화 소개 포스터를 만들어도 되고 몬스터 대학교(입학을 권유하는) 포스터를 제작해도 된다.

한 걸음 더

'몬스터 대학교'는 원작인 '몬스터 주식회사'의 과거로 돌아가는 프리퀄 영화이다. 대학교 때 애칭으로 불리던 설리가 설리반이라는 정식 이름으로 불리는 것을 확인하는 것도 소소한 재미이고, 인간 아이로 출연하는 귀염둥이 캐릭터 '부'의 깜찍함을 볼 수 있다. '몬스터 대학교'에서는 마이크가 비중이 컸다면, 전작인 '몬스터 주식회사'에서는 설리반(설리)이 메인 주인공으로 나오는 점도 이채롭다.

> 꿈과 끼를 찾는 영화

빅 히어로
(Big Hero 6, 2014)

장르(국가) 애니메이션(미국) ‖ **상영시간** 108분 ‖ **등장인물** 테디(형), 히로(동생), 베이맥스(힐링 로봇), 고고 · 프레드 · 허니레몬 · 와사비(테디의 친구들), 캐스 이모, 캘러한(교수) ‖ **공식 등급** 전체 관람가 ‖ **차쌤 추천 등급** 3학년 이상 ‖ **핵심 주제** 재능을 키우는 고통

영화 소개

부모 없이 이모와 사는 테디와 히로. 로봇 과학 분야에 천재적인 실력을 가지고 있는 형 테디는 항상 동생 히로에 대한 걱정이 많다. 테디는 뭔가 도움을 주고 싶어 한다. 마침, 자신이 다니는 STT 공대의 로봇과학연구소에서 로봇 관련 축제에 참가를 권유하고, 히로도 창의적인 로봇을 발표하여 최고의 인기를 얻는다. 이것을 지켜본 캘러한 교수는 히로의 대학 입학을 권한다. 하지만 기쁨도 잠시, 의문의 화재가 일어나고 형 테디는 죽음을 맞이한다. 히로는 깊은 절망에 빠져 집에만 머문다. 하지만 형이 남긴 마지막 선물인 힐링 로봇 베이맥스의 존재를 알게 되어 조금씩 기력을 회복하는 히로는 가면을 쓴 정체불명의 악당이 나노 로봇으로 도시를 파괴하는 모습을 보자 세상을 구하려고 한다. 과연 어설픈 베이맥스와 함께 히로는 이 난관을 이겨낼 수 있을까?

눈여겨볼 장면

- **잘나고 똑똑하다고 고통이 없는 건 아냐** : 히로는 많은 상처가 있다. 세상에서 가장 의지하던 형의 갑작스러운 죽음은 히로에게는 세상이 무너지는 충격과도 같은 고통이다. 형이 죽고 난 뒤 히로의 웅크린 모습을 상기하며 이야기를 나눠보는 것이 좋다. 아이들은 나보다 잘난 친구에 대한 부러움과 시기심을 함께 가진다. 그런 마음은 상대를 왜곡해서 받아들여 오해와 질투를 불러일으킨다. 상대를 왜곡 없이 바라볼 수 있어야 이해도 할 수 있다. 돋보이고 싶은 마음은 누구나 있기 마련이고, 질투하던 아이도 마찬가지다. 그러면서 조금씩 왜곡된 생각을 없앤다. 남도 나와 다르지 않다는 사실이 주는 안도감은 관계를 부드럽게 만든다.
- **"고통을 이겨내려면 발상의 전환이 필요해"** : 형의 죽음은 히로에게 엄청난 상처를 주었고 자신에게 주어진 모든 것을 포기하게 만들었다. 하지만 히로가 만든 로봇이 악당의 손에 넘어가서 도시를 파괴하고 사람들을 위험에 처하게 할 때 히로가 다시 일어나 악당과 맞서 싸울 수 있었던 이유가 있다. 또한 히로가 지니고 있던 화에 주목할

필요가 있다. 히로의 화는 형이 남긴 베이맥스와 함께 하며 조금씩 누그러진다. 화를 통해 입은 자신의 상처는 타인을 돕는 행위를 통해 치유되고 승화된다. 고통을 받고 상처가 생긴 아이는 마음의 위로와 치료가 병행되어야 한다. 하지만 오랫동안 그 상처로 고통받는다면 상처가 아닌 다른 것에 눈을 돌리게 해야 한다. 자신의 작은 노력으로 누군가를 도울 기회를 가질 때 오히려 도와주는 아이는 자신의 상처를 치유하는 경험을 하기도 한다.

영화 이야기 나누기

- 히로가 테드의 권유를 듣고 로봇축제에 참여한 까닭은 무엇인가?
- 히로가 테드를 얼마나 그리워했는지 생각하며 자신의 느낌을 이야기해보자.
- 베이맥스가 힐링 로봇에서 전투용 로봇이 된 이유는 무엇인가?
- 히로가 했던 발상의 전환이란 무슨 의미인가?

감상 후 활동

- 4컷 만화 만들기 : 영화의 줄거리가 잘 표현된 장면 4개를 선정해서 만화로 그려본다.

한 걸음 더

'빅 히어로'에서는 꿈과 끼를 키우는 것이 단순히 재능이 있느냐 없느냐로 결정되는 것이 아니란 점을 주목하자. 재능이 선천적인 것이라면 능력은 자신을 성장시키고 타인에게 도움이 되어야 진정한 성취의 행복을 느낀다. 특히, 재능이 있다고 해서 다 행복한 것은 아니란 점을 주인공 히로를 통해 입체적으로 표현했다. 재능을 건전한 능력으로 발현하기 위해서는 고통과 어려움 그리고 책무감이 따른다. 이 과정을 겪는 아이를 대하는 교사는 자신 있는 것을 자연스럽게 표현할 수 있도록 유도하는 것만큼, 좌절에 빠졌을 때 다시 회복할 수 있도록 조력해주는 것도 중요하다.

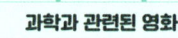
과학과 관련된 영화

천재 소년 지미 뉴트론
(Jimmy Neutron: Boy Genius, 2001)

장르(국가) 애니메이션(미국) ‖ **상영시간** 84분 ‖ **등장인물** 지미(주인공), 신디, 칼, 쉰, 닉, 가독(강아지) ‖ **공식 등급** 전체 관람가 ‖ **차쌤 추천 등급** 전 학년 ‖ **핵심 주제** 상상력, 용기, 가족애

영화 소개
몸을 풍선으로 감싸서 통통 튀어 버스만큼 빨리 달리는 슈퍼풍선, 곤충 크기로 사람이나 물건을 작게 만드는 축소광선 등 신기한 발명품을 만드는 천재 소년 지미 뉴트론. 어느 날 우주로부터 이상한 소리를 감지한 지미는 자신을 소개하는 영상을 우주로 띄워 보낸다. 한편 지미의 영상으로 지구에 대한 정보를 입수한 외계 제국 쿠버트 왕은 마을 어린이들이 놀이공원에 놀러 간 틈을 타 어른들을 모두 납치하는데.

눈여겨볼 장면
- 지미의 아침 등굣길 신기한 과학 로봇과 물품 : 옷 갈아 입혀주는 로봇, 이 닦아 주는 로봇, 머리 손질 로봇, 신발 끈 묶어주는 로봇. 버스를 놓친 지미는 슈퍼 풍선을 타고 버스를 쫓아간다.
- 외계인들이 지구를 침략한 이유 : 지미가 자신을 소개하는 영상을 우주로 쏘아 올리는데 그 영상을 외계인들이 보고 지구를 침략한 후 모든 어른을 납치한다.
- 어른들이 사라진 세상 : 처음엔 모두 신이 나서 마음껏 먹기, 어지르기, 오줌 싸면서 샤워하기, 끝까지 놀기 등 하지 말라고 했던 모든 것을 다 해본다. 신나게 놀고 세상을 엉망진창으로 만들었지만, 잔소리하던 부모님을 그리워한다.
- "너무 자책하지 마. 우린 빠져나갈 수 있어." : 부모님과 아이들이 외계인에게 잡혀있는 일이 모두 자기로부터 시작됐음을 알게 된 지미는 감옥 속에서 홀로 울고 있다. 그런 지미에게 신디는 위로와 용기를 주고 지미는 다시 기운을 차린다.
- "전 제가 똑똑하니까 뭐든 혼자 할 수 있다고 생각했어요." : 천재이기 때문에 혼자서 모든 것을 할 수 있다고 생각하던 지미가 자기 생각이 잘못됐음을 깨닫는다.

영화 이야기 나누기
- 지미가 등교할 때 쓴 과학 로봇과 물품은 어떤 것이 있었는가?
- 외계인들은 어떻게 지구를 침략하게 되었는가?

- 어른들이 사라진 세상에서 아이들은 무엇을 했는가?
- 신디는 지미에게 어떤 말을 해서 용기를 주었는가?

감상 후 활동

- 과학 상상 그리기 : 내가 만들고 싶은 과학 발명품을 상상해보자. 영화 속에서 지미 뉴트론이 만들었던 발명품처럼 거대한 것이 아닌 평소 우리 생활에 꼭 필요했던 것들을 위주로 생각해보자.
- 과학 상상 글짓기 : 내가 만든 과학 발명품으로 세상을 바꿀 수 있다면. 자신이 만든 발명품이 엄청난 인기를 끌게 된다면 사람들의 생활이 어떻게 바뀔 수 있을지 상상하여 글을 써보자.

한 걸음 더

아이가 만들고 싶은 발명품에 귀를 기울이면, 아이가 지금 원하는 것이나 고민을 엿볼 수 있다. 한 아이가 '나를 지켜줄 로봇을 발명할 거예요'라고 말하는 것을 듣고 주위를 관찰해보니 자꾸 그 아이를 건드는 다른 아이가 있음을 발견할 수 있었다. 하지만 너무 아이를 추궁하는 것은 좋지 않다. 자꾸 캐묻다 보면 솔직하게 말하던 아이가 조금씩 마음의 문을 닫기 시작하기 때문이다.

과학과 관련된 영화

투모로우
(The Day After Tomorrow, 2004)

장르(국가) 액션, SF(미국) ∥ **상영시간** 123분 ∥ **등장인물** 잭 홀 박사(아버지), 샘(아들), 엄마(의사), 테리(기상학자), 로라(샘 친구), 부통령 ∥ **공식 등급** 12세 관람가 ∥ **차쌤 추천 등급** 5학년 이상 ∥ **핵심 주제** 지구온난화, 기후 변화로 인한 환경파괴, 기상이변, 빙하기

영화 소개
기후학자 잭 박사는 남극에서 기후를 관찰하던 중 지구에 빙하기가 올 것이라는 사실을 알게 되어 경고하지만 아무도 믿지 않는다. 한편 홀 박사의 아들 잭은 퀴즈대회 참가를 위해 뉴욕에 가는데, 점점 추위가 심해지고 마침내 빙하기가 다가온다. 홀 박사는 아들 샘을 구하기 위해 얼음으로 둘러싸인 뉴욕을 향해 가는데.

눈여겨볼 장면
- **지구온난화로 인해 빙하기가 온다고 주장하는 잭 홀 박사** : 지구온난화로 빙하가 녹으면 난류가 냉각되어 사라지고 차가운 바닷물만 흐른다. 차가운 바닷물은 지구 전체의 온도를 낮추고 결국 빙하기가 온다.
- **지구온난화로 벌어지는 기상이변 현상은 무엇이었는가?** : 뉴델리의 눈, 도쿄의 얼음우박, 맨해튼을 덮치는 쓰나미. 우주에서도 관측되는 거대한 태풍과 LA를 강타한 거대한 토네이도
- **대피령을 내려야 한다고 주장하는 잭 홀 박사와 거부하는 부통령** : 대피령을 내려 사람들을 구해야 한다고 잭 홀 박사는 주장하지만, 기상이변이긴 해도 엄청난 혼란이 생길 것으로 예상되는 대피령을 내리는 것에 대해 부통령은 주저한다.
- **체온이 떨어진 샘을 안아주는 로라** : 차가운 물에 빠졌다 나온 샘에게 마른 옷을 주고 안아주는 로라는 피가 심장으로 너무 급하게 몰리면 심장마비를 일으킬 수 있다는 과학적 이유를 설명해준다. 샘이 부끄러워하지 않도록 배려하는 로라의 마음을 엿볼 수 있다.
- **항생제를 찾으러 가는 샘** : 로라가 다친 상처로 인해 패혈증에 감염된다. 항생제(페니실린) 주사를 맞아야 치료할 수 있으나 항생제를 구하기 위해서는 목숨을 걸고 건물 밖으로 나가야 한다. 로라를 사랑하는 샘과 동료들의 목숨을 건 헌신을 볼 수 있다.

영화 이야기 나누기

- 빙하기가 온다고 주장하는 잭 홀 박사의 근거는 무엇인가?
- 지구 온난화로 벌어지는 기상이변 현상은 무엇이었는가?
- 대피령을 주장하는 잭 홀 박사의 주장에 대해 부통령은 왜 주저했는가?
- 체온이 떨어진 샘을 안아주는 로라를 과학적으로 설명해보자.
- 로라의 상처를 치료하기 위해 항생제가 필요했던 이유는 무엇인가?

감상 후 활동

- 영화 토론 : 기상이변이 벌어졌을 때 대피령을 내려야 하는가?
  - 찬성 : 기상이변은 인간이 통제할 수 없는 수준이다. 수많은 사람의 목숨을 구하기 위해서는 대피령을 내려야 한다.
  - 반대 : 기상이변이 왔다고 해서 무작정 대피해 버린다면 엄청난 혼란만 올 것이다. 대피는 가장 나중에 결정해야 한다.

한 걸음 더

지구온난화로 인한 기후변화에 대한 설명이 아이들도 이해할 수 있는 수준으로 나오지만, 스토리 전개 과정상 스치고 지나가는 경향이 있으므로 눈여겨볼 장면를 좀 더 세밀하게 할 필요가 있다. 특히, 잭 홀 박사가 지구온난화 회의에서 빙하기가 올 것을 발표하는 장면은 잠시 멈추더라도 자세한 설명을 해줘야 이후 영화의 줄거리를 파악하는 데 도움이 된다.

과학과 관련된 영화

옥토버 스카이
(October Sky, 1999)

장르(국가) 드라마(미국) ‖ **상영시간** 108분 ‖ **등장인물** 호머(주인공), 존(호머 아버지, 광부), 호머 어머니, 짐(호머 형), 라일리 선생님, 퀸트, 로이, 셔먼(이상 호머 친구) ‖ **공식 등급** 전체 관람가 ‖ **차쌤 추천 등급** 4학년 이상 ‖ **핵심 주제** 꿈 찾기, 로켓의 원리, 시련의 극복

영화 소개

1957년 미국의 어느 탄광 마을에서 태어난 호머는 아버지를 따라 광부가 될 운명이었으나 소련의 인공위성 발사 소식을 듣고 자신이 진정으로 하고 싶은 것이 무엇인지 깨닫는다. 하늘을 나는 로켓을 만들기로 마음먹은 호머는 친구들과 로켓연구를 하지만, 비웃음을 사고 급기야 아버지와 갈등을 일으키는데. 과연 호머는 자신의 꿈을 이룰 수 있었을까?

눈여겨볼 장면

- **퀸트와 사귀는 호머** : 똑똑하지만 외톨이로 지내는 퀸트에게 호머는 도움을 청한다. 주변의 시선을 의식하기보다는 퀸트와 친하게 지내 그의 과학지식을 이용해서 부족한 로켓 만들기 기술을 보완하려 한다.
- **호머와 아버지의 갈등** : 아버지는 로켓을 만드는 것은 쓸데없는 짓이며 로켓 실험은 위험하다고 생각한다. 가장 큰 반대 이유는 호머가 현실에 순응해 광부가 되지 않으려 하고 그것은 아버지의 삶을 부정하는 것이라 생각한다. 호머는 로켓을 연구해 전국 과학 박람회에 우승하는 것이 자신의 꿈을 이루는 것이라 생각했다.
- **현실과 다른 호머의 편지** : 영화 내내 호머는 과학자에게 편지를 쓴다. 편지의 내용은 자신을 믿지 않고 도와주지 않는 환경과 반대로 매우 긍정적이고 희망적이게 쓰고 있다. 현실을 인정하지 않고 스스로 이겨내려 긍정적으로 생각하려고 노력하는 호머의 마음이 드러나 있다.
- **호머에게 찾아오는 시련** : 로켓이 떨어진 자리에 산불이 발생하고 호머와 그의 친구들은 의심을 받는다. 호머의 아버지는 탄광 사고가 나고 호머는 더 이상 학교를 나가지 못하게 된다.
- **라일리 선생님의 충고** : 불치병에 걸린 라일리 선생님은 소식을 듣고 찾아온 호머에게 다른 사람의 생각보다 자기 생각을 더 중요하게 여기고 현실에 만족하지 말고 이상

에 도전하라고 충고해준다.

영화 이야기 나누기

- 호머는 왜 외톨이인 퀸트와 친하게 지내려 했는가?
- 호머가 로켓을 만들고 실험하는 것을 왜 아버지는 반대했는가?
- 호머는 왜 현실과 매번 다른 긍정적인 편지를 과학자에게 썼는가?
- 호머는 무엇 때문에 로켓 연구를 그만둘 수밖에 없었는가?
- 라일리 선생님이 호머에게 해준 충고는 무엇이었는가?

감상 후 활동

- 자유 글짓기 : 나에게 라일리 선생님이 있었다면 무슨 충고를 해주셨을까? 가상의 라일리 선생님이 되어 자신의 꿈에 대해 충고해보는 글을 쓴다.

한 걸음 더

호머에게 있어서 광부가 된다는 것은 이미 정해진 자신의 삶과 미래를 나타내는 것이지 광부라는 직업 자체가 부정적인 이미지로 비치지 않도록 유의한다.

과학과 관련된 영화

코어
(The Core, 2003)

장르(국가) 액션, SF(미국) ‖ **상영시간** 130분 ‖ **등장인물** 조쉬 키스(자기장 전문가), 리베크 박사(무기전문가), 짐스키(지구 물리학), 브래즐튼 박사(탐사선 개발), 아이버슨(사령관), 레베카(조종사), 랫(해킹 전문가), 퍼실(장군) ‖ **공식 등급** 12세 관람가 ‖ **차쌤 추천 등급** 5학년 이상 ‖ **핵심 주제** 지구 내부의 모습, 자기장의 중요성, 용기, 고난의 극복

영화 소개
인공지진을 일으키는 무기를 개발하다 지구 핵(코어)의 회전이 멈추게 되면서 갖가지 기상이변과 재난이 속출하게 되자 인류는 파멸의 공포에 휩싸인다. 코어를 다시 회전시키기 위해 6명의 전문가로 구성된 팀을 만들어 지구 중심부로 내려 보내는 엄청난 프로젝트를 시작하는데.

눈여겨볼 장면
- **자기장의 영향을 받아 생기는 이변** : 심장박동기를 단 사람들이 사망하고 새들이 방향을 잃어버리고 아무 데나 날다가 죽어가고, 복귀하는 우주왕복선의 컴퓨터 조정 장치에 이상이 발생하고, 대기에 전자기가 방출되어 극지방이 아닌 지역에서도 오로라가 생긴다.
- **조쉬 키스 박사의 자기장 설명(23분경)** : 대책회의에서 자기장의 원리를 설명하며 그간의 이변들이 자기장의 이상에서 온 것임을 밝힌다. 복숭아를 이용해 지구 내부를 설명하고 자기장의 역할과 중요성이 밝혀진다.
- **지구 내부 탐사대의 임무** : 지구 코어를 돌려 자기장을 만들기 위해 탐사선을 타고 지구 내부로 들어간 후 순차적으로 핵폭탄을 터트려 그 힘으로 지구의 핵(코어)을 돌리려고 한다.
- **탐사선의 고난과 지구 내부 물질의 관찰** : 해저 지진, 거대 수정에 막힌 탐사선, 사고로 동료를 잃는 아픔(사령관, 리베크). 다이아몬드 섬을 통과하는 탐사선, 마지막 임무를 위해 스스로 목숨을 버리는 브래즐튼, 폭탄에 발이 깔려 죽는 짐스키.

영화 이야기 나누기
- 자기장의 이상으로 인해 생기는 이변에는 어떤 것들이 있었는가?

- 키스 박사의 설명을 떠올리며 자기장은 어떤 역할을 하고 있었는지 말해보자.
- 지구 내부 탐험대의 임무는 무엇이며 어떻게 수행하는가?
- 탐사선이 지구 내부로 내려가는데 어떤 어려움을 겪는가?

감상 후 활동

- 영화 토론 : 당신은 지구 탐사선의 조종사다. 임무 수행을 하던 도중 탐사선의 일부가 파손되었고 그곳을 폐쇄하고 분리해야 한다. 그러나 그곳엔 한 명의 대원이 빠져나오지 못하고 있다. 과연 당신은 어떤 선택을 할 것인가?
  - 폐쇄하고 분리해야 한다 : 그렇지 않으면 모든 대원이 죽을 것이고 지구는 멸망할 것이다.
  - 동료를 살려야 한다 : 폐쇄하고 분리하는 것은 살아있는 동료를 죽이는 것과 같다. 그렇지 않으면 임무에 성공한다 할지라도 죄책감이 생길 것이다.

한 걸음 더

조쉬 키스 박사의 자기장 설명은 지구 내부를 설명하는 아주 중요한 부분이다. 끝난 뒤 이해하지 못하는 부분이 있으면 다시 설명해줘야 영화를 이해하는 데 도움이 된다. 브래즐튼 박사의 고주파 레이저로 지구 내부로 구멍을 뚫는 것은 영화에서는 과학적으로 설명되어 있으나 '첨단 기계를 이용하였다'라고 설명하는 것이 좋다. 지구 내부는 인간이 직접 탐험하거나 관찰한 적이 없기 때문에 우주보다 정보가 부족해 영화 속 지구 내부는 상당 부분 과학적 상상에 의해 창조되었다.

과학과 관련된 영화

볼케이노
(Volcano, 1997)

장르(국가) 액션, 스릴러(미국) ‖ **상영시간** 98분 ‖ **등장인물** 마이크(비상대책센터 책임자), 에이미 박사(지질학자), 에밋(비상대책센터 직원), 노먼(도시개발업자), 켈리(마이크의 딸), 스탠(지하철 책임자) ‖ **공식 등급** 12세 관람가 ‖ **차쌤 추천 등급** 4학년 이상 ‖ **핵심 주제** 인간의 통제를 벗어난 환경 재앙, 화산폭발

영화 소개
나타나지 않는 화산 활동으로 인해 LA 곳곳에 이상한 일들이 일어나고 급기야 화산 폭발이 일어나 온 도시가 혼란에 휩싸이고 거대한 자연재해를 막기 위한 사람들의 눈물겨운 사투가 벌어진다.

눈여겨볼 장면
- 화산 폭발의 징후를 나타내는 증거들 : 주기적으로 관측되는 잦은 지진 활동, 호수 수온의 급격한 상승, 지하 상수도를 점검하던 직원들이 유독가스와 화염에 타 죽는 사고
- 마이크와 에밋의 화산 폭발에 관한 대화(21분경) : 지질학자 에밋은 화산 폭발의 징후와 화산이 폭발하는 원인과 이유를 설명하지만, 징후는 비교적 단순해 보이고 직접적인 화산 폭발이 안 되었을 때는 엄청난 사회적 혼란이 일어나기 때문에 마이크는 에밋의 말을 믿지 못한다.
- 화산 대분출이 되기 전의 순서(영화 속 설정) : 거대 지진이 발생한다 → 용암 덩이가 유성처럼 날아다닌다 → 화산탄이 눈처럼 내린다 → 지각의 가장 약한 부분에서 대 분출이 일어난다.
- 화산 폭발에 대항한 인간의 사투 : 용암의 방향을 바꾸기 위해 버스를 쓰러뜨리고 보도블록을 부수어서 벽을 만든다. 스탠은 자신의 목숨을 바쳐 지하철 조종사를 구출한다. 2m의 방호벽을 치고 순간적으로 물을 뿌려 앞에 흐르는 용암을 응고시킨다. 거대 빌딩을 무너뜨려 흐르는 용암의 방향을 바꾸어 바다로 향하게 하려 한다.
- "사람들의 얼굴이 똑같이 생겼어요." : 극적으로 살아남은 토미가 화산재로 뒤 덮인 사람들의 얼굴을 보고 하는 말이다. 자연재해 앞에 굴하지 않고 노력한 인간의 의지를 보여주는 장면이다.

영화 이야기 나누기

- 화산 폭발이 일어나기 전 징후 활동으로 무엇이 있었는가?
- 에밋은 화산 폭발의 징후를 예고했어도 마이크는 왜 처음부터 믿지 않았는가?
- 화산 대분출이 되는 순서는 어떠한가?
- 화산 폭발에 대항하여 사람들은 어떻게 행동했는가? : 용암과 사투를 벌이는 사람도 있었지만, 일부 사람은 약탈을 하기도 했다.
- 사람들의 얼굴이 똑같이 생겼다는 토미의 말에서 무엇이 느껴지는가?

감상 후 활동

- 화산 폭발에 관한 보고서 만들기
  - 모둠 활동으로 진행하고 영화 속 정보를 적극적으로 활용한다.
  - 화산 폭발이 일어나기 전 징후, 화산 대분출이 되기 전의 순서를 그리거나 적는다.
  - 화산 폭발에 대한 인간의 대응과 노력을 찾는다.
  - 영화 속 해결 방법을 찾아내고 어떻게 했는지 기록한다.

한 걸음 더

영화상의 화산 폭발은 'LA라는 대도시에서 발생한다면?'이란 가정을 두고 만들어졌기 때문에 아이들이 일반적으로 상상하는 화산 폭발과는 다를 수도 있지만, 과학적으로 충분한 설명은 나온다. 특히, LA는 환태평양 조산대에 위치해 있어서 실제로 잦은 지진 활동이 일어나고 있으며 화산 폭발의 가능성이 전혀 없는 것은 아니다.

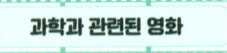
과학과 관련된 영화

그래비티
(The Polar Gravity, 2013)

장르(국가) SF · 드라마 · 스릴러(미국) ‖ **상영시간** 90분 ‖ **등장인물** 스톤 박사(여주인공), 매트 코왈스키(사령관), 샤리프(엔지니어), 우주센터통제관 ‖ **공식 등급** 12세 관람가 ‖ **차쌤 추천 등급** 5·6학년 ‖ **핵심 주제** 우주 속 재난과 극복

영화 소개

지구 상공으로부터 600km 떨어진 우주공간. 소리도 없고 산소도 없는 이곳에 우주왕복선을 타고 온 세 명의 우주비행사는 고장 난 허블 망원경을 수리하는 임무를 수행하고 있다. 그러던 중 NASA의 지구 통제소인 '휴스턴'으로부터 '러시아에서 용도 폐기된 인공위성을 제거하기 위해 미사일을 발사했고 파괴된 인공위성의 잔해물이 우주공간으로 흩어지지 않고 폭풍처럼 궤도를 돌고 있으니 주의하라'는 지시를 받는다. 잠시 후 엄청난 속도로 궤도를 도는 잔해를 만나고, 우주왕복선에 있던 대원 전원과 같이 작업하던 동료 비행사 한 명이 사망한다. 우주왕복선과 허블망원경이 크게 파괴되어 매트와 스톤 박사는 생존이라는 절체절명의 위기를 맞게 되었는데, 한번 돌격한 잔해들이 다시 궤도를 돌아 이곳으로 올 시간은 90분. 생존확률이 1%도 안 되는 상황에서 선택할 수 있는 것은 인근의 러시아 우주정거장까지 가는 것뿐이다. 과연 우주비행사들은 우주복에 남은 연료와 산소를 가지고 우주정거장까지 갈 수 있을까?

눈여겨볼 장면

- **우주에서만 일어나는 상황들** : 지구와 우주 공간이 다른 성질을 가지고 있다는 점을 볼 수 있다. 우주 유영, 파편들의 습격, 스톤 박사가 무중력인 우주 공간에서 회전을 멈추지 못하는 모습, 소화기를 이용해서 극적으로 우주정거장에 접근하는 모습, 지구로 귀환하는 탈출 캡슐의 불덩어리 등 지구에서는 볼 수 없는 광경이 펼쳐진다.
- **우주의 신비함에서 현실의 재난으로** : 논리적 사고가 강한 아이는 우주공간이란 소재와 과학 기술에 흥미를 느끼고, 감성적 사고에 강한 아이는 조난되었을 때의 심리적 불안감이나 공포에 민감하게 반응한다. 어떤 쪽에서 반응이 나오더라도 이성적인 사고에서 감성적인 사고로 혹은 그 반대의 경우를 적절하게 이끌어주는 것이 좋다.
- **90분의 의미** : 주인공들이 시계를 보며 '90분'의 시각을 맞추는 장면이 나오는데, 이것은 과학적인 사실과 영화 줄거리를 이해하기 위해 필수적으로 짚고 넘어가야 한다.

'90분'은 한번 충돌한 파편 잔해들이 지구 궤도를 돌아 다시 습격하는 데 걸리는 시간이다. 이는 극적인 긴장감을 높여주고 주인공들의 행동에 인과관계를 설정해주는 장치이면서 과학적으로 설명해줘야 하는 필수 요소다.

영화 이야기 나누기
- 정상적인 임무 상황에서 재난 상황이 된 이유가 무엇인가?
- '90분'이 상징하는 의미가 무엇인가?
- 중력이 없는 우주에서만 경험할 수 있는 일이 무엇인가?
- 우주비행사들이 재난 상황에서 생존하는 방법은 무엇이었는가?

감상 후 활동
- 자신의 입장 발표하기
    - 스톤 박사와 매트 코왈스키 중 한 명을 선택한다.
    - 자신이라면 어떤 선택을 할지 정한다.
    - 왜 그렇게 행동했는지 이유도 발표한다.

한 걸음 더

아이들과 영화에 관한 이야기를 할 때 제목부터 시작해보는 것도 하나의 방법이다. '그래비티'라는 제목은 중력이란 의미지만 역설적으로 영화의 주 무대인 우주공간에서는 그다지 와 닿지 않는 단어이다. 그러나 재난을 당하고 스톤 박사만이 천신만고의 역경을 딛고 지구로 귀환하는 과정은 무중력 상태인 우주에서 중력 상태인 지구로의 이동을 상징적으로 나타낸다. 잔해의 습격으로 우주비행사가 죽은 장면과 우주왕복선의 승무원들이 죽어서 떠 있는 장면이 나오는데, 이것은 교사가 충분히 설명해주는 것이 좋다.

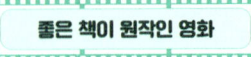
좋은 책이 원작인 영화

어린왕자
(The Little Prince, 2015)

장르(국가) 애니메이션(프랑스) ‖ **상영시간** 106분 ‖ **등장인물** 소녀, 엄마, 조종사 할아버지, 어린왕자, 여우, 뱀, 비즈니스맨, 자만에 빠진 남자, 왕 ‖ **공식 등급** 전체 관람가 ‖ **차쌤 추천 등급** 전 학년 ‖ **핵심 주제** 어른이 된다는 것, 성장, 믿음.

영화 소개
엄마가 짜놓은 계획표가 인생의 전부인 줄 아는 소녀는 옆집에 사는 괴짜 할아버지로부터 신기한 이야기를 듣게 된다. 할아버지가 젊었을 때 다른 행성에서 온 어린왕자를 사막에서 만났다는 것이다. 소녀와 할아버지는 친구가 되어가면서 소녀도 점점 어린왕자를 만나고 싶어 급기야 소행성으로 여행을 떠나게 되는데.

눈여겨볼 장면
- **계획표를 바라보는 엄마와 소녀의 갈등** : 딸의 인생을 위해 엄마는 모든 걸 바쳐 철저한 계획을 준비한다. 평생의 계획을 세우고 1년, 1달, 1주, 하루의 계획을 벽 가득 채워놓는다. 소녀는 이런 엄마의 계획을 충실히 실천하다 최초로 엄마에게 반항하는데, 그것은 바로 계획표에 대한 의견차이로 나타난다.
- **"난 실패자가 아니야 난 어린왕자야."** : 어른이 되어버린 어린 왕자가 사장님의 속박에서 벗어나는 순간에 외친 말. 어른이 되는 공부를 하고 어른이 되어 직업을 가진 어린왕자는 371번의 직업 중 370번째 해고를 당하며 자존감마저 잃어버린다. 그때 자신을 찾아온 소녀가 가져온 어린왕자 시절의 글을 읽고 자신의 존재가 무엇인지 깨닫는다.
- **"가장 소중한 건 눈에 보이지 않아. 마음으로 봐야 해."** : 어른이 된 어린왕자와 소녀가 사장님의 행성을 탈출해 바오밥나무가 있던 자신의 소행성으로 다시 찾아갔지만, 장미꽃은 이미 시들어 죽고 말았다. 하지만 그 순간 장미꽃의 의미를 다시 깨달은 어린왕자는 어른의 모습에서 아이의 모습으로 변한다.

영화 이야기 나누기
- 소녀와 엄마는 왜 계획표로 인해 갈등하게 되었는가?
- 어른이 된 어린왕자가 자신이 누군지 깨닫고 말한 대사는 무엇인가?

- 가장 소중한건 눈에 보이지 않고 마음으로 봐야 한다는 것은 무슨 의미일까?

감상 후 활동

- **토의 활동** : 어른이 되면 잃어버리는 것은 무엇일까?
  "어른이 되는 건 문제가 아니야 문제는 망각하는 거지."(어린왕자가 소녀에게 한 말)
  - 어른이 된다면 무엇이 달라지는가?
  - 어른이 되면 무엇이 좋고 무엇이 나빠지는가?
  - 나는 왜 어른이 되고 싶은가, 나는 왜 어른이 되고 싶지 않은가, 등 '어른'이라는 키워드를 이용해서 토의해본다.

한 걸음 더

1943년에 출간하여 1억부 이상 판매한 세계적인 베스트셀러인 생텍쥐페리의 〈어린왕자〉를 각색하여 만든 작품이다. '어린왕자가 어른이 되었다면 어떻게 되었을까?'라는 모티브로 각색된 이 영화는 원작이 가지고 있는 풍부한 이야기를 담으면서도 할아버지가 된 조종사와 소녀의 등장 등 시간의 흐름을 연결된 이야기로 재구성한 점이 매우 인상적이다. 영화는 어떤 어른이 되어야 한다는 답을 제시하지 않는다. 어른이 되어가면서 망각해가는 것에 대해 생각해보자. 어른의 대변자로 교사와 아이들과 대화를 나눠보는 것이 좋다. 그것이 무엇일지 아이와 이야기 해보는 것은 어른이 되면서 잃어버렸던 순수함과 진실함이 무엇인지 되찾게 되는 작은 기회가 된다.

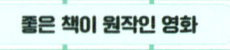
좋은 책이 원작인 영화

올리버 트위스트
(Oliver Twist, 2005)

장르(국가) 드라마(영국) ‖ **상영시간** 129분 ‖ **등장인물** 올리버(주인공), 페이긴(소매치기 대장), 브라운로(신사), 다저, 찰리, 벳, 낸시(이상 소매치기), 노아(장의사 아들), 빌(악당), 불스아이(빌의 개) ‖ **공식 등급** 12세 관람가 ‖ **차쌤 추천 등급** 4학년 이상 ‖ **핵심 주제** 삶의 의지, 살아가는 자체의 위대함, 관대함

영화 소개

고아인 올리버는 어린 나이에 강제 노역을 하게 된다. 밥을 더 달라고 하다가 문제아가 되고 장의사에게 넘어간다. 장 장의사 집 아들들과 말다툼으로 도망 나와 무작정 런던으로 향한다. 아는 사람 하나 없는 런던에서 소매치기 일당과 만나 지내던 올리버는 소매치기를 하던 첫날 경찰에 잡히고 올리버를 측은히 여긴 브라운로 씨의 밑에서 일하게 된다. 한편 소매치기 일당은 올리버가 자신들의 은신처를 경찰에게 알릴까 고심한다.

눈여겨볼 장면

- **"조금만 더 주세요."** : 고아원의 아이들은 강제 노역을 하지만 밥을 충분히 먹지 못한다. 그래서 아이들끼리 제비를 뽑아 식사시간에 '조금만 더 달라'고 말했다가 문제아가 된다. 굴뚝 청소부에게 팔려갈 위기에서 올리버는 울면서도 자기 의견을 말한다.
- **올리버의 약점을 집요하게 놀리는 노아** : 열심히 일하는 올리버가 장의사의 신뢰를 받게 되자 노아는 시기하고 올리버의 엄마에게 심한 욕을 하다 올리버가 폭발한다. 결국, 올리버만 매를 맞는다.
- **"왠지 모르겠지만, 녀석에게 마음이 끌리는군. 설명은 못 하겠지만."** : 올리버를 도와주는 브라운로 씨가 한 말. 소매치기범으로 몰린 올리버를 위해 법정에서 변호해주고 집으로 데려와 돌봐준다. 올리버의 순수함을 알고 가족처럼 대하고 믿어준다.
- **불행한 일이 계속되는 올리버** : 브라운로 씨의 집에서 행복하게 지내던 올리버는 소매치기 일당과 악당 빌에 의해 다시 붙잡혀 온다. 그것도 모자라 올리버를 앞세워 브라운로 씨의 집의 물건을 훔치려는 계획도 세운다.
- **페이킨을 찾아가는 올리버** : 자신에게 나쁜 짓을 가르치고 위험에 빠뜨렸던 페이킨은 교수형에 처해진다. 올리버는 그런 페이킨을 마지막으로 찾아가 진실한 마음으로 참회하라고 눈물로서 권한다.

영화 이야기 나누기

- 올리버가 고아원에서 밥을 조금만 더 달라고 했을 때 무슨 일이 일어났는가?
- 노아는 왜 올리버를 시기했으며, 무엇으로 올리버의 화를 돋웠는가?
- 브라운로 씨는 왜 올리버를 가족처럼 대해 주었는가?
- 브라운로 씨 집에서 잠시 행복하던 올리버에게 어떤 불행이 닥치는가?
- 마지막에 올리버는 왜 페이킨을 찾아갔는가?

감상 후 활동

- 영화 토의 : 나의 삶의 모습이 행복한지 불행한지 이야기해보자.
  - 올리버 트위스트의 삶과 나의 삶을 비교해본다.
  - 내가 평소에 당연하다고 생각하던 것들에 대해 감사해야 할 점을 찾아본다.

한 걸음 더

〈올리버 트위스트〉는 영국의 작가 찰스 디킨스의 장편소설이다. 19세기 영국 런던의 뒷골목을 배경으로 영국 사회의 불평등한 계층화와 산업화의 폐해를 날카롭게 비판했다. 영화 수업에서는 올리버 트위스트라는 고아 소년이 겪는 파란 많은 인생 여정에 더 중점을 두는 것이 좋다. 원작에서는 디킨스 특유의 생생한 인물 묘사와 예리한 시대비판 정신이 인상적이다.

좋은 책이 원작인 영화

아홉 살 인생
(When I Turned Nine, 2004)

장르(국가) 드라마(한국) ∥ **상영시간** 129분 ∥ **등장인물** 백여민, 장우림, 오금복, 신기종, 여민아빠, 여민엄마, 골방철학자, 담임선생님 ∥ **공식 등급** 12세 관람가 ∥ **차쌤 추천 등급** 4학년 이상 ∥ **핵심 주제** 성장과 성숙, 가족애, 사춘기의 사랑

영화 소개

아홉 살이 된 여민이는 속이 깊고 친구 간의 우애도 좋을뿐더러 싸움도 잘한다. 어느 날 서울에서 새침하고 도도한 우림이가 전학 오면서 평탄했던 여민이의 삶이 흔들린다. 세상을 다 안다고 생각했던 여민이가 우림이를 통해 묘한 설렘도 느끼고 다시 세상을 배우는 모습이 사뭇 진지하다.

눈여겨볼 장면

- 어른들의 어릴 적 삶을 엿보기
  - 방학 일기 베껴 쓰기 : 여민의 일기를 베끼다 날씨까지 베껴 들킨다.
  - 고무줄 끊기 놀이(여학생)와 구슬치기(남학생)
  - "싸우려면 산으로 와." : 어른들의 눈을 피해 산으로 가서 싸움하는 아이들. 하지만 주먹으로만 싸우는 나름 합리적이고 공정한 룰을 지킨다.
  - 골방 철학자의 편지 심부름 : 전화가 흔하지 않던 시절의 연애편지 전하기
- 우림이에게 반한 여민이와 여민이에게 좋은 감정을 가진 우림이 : 여민이는 우림이를 좋아하지만, 내색하지 않고 우림이는 자신에게 고분고분하지 않은 여민이의 말과 행동이 늘 거슬린다. 마음속으로는 좋아하면서도 실제로는 툴툴거리는 것은 어쩌면 좋아한다는 속마음을 들키고 싶지 않기 때문이다.
- 금복이에게 말도 안 되는 떼를 쓰는 우림이 : 사사건건 미국 살다 온 이야기로 우쭐거리는 우림이를 금복이는 미워한다. '사자표 양말'을 미제라고 주장하는 우림이와 증거를 잡고 추궁하는 금복의 말싸움은 금복이 이길 것 같지만, 우림은 끝까지 자기주장이 옳다는 것을 굽히지 않는다.
- 여민이의 아르바이트 그리고 어머니의 색안경 : 여민이 몰래 돈 벌러 다닌다는 소문을 들은 어머니는 회초리로 엄히 다스린다. 여민이 그토록 일을 했던 이유가 어머니의 눈 때문이었고 모자가 서로 안고 눈물을 흘리는 장면에서는 관람하는 아이들의 눈시

울도 촉촉해진다.

영화 이야기 나누기

- 요즘은 잘 나오지 않는 과거의 일상이 나오는 장면은 무엇이었는가?
- 우림이와 여민이는 좋아하면서도 왜 서로에게 툴툴거리는 것일까?
- 우림과 금복은 무슨 이유로 다투었는가?
- 여민은 왜 돈을 벌러 다녔으며 어머니로부터 회초리를 맞은 이유는 무엇인가?

감상 후 활동

- 역할극 : 우림이와 여민이가 되어 서로에게 속마음을 말해보기
  - 우림이와 여민의 감정 변화에 맞춰 처음 만난 단계, 서로를 오해하는 단계, 화해하는 단계로 나눠 모둠별로 진행해도 좋다.
  - 영화 후반부 화해 장면을 재연하는 것도 좋다.

한 걸음 더

동화작가 위기철을 소설가로 널리 알리고, MBC '느낌표' 선정도서로 지금까지도 많은 아이가 즐겨 읽는 작품인 동명의 〈아홉 살 인생〉을 영화로 만든 작품이다. 골방철학자 아저씨가 피아노 누나와의 사랑을 이루지 못하고 죽음을 선택한 장면에서 관심을 표현하는 아이가 있을 경우 당황하지 말고 전후 사정을 객관적으로 전달하는 것이 좋다.

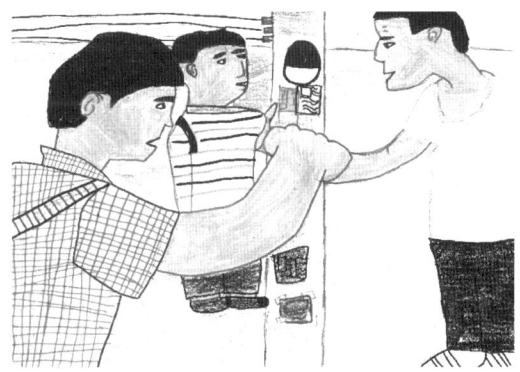

좋은 책이 원작인 영화

개를 훔치는 완벽한 방법
(How To Steal A Dog, 2014)

장르(국가) 드라마(한국) ‖ **상영시간** 109분 ‖ **등장인물** 지소(주인공), 지석(동생), 정현(엄마), 채랑(지소친구), 회장님, 수영(회장님 조카), 대포(오토바이 아저씨) ‖ **공식 등급** 전체 관람가 ‖ **차쌤 추천 등급** 3학년 이상 ‖ **핵심 주제** 자존감, 가족애, 아이의 성장

영화 소개

집도 없이 봉고차에서 엄마, 동생 지석이와 함께 사는 지소는 지금의 형편이 어이없다고 생각한다. 아빠가 집을 나가버린 뒤 엄마는 레스토랑에서 일하지만 벌이는 시원치 않고, 철없는 동생은 성가시고 아무 도움이 안 된다. 얼마 뒤 친구들을 초대해서 생일 파티도 해야 하는데 번듯한 집도 없다. 개를 찾으면 사례금을 준다는 전단지를 보고 아예 개를 훔쳐 보상금을 받아 집을 마련하겠다는 황당무계한 계획을 세워 도전한다

눈여겨볼 장면

- **엄마들에 대한 뒷담화를 하는 지소와 채랑** : "엄마들은 믿으면 안 돼. 엄마들이 좋다고 하는 것 중에 좋은 건 없고, 엄마가 잘된다는 것 잘되는 것 없어. 엄마가 똑똑했으면 아빠랑 결혼도 안 했을 거야." 지소의 속사정을 알게 된 채랑이 마음속에 담아둔 비밀을 이야기하는 장면이다. 아무것도 모르는 것 같아도 아이는 부모의 이면을 너무나 잘 알고 있다.

- **아이의 눈으로 세상 보기** : 지소는 이런 상황을 만든 부모를 원망하거나 자신이나 동생을 학대하지 않는다. 평당에 있다는 500만 원짜리 집(평당 500만원 이란 문구를 보고 착각한 지소)을 사서 다시 행복을 찾기 위해 현실에 굴복하지 않고 당당히 맞선다. 그런 지소의 모습을 응원하고 함께하는 채랑의 모습 역시 신선하다. 상황과 조건이 아닌 친구 그 자체를 인정하고 좋아한다.

- **"아빠가 길을 잃어서 못 찾는 것 같아요."** : 월리(개)를 잃어버린 회장님과 지소와의 대화에서 나온 이야기. 개가 자기 발로 집을 나갔다고 생각하는 회장님은 개를 찾으려 하지 않는다. 그러나 지소는 아빠가 길을 잃고 집에 안 들어오듯 월리도 그럴 것이라고 말한다.

- **정현의 눈, 회장님의 눈 그리고 엄마의 눈** : 정현은 철없는 모습으로, 회장님은 철저한 모습으로 아이를 대하지만, 정작 아이가 무엇을 원하는지는 알지 못한다. 엄마의 도

움을 받지 못하는 지소가 자기 삶을 능동적으로 선택하고 행동하는 모습을 보면서 오히려 엄마인 정현과 회장님은 자신의 삶을 돌아보는 계기가 된다.

영화 이야기 나누기

- 채랑이는 왜 지소와 친구가 되었는가?
- 지소는 왜 개를 훔치려고 했을까요?
- 아빠가 길을 잃어서 못 찾는 것 같다고 말한 지소의 속마음은 무엇일까?
- 엄마와 회장님은 각자 자신의 아이를 어떻게 생각하고 있었는가?

감상 후 활동

- 편지쓰기 : ○○이가 지소에게
  - 영화 속 지소를 보고 느낀 감정을 솔직하게 표현해보는 편지를 써본다.
  - 지소에게 편지쓰기를 기본으로 하되 다른 주인공에 써도 무방하다.

한 걸음 더

바바라 오코너의 원작소설을 우리나라 실정에 맞게 각색한 이 작품은 고난과 역경을 어른의 시각이 아닌 아이의 눈으로 바라보고 극복하는 과정을 유쾌하게 다룬 보기 드문 성장영화다. 영화 속 지소가 개를 훔친다는 행위에 대해 지나치게 도덕적 잣대를 댈 필요는 없다. 오히려 이것에 집착하는 아이가 있다면 강박적 성향이 있다고 봐야 한다.

> 좋은 책이 원작인 영화

어네스트와 셀레스틴
(Ernest & Celestine, 2012)

장르(국가) 애니메이션(프랑스) ‖ **상영시간** 79분 ‖ **등장인물** 어네스트(곰), 셀레스틴(생쥐), 할머니 쥐, 치과의사 쥐, 판사 곰, 판사 쥐, 아빠 곰(사탕가게), 엄마 곰 ‖ **공식 등급** 전체 관람가 ‖ **차쌤 추천 등급** 3학년 이상 ‖ **핵심 주제** 편견의 극복, 우정, 무서움과 공포

영화 소개

곰을 무서워하는 지하 세계의 쥐 사회에서 생쥐 셀레스틴은 곰이 정말 무서운지 궁금해한다. 쥐를 무서워하는 지상 세계의 곰 사회에서 게으름뱅이 어네스트는 오로지 먹는 것에만 관심이 많다. 어울릴 것 같지 않은 이 둘의 만남은 각자 사회에 엄청난 충격을 가져오게 되는데.

눈여겨볼 장면

- "난 음악가야 하지만 늘 배고픈 곰이지." : 큼직한 덩치와는 달리 어네스트는 어딘가 모르게 어수룩하다. 한없이 소심하다가도 먹을 것을 보면 없던 힘도 낸다. 불의를 보면 참지 못하고 약한 생쥐 셀레스틴을 편견 없이 받아들이는 쿨한 모습도 보이지만, 어네스트에게서 마을은 복잡한 현실을 대변해주고 있다.
- "왜 곰이 무섭다는 거야. 그리고 꼭 치과의사 해야 해? 난 그림이 더 좋은데." : 생쥐의 세계에선 치과의사가 최고의 직업이다. 계속 자라는 이빨 때문에 무엇이든 갈아야 하는 쥐의 특성을 모티브로 한 발랄한 설정이 인상적이다. 하지만 그림에만 빠져있는 셀레스틴은 사실 알고 보면 외톨이의 성향이 있다. 거기다가 현실에 순응하지 못하고 항상 의문을 가지는 성향으로 인해 매번 제지당해 기가 죽을 만도 하지만 무서운 곰인 어네스트 앞에서도 당당함을 잃지 않는다.
- 어네스트와 셀레스틴이 꾸는 꿈, 꿈과 환상 그리고 두려움 : 어네스트와 셀레스틴은 각기 자유로운 영혼에다 자기만의 독창성이 있지만, 그것으로 인해서 무리에서는 외톨이가 되고 있다. 영화에서는 그런 갈등을 어네스트와 셀레스틴의 악몽으로 표현되는데 아이들은 곰과 생쥐의 악몽을 보면서 무서워하기보다는 같이 악몽에 빠져들어 즐거워한다.

영화 이야기 나누기

- 어네스트는 어떤 성격을 가지고 있는가?
- 셀레스틴은 어떤 성격을 가지고 있는가?
- 어네스트와 셀레스틴이 꾸는 꿈을 보고 어떤 느낌이 들었는가?

감상 후 활동

- 영화 토론 : 어네스트와 셀레스틴은 범죄자인가?
  - 영화 속에서는 곰과 생쥐가 서로 친해졌다는 이유로 재판을 받는다.
  - 범죄자다 : 어떤 사회든지 구성원들이 지켜야 할 규칙이 있다. 그것을 지키지 않는 것은 다른 것도 지키지 않아도 된다는 뜻이다. 그러므로 범죄자라고 봐야 한다.
  - 범죄자가 아니다 : 곰이 생쥐가 친하고 생쥐가 곰과 함께 한다고 해서 어떤 피해를 줬는가? 따라서 범죄자가 아니다.

한 걸음 더

가브리엘 뱅상은 한국에서는 아직 대중적으로 알려지지는 않았지만, 유럽에서는 안데르센의 뒤를 잇는 거장의 반열에 올라있고, 〈셀레스틴느 이야기〉는 시리즈로 나와 있으며 1988년 볼로냐 국제아동도서전 그래픽상을 받으면서 세계적인 명성을 얻었다. 특유의 따뜻하고 감성적인 그림체는 애니메이션에서도 잘 표현되고 있다.

좋은 책이 원작인 영화

거울나라의 앨리스
(Alice Through the Looking Glass, 2016)

장르(국가) 모험 · 판타지 · 가족(미국) ‖ **상영시간** 112분 ‖ **등장인물** 모자 장수, 하얀 여왕, 앨리스, 붉은 여왕, 시간(붉은 여왕의 남편), 토끼, 압솔롬(나비), 쌍둥이, 고양이, 앨리스 엄마, 윌킨스(시간의 시종) ‖ **공식 등급** 12세 관람가 ‖ **차쌤 추천 등급** 5 · 6학년 ‖ **핵심 주제** 행복

영화 소개

선장이 되어 바다를 누비던 앨리스는 3년 만에 집으로 돌아간다. 하지만 앨리스의 집은 파산하고 아버지가 남겨주신 배마저도 빼앗길 위기에 처한다. 때마침 나비로 변신해 찾아온 압솔롬을 따라 가던 앨리스는 거울을 통해 이상한 나라로 다시 돌아가게 된다. 하얀 여왕과 쌍둥이, 고양이와 토끼 등 예전 친구들을 다시 만난 기쁨도 잠시. 푸른 종이모자 사건 이후 완전히 달라져버린 모자 장수와 만난다. 모자 장수는 오래전 잃어버린 가족이 살아있을지도 모른다고 믿지만, 아무도 그의 말을 믿어주지 않아 점차 병들어간다. 모자 장수를 도와주려는 앨리스는 하얀 여왕으로부터 뜻밖의 비밀을 듣는다. 시간을 움직이는 근원의 힘인 크로노스피어를 훔쳐 과거로 돌아가 모자 장수의 가족을 구하고 망상에 빠진 모자 장수의 병도 고칠 수 있다는 것이다. 과연 크로노스피어는 누구의 손에 들어갈 것인가? 그리고 과거를 바꾼다면 현재의 행복이 생길 것인가? 시간을 바꾸면 과연 무슨 일이 생길까?

눈여겨볼 장면

- **푸른 종이 모자를 발견한 모자 장수** : 모자 장수의 어린 시절 아버지에게 자랑하기 위해 처음 자기 손으로 푸른 종이 모자를 만들었다. 아버지에게 꺼내 보이며 자랑했지만, 아버지의 실수로 종이 모자는 찢어져버렸다. 당황한 아버지는 아들에게 얼버무리고 사과를 받지 못한 아들은 마음의 상처를 받는다. 끝내 풀지 못한 아픔으로 남은 어린 시절 푸른 종이 모자를 어른이 되어 발견한 모자 장수는 그날의 기억이 떠올라 고통스러워한다.

- **과거를 바꾸면 현재와 미래도 바꿀 수 있을까?** : 주인공인 '시간과 앨리스 그리고 붉은 여왕이 공통으로 원했던 것은 타임머신인 크로노스피어다. 앨리스는 모자 장수의 가족을 찾기 위해, 붉은 여왕은 자신의 과거를 바꾸기 위해, '시간'은 헝클어진 시간을 원래대로 되돌리기 위해 크로노스피어를 원한다. 우리의 과거를 돌아보자. 찬란하고

아름다운 기억도 있고 기억하기 싫을 만큼 부끄럽고 수치스러운 기억도 있다. 오히려 밝은 기억보다 어두운 기억이 오래 남고, 어두운 기억은 지금 살고 있는 자신에게 안 좋은 영향을 주기도 한다. 그래서 과거를 바꾸면 현재 자신의 부족한 모습을 바꿀 수 있지 않을까 상상한다. 과연 그럴까?

영화 이야기 나누기

- 앨리스는 왜 이상한 나라에 다시 들어갔는가?
- 크로노스피어는 어떤 존재인가?
- 붉은 여왕의 머리가 커진 이유는 무엇인가?
- 모자 장수에게 푸른 종이 모자는 어떤 의미인가?

감상 후 활동

- 영화 상황극
  - 영화 속 인상 깊은 장면을 선정하고 표현한다.
  - 한 장면 혹은 여러 장면을 연결하여 표현해도 좋다.
  - 장면당 1분 내외가 적당하다.

한 걸음 더

영국의 동화작가 루이스 캐럴이 1865년에 발표한 '이상한 나라의 앨리스'의 연작으로 나온 '거울나라의 앨리스'를 영화화하였다. 과거를 바꿀 수 있는 방법은 없다. 그러나 미래를 바꾸는 확실한 방법은 존재한다. 바로 현재 자신의 모습을 바꾸려 노력하는 것이다. 현재는 과거에 했던 것의 결과다. 그러기에 현재 무엇을 하느냐가 따라다가올 미래를 결정한다. 과거는 바꾸지 못하지만, 현재는 자신의 의지로 바꿀 수 있다. 핑계를 대면서 자신의 행동을 바꾸려고 하지 않는 아이가 있다면 이렇게 권해보자. "지금 바꾸면 미래를 바꿀 수 있단다."

자연과 환경에 관한 영화

에코 플래닛 : 지구 구출 특급 대작전
(Echo Planet, 2012)

장르(국가) 애니메이션(태국) ‖ **상영시간** 81분 ‖ **등장인물** 호르페(자연의 목소리 듣는 아이), 노바(호르페 누나), 예언자(노바 할머니), 샘(미국 대통령 아들), 치포(야생 돼지) ‖ **공식 등급** 전체 관람가 ‖ **차쌤 추천 등급** 전 학년 ‖ **핵심 주제** 지구 온난화, 자연과 인간의 공존

영화 소개
매사에 자신만만하던 샘은 태국에서 벌어진 세계잼버리대회에 참여하다 길을 잃는다. 자연의 목소리를 듣는 호르페와 그의 누나 노바는 예언자로부터 지구를 구할 방법을 듣는다. 과연 샘과 호르페 노바는 힘을 합쳐 지구에 닥친 에너지 괴물을 물리치고 인간과 자연이 서로 공존하는 지구로 다시 돌릴 수 있을까?

눈여겨볼 장면
- **에너지 소비로 인한 지구온난화 설명** : 영화 처음의 소개 부분에 대사 없는 짧은 영상으로 에너지 소비와 탄소 배출의 관계, 그로 인한 지구온난화에 따른 기후 변화를 설명하고 있다. 20분경 국제회의 때 자세한 설명이 한 번 더 나온다.
- **"기린도 아닌데 목은 왜 길어."** : 깊은 산 속에서 길을 잃고 정신을 잃은 샘을 원주민들이 구해주지만, 정작 샘은 고마움을 표시하기는커녕 그들의 목에 있는 장신구를 보고 함부로 말한다. 도와주었는데 고마워하기는커녕 화를 내는 샘은 마을의 전통을 무시한 채 마음대로 행동한다.
- **지구온난화를 막고자 하는 두 가지의 노력** : 각 나라와 과학자들은 냉동폭탄을 만들어 지구 온도를 내리려고 한다. 원주민 예언자는 지구와 자연의 목소리를 듣고 사람과 자연이 조화롭게 해야 지구온난화를 근본적으로 해결할 수 있다고 한다.
- **노바의 상처를 치료해주는 샘** : 도시가 에너지 괴물(불덩어리괴물)에 의해 혼란에 빠지고 잃어버린 호르페를 찾으러 다니던 노바가 상처를 입는다. 그동안 자기 마음대로 하던 샘은 노바의 상처를 치료해주며 서로 이해하는 계기가 된다.
- **에너지 괴물을 없애고 지구를 구하는 방법** : 지구를 구하기 위해 과학자들이 개발한 냉동폭탄은 잠시 효과가 있었을 뿐 에너지 괴물을 없애지 못하고 더 강력하게 만든다. 전기를 끊어야 에너지 괴물을 없앨 수 있다는 것을 깨닫는다.

영화 이야기 나누기

- 우리 일상생활 중에 지구온난화의 영향을 주는 것은 무엇인가?
- 산속에 길을 잃은 샘은 도와준 원주민들을 어떻게 대했는가?
- 지구온난화를 막고자 과학자들과 예언자의 해결 방법은 각각 무엇이었는가?
- 노바의 상처를 치료해주는 샘의 마음은 어떻게 변했는가?
- 에너지 괴물을 없애고 진정으로 지구를 구하는 방법은 무엇이었는가?

감상 후 활동

- 인상적인 장면 그리기 : 가장 인상적인 장면을 그리고 그 이유를 말해보자.

한 걸음 더

호르페와 노마의 모티브가 된 것은 미얀마 및 타이에 거주하는 원주민 부족인 까렌 족이다. 여인들의 목에 링을 걸고 다니는데 링의 수와 종류로 사회적 지위를 나타낸다고 한다. 그들만의 독특한 환경과 문화를 인정해주는 문화 상대주의적인 입장에서 있는 그대로 이해하는 것이 좋다.

자연과 환경에 관한 영화

갓파 쿠와 여름방학을
(河童のクウと夏休み, 2007)

장르(국가) 애니메이션(일본) ‖ **상영시간** 139분 ‖ **등장인물** 코이치(오빠), 히토미(여동생), 야스오(아빠), 유카키(엄마), 키쿠치(코이치 반 여학생), 아저씨(코이치네 개) ‖ **공식 등급** 전체 관람가 ‖ **차쌤 추천 등급** 3학년 이상 ‖ **핵심 주제** 환경 보호, 인간과 자연의 조화

영화 소개

먼 옛날 일본 어느 마을의 늪에 물속의 요정인 갓파 부자가 평화롭게 살고 있었다. 늪을 메워 논으로 만들려는 관리의 미움을 산 갓파의 아빠는 죽임을 당하고 그 순간 지진이 일어나 어린 갓파는 땅속에 갇혀 화석이 되고 만다. 그리고 시간은 수백 년이 흘러 고이치가 갓파를 발견하게 되는데.

눈여겨볼 장면

- "우리 동료들은 거짓말을 하지 않아. 거짓말을 하는 것은 인간뿐이야." : 코이치와 쿠는 동료 갓파를 찾기 위해 갓파가 많이 있다고 광고하는 마을로 여행을 떠나지만, 관광지로 변한 마을에서 갓파의 모습은 찾을 수 없다. 숙소에서 밤에 우연히 만난 좌부동자(일본 정령, 집 지키는 수호신)로부터 갓파는 여기에 없다는 말을 듣고 실망한 쿠는 코이치에게 전한다. 코이치가 계속 찾아보길 권하자 쿠가 코이치에게 한 말이다.

- "인간은 물과 땅 바람과 하늘을 자신의 것으로 만들고 대신 영혼을 잃어버린다." : 이별을 하기 위한 쿠와 코이치 식구들이 마지막 식사를 함께하는 장면에서 쿠가 말한 대사. 가족으로서 같이 살기를 원하는 코이치와 그렇게 하지 못하는 쿠의 운명을 역설적으로 설명한다. 인간이 아닌 갓파의 눈으로 바라본 인간의 모습은 자연환경과의 공존이 아닌 개발이란 이름으로 인간화시켜버리지만 인간 이외의 다른 것은 배격하는 이중성을 꼬집는다.

- "네 자신의 탓 하지 마. 난 원망하지 않아. 너에게 받은 목숨 소중히 간직할게." : 코이치와 쿠의 마지막 이별 장면에서 쿠가 코이치에게 전하는 말. 코이치는 쿠와의 우연한 만남을 통해 처음에는 신기한 동물에서 점점 쿠가 지닌 순수성과 인간으로부터 받은 깊은 상처에 마음 아파한다.

영화 이야기 나누기

- 갓파는 왜 인간만이 거짓말을 한다고 코이치에게 말했을까?
- 쿠와 코이치 식구들이 마지막 식사를 하면서 쿠가 한 말은 무엇인가?
- 코이치와 쿠의 마지막 이별에서 쿠가 코이치에게 남긴 말은 무엇이었는가?

감상 후 활동

- 영화 토론 : 자연을 파괴하는 개발은 나쁜 것이다.
  - 찬성 : 인간은 자연의 일부다. 인간의 욕심을 위해 자연을 파괴하는 것은 나쁜 짓이고 하면 안 된다.
  - 반대 : 인간이 살기 위해서 적당한 수준의 개발은 해야 한다. 전혀 개발하지 않는다는 것은 원시시대로 돌아가자는 말과 같다.

한 걸음 더

갓파(河童, Kappa)는 일본 민담에 나오는 동물이자 물의 요정이다. 바가지 머리를 한 어린아이의 모습을 하고 있고 머리 꼭대기에 움푹 파인 곳에 물을 담고 있다. 손가락 사이에는 물갈퀴가 있고 장난치기를 좋아한다고 한다. "진짜 갓파가 있어요?" 아이는 갓파가 실제 존재하는지 질문할 수 있는데, 우리나라의 도깨비와 비유해서 설명하면 좋다. 즉 상상의 존재이지만 옛날이야기에 많이 나오는 존재 정도로 이야기해주고, 영화도 상상을 바탕으로 한 것이지만 눈여겨봐야 할 것이 무엇인지 찾아볼 수 있도록 지도하는 것이 좋다.

자연과 환경에 관한 영화

빅 미라클
(Big Miracle, 2012)

장르(국가) 드라마(미국) ‖ **상영시간** 107분 ‖ **등장인물** 레이첼(그린피스 활동가), 애덤(리포터), 질 제라드(방송인), 네이든과 할아버지(알래스카 주민 : 이누이트), 보이어 대령(주 방위군), 맥그로(사업가), 해스켈(주지사), 칼과 딘(얼음제거기 발명가) ‖ **공식 등급** 전체 관람가 ‖ **차쌤 추천 등급** 4학년 이상 ‖ **핵심 주제** 관심과 화해, 동물 보호, 자연 보호

영화 소개

1998년 겨울 미국 알래스카에서 얼음벽에 갇힌 회색 고래 가족을 구출하기 위해 노력했던 감동의 실화를 그렸다. 환경과 개발 그리고 생존이란 측면에서 서로 반목했던 환경운동가, 개발업자와 정치인 그리고 현지인인 이누이트들 뿐만 아니라 적대적이었던 미국과 소련까지도 힘을 합쳐 회색 고래가족을 돕기 위해 힘을 모은다. 회색 고래를 둘러싼 환경운동가, 개발업자, 방송인, 정치인, 발명가 그리고 원주민의 삶의 모습이 잘 드러나 있다.

눈여겨볼 장면

- 레이첼(그린피스 활동가) : 자연 보호를 위해서라면 어떤 두려움과 위험을 무릅쓰고서라도 행동으로 옮긴다. 특히, 자연을 파괴하는 개발에 대해서는 적극적인 반대를 한다. 그로 인해 맥그로와 주지사에 대한 대립이 심하다.
- 맥그로(석유개발 사업가) : 알래스카에 매장된 엄청난 석유를 채굴하기 위해 땅을 매입하던 중 레이첼과 극심한 갈등을 일으킨다. 고래 구출 작전의 비용을 부담하면서 기업 이미지를 높이려고 하지만, 구조에 헌신적으로 참여하는 사람들에게 감동하며 친환경 개발을 적극 추진한다.
- 빙벽에 갇힌 회색 고래를 위해 방송하는 레이첼 : 회색 고래 구출에 가장 노력한 레이첼은 직접 차가운 바닷속으로 들어가 고래 가족을 관찰하고 그들의 슬픈 눈도 보게 된다. 고래는 강하고 크고 힘도 세지만, 지금은 갇힌 존재이고 누구보다 약하다. 우리가 힘들 때 도움이 필요하듯 그들 역시 마찬가지란 말이 가슴에 와 닿는다.

영화 이야기 나누기

- 레이첼의 입장에서 환경운동을 생각해보자.

- 맥그로의 입장에서 석유개발을 생각해보자.
- 레이첼이 방송에 나가 회색 고래를 구해야 하는 이유를 어떻게 설명했는가?

감상 후 활동

- 포스터 그리기 : 회색 고래를 살려주세요
  - 회색 고래가 처한 상황을 잘 알릴 수 있는 포스터 그리기
  - 회색 고래를 구할 수 있는 전문가를 모집하는 포스터 그리기
  - 회색 고래의 삶을 표현하는 포스터 그리기

한 걸음 더

빙벽에 갇혀버린 고래 가족을 둘러싼 여러 이해 당사자의 생각은 각기 다르다. 사람들은 누구나 어쩔 수 없는 상황이 놓였을 때 두려움을 느끼고 겁을 먹으며 약해진다. 그럴 때 우리는 누군가의 도움을 간절히 필요로 한다. 고래 역시도 인간처럼 두려워하는 마음이 있다는 것을 공감하는 순간이 온다. 그러면 비로소 아이는 고래를 약자로 보고 약자에 대한 관심이 생기는 것이다. 동물 보호는 약자를 보호한다는 휴머니즘의 큰 틀에서 바라볼 때 아이들의 마음도 커질 수 있다. 관심의 확대는 서로에 관한 오해를 풀어나가는 중요한 열쇠가 되고 이것이 곧 화해의 길을 찾을 수 있는 용기로 발전한다

자연과 환경에 관한 영화

원령공주
(もののけ-: Mononoke Hime, 1997)

장르(국가) 드라마(미국) ‖ **상영시간** 107분 ‖ **등장인물** 아시타카(주인공), 히이님(무녀), 카야(아시타카 동생), 지코보(사냥꾼), 에보시(철 만드는 마을 지도자), 곤자(호위병), 모로(들개신), 원령공주, 고다마(나무의 정령), 사슴신, 재앙신, 성성이(나무를 심는 정령), 야쿠르(아시타카가 타고 다니는 짐승), 오코토누시(멧돼지족의 지도자) ‖ **공식 등급** 전체 관람가 ‖ **차쌤 추천 등급** 5학년 이상 ‖ **핵심 주제** 인간과 자연의 공존

영화 소개

평화롭던 에미시 부족에 인간에 대한 증오와 원망이 가득한 재앙신이 나타나 마을로 돌진한다. 아시타카는 마을을 지키기 위해 어쩔 수 없이 재앙신을 떨어뜨리지만 그의 오른팔엔 죽음의 저주가 새겨진다. 아시타카는 자신의 운명을 받아들이고 서쪽으로 여행을 떠나는데.

눈여겨볼 장면

- **재앙신의 마을 습격** : 철환(총탄)이 몸에 박혀 재앙신이 된 거대 멧돼지의 이야기는 영화 전체의 분위기와 주제를 담고 있다. 재앙신이 된 이유는 에보시가 산에 나무를 없애기 위해 멧돼지를 총으로 쏘았기 때문이다.
- **에보시와 원령공주와의 갈등** : 영화의 가장 핵심적인 갈등구조를 나타낸다. 에보시는 산에 나무를 베어내 철을 만들어야 마을이 잘 된다고 생각하고 방해되는 모든 것을 없애려 한다. 원령공주는 자신의 터전인 숲을 없애는 마을 사람들과 에보시를 용서할 수 없다.
- **에보시와 아시타카의 갈등** : 아시타카는 에보시가 자기 욕망을 위해 멧돼지를 죽여 재앙신이 되게 만들었다고 생각하지만, 에보시는 마을 사람들을 먹여 살리고 저주받은 병에 걸린 환자들을 인간답게 대하는 등 자신의 행동이 정당하다고 생각하고 더 많이 개발하길 원한다.
- **아시타카와 모로와의 대화** : 원령공주를 인간과 함께 살도록 하고 들개와 인간이 서로 공존하자고 하는 아시타마의 제안에 들개신 모로는 있을 수 없는 일이라고 말한다. 모로 역시도 에보시에 대한 원한이 있고 원령공주는 인간이 아닌 모로 자신의 자식이라 말한다.

영화 이야기 나누기

- 멧돼지는 왜 재앙신이 되었으며 인간을 증오하고 원망하게 되었는가?
- 에보시와 원령공주는 왜 서로를 없애려고 했는가?
- 저주받은 병에 걸린 환자들은 아시타카에게 왜 에보시를 죽이지 말라고 했나?
- 인간과 함께 공존하자는 아시타카의 제안에 모로는 뭐라고 하였는가?

감상 후 활동

- 영화 토의 : 사슴신은 어떤 존재인가?
  - 생명을 살리게도 하고 죽게도 하는 사슴신의 모습이 영화에서는 어떻게 보였는지 찾아보고 발표해본다.
  - 사슴신은 생명을 살리는 역할을 하는가? 아니면 생명을 죽이는 역할을 하는가?
  - 사슴신은 언제 생명을 살리고 죽이는가? 그리고 그 목적은 무엇인가?

한 걸음 더

전체 관람가 애니메이션이긴 하나 추천 등급을 5학년으로 정한 이유는 서쪽으로 떠난 아시타카가 지코보를 구하기 위해 싸우는 장면이 다소 과격하기 때문이다. 그러나 아주 짧은 장면이라 큰 잔향은 없을 것으로 보인다. '원령공주'에서 사슴신은 선과 악 그 어느 편에도 속하지 않고 인간에게도 동물에게도 속하지 않는 특이한 설정으로 나온다.

자연과 환경에 관한 영화

북극의 눈물
(Tears In The Arctic, 2008)

장르(국가) 다큐멘터리(한국) ‖ **상영시간** 86분 ‖ **등장인물** 나레이터(안성기), 우삭각, 아비끼악(이누이트 사냥꾼), 북극곰, 일각고래, 케이, 빅터(순록 사냥꾼) ‖ **공식 등급** 전체 관람가 ‖ **차쌤 추천 등급** 4학년 이상 ‖ **핵심 주제** 북극의 환경변화에 따른 인간과 동물의 생존, 환경 파괴

영화 소개
북위 76도에 있는 지구 최북단 그린란드 마을을 배경으로 북극의 광활한 자연과 그 속에 사는 원주민 이누이트들의 생활을 보여준다. 특히, 지구온난화로 인한 북극 얼음의 감소는 북극 생태계에 새로운 영향을 미치고 인간과 각종 동물의 살아남기 위한 삶의 모습을 보여준다.

눈여겨볼 장면
- **북극 이누이트들의 생활과 사냥** : 그들에게 사냥은 생존의 수단이자 역사이고 문화이며 미래다. 그들의 삶이 지속하는 한 사냥 역시도 지속할 것이다. 일각 고래, 바다코끼리, 바다표범 등을 사냥한다.
- **북극의 얼음이 사라짐에 따라 생기는 심각한 어려움** : 지구온난화로 얼음이 사라지면 개썰매 사냥이 어려워져 이누이트들의 전통적인 삶도 흔들린다. 얼음이 사라져 바다표범을 사냥하는 데 어려움을 겪는 북극곰도 힘든 삶을 산다. 먹을 것이 사라진 북극곰이 사람들이 사는 마을까지 내려와 갈등을 겪는다.
- **무너지는 빙벽** : 지구온난화로 빙산의 끝인 빙벽이 무너져 바다로 떨어지는데, 해마다 1000억 톤씩 떨어지고 전체 그린란드 빙하의 20%가 소실되었다. 예측에 따르면, 2040년 여름이면 북극의 빙하는 완전히 사라진다. 빙벽이 무너지면 차가운 물이 증가하여 지구 환경에 다시 영향을 미친다(영화 '투모로우' 참고).
- **북극 툰드라의 순록과 늑대 그리고 사냥꾼의 이야기** : 북극 늑대들은 순록 떼를 노리고, 이누이트들도 순록을 사냥한다. 지구온난화의 영향으로 툰드라 아래에 있는 얼음이 녹아 사막으로 변하게 된다.

영화 이야기 나누기
- 북극의 이누이트들은 어떤 삶을 살아가는가?

- 북극에 사라지는 얼음은 인간과 동물의 삶에 어떤 영향을 주는가?
- 빙벽은 무엇이며 왜 자꾸 사라져 가는가?
- 북극 순록과 이누이트들은 어떤 관계인가?

감상 후 활동

- 영화 감상평 쓰기 : 지구온난화가 북극 환경에 끼치는 영향에 대하여
  - 지구온난화로 인한 북극 얼음의 감소
  - 툰드라 아래에 있는 얼음이 녹으면서 생기는 환경의 변화

한 걸음 더

2008년 12월 방영되어 큰 화제를 모았던 MBC 다큐멘터리의 극장판인 〈북극의 눈물〉은 기후변화에 가장 크게 영향을 받고 있는 북극의 삶과 자연을 다룬다. 사냥 모습 중에 동물들을 죽이고 가죽을 벗기는 장면이 나오는데, 우리와 다른 모습의 삶이라도 이것 역시 그들의 삶의 양식이고 문화라는 점을 알게 하는 것이 좋다. 툰드라는 북극해 연안의 동토 지대로서 이끼와 작은 풀들의 대지다. 〈북극의 눈물〉 이후 〈아마존의 눈물〉, 〈아프리카의 눈물〉, 〈남극의 눈물〉 시리즈가 있다.

자연과 환경에 관한 영화

스즈메의 문단속
(Suzume, 2023)

장르(국가) 애니메이션·판타지·재난(일본) ‖ **상영시간** 122분 ‖ **등장인물** 스즈메(주인공), 소타(청년), 의자(소타의 변신), 다이진(고양이, 서쪽 요석), 사다이진(고양이, 동쪽 요석), 미미즈(지진을 일으키는 거대한 지렁이) ‖ **공식 등급** 12세 관람가 ‖ **차쌤 추천 등급** 5·6학년 ‖ **핵심 주제** 재난의 극복

영화 소개

일본의 한적한 마을을 여행하던 소녀 '스즈메'는 문을 찾아 여행 중인 청년 '소타'를 만난다. 산속 폐허에서 발견한 낡은 문을 열자 마을에 재난의 위기가 닥쳐온다. '소타'는 대대로 재난을 봉인하는 일을 하고 있었다. 스즈메는 소타를 도와 간신히 문을 닫고 재난을 막는다. 하지만 안도감을 느낄 사이도 없이 정체불명의 고양이 '다이진'이 소타를 의자로 바꿔버린다. 의자는 잡힐 듯 잡히지 않고 일본 각지로 돌아다니고, 각지의 폐허에선 재난을 부르는 문이 열리기 시작한다. 스즈메는 의자가 된 소타와 함께 재난을 막기 위한 여정을 나서는데, 과연 엄청난 재난이 몰려오는 현실 앞에서 그들 앞에는 어떤 모험이 펼쳐질까?

눈여겨볼 장면

- **재난이 남긴 상처** : 재난은 인간의 한계를 넘는다. 재난은 많은 사람에게 치유하기 어려운 집단적 상처를 준다. 너무 큰 상처는 현실과 의식을 분리시킨다. 의식의 일부가 분리되어 '현실에서 도피'하거나 '마비된 상태'를 경험한다. 너무 힘겹기 때문에 그때의 재난을 떠올리는 것 자체가 두려움이 된다.
- **문의 안쪽과 바깥쪽의 의미** : 영화 속 문은 재난이 생기는 통로다. 재난을 막기 위해 소타는 진심 어린 애도를 통해 열쇠 구멍을 찾고 문을 닫아 재앙을 막으려 한다. 자세히 보면 문의 안쪽은 살아있는 자의 공간이고, 문의 바깥쪽은 죽은 자의 공간이다. 이처럼 영화 속 문은 공간과 공간을 연결해주는 장치다.
- **살아남은 자의 슬픔** : 재난에서 살아남은 사람들은 자신만 살아남았다는 죄책감, 사랑하는 사람을 잃었다는 상실감, 삶의 붕괴에 대한 좌절감 등이 나타난다. 그러나 마음의 상처를 드러내는 것은 쉽지 않다. 특히, 재난 상황이면 살아남은 모두가 피해자이기 때문에 더 그렇다. 이것이 쌓이면 마음의 상처를 치유하지 못한다. 재난의 상황을

돌아보고 감정을 드러내야 살아남은 사람끼리의 관계를 개선하고 치유할 수 있다. 살아남아서 죄스러운 것이 아니라 살아남아 다행이라고 생각해야 죄책감에서 벗어나 살아갈 용기와 희망을 찾을 수 있다.

영화 이야기 나누기

- 소타가 폐허를 찾아다는 이유는 무엇인가?
- 재난을 막기 위해 스즈메와 소타가 한 일은 무엇인가?
- 어쩔 수 없는 큰 슬픔에 빠진 경험이나 기억이 있는가?

감상 후 활동

- 글쓰기 : 지금이 마지막 순간이라면 남기고 싶은 말은 무엇인가?
  - 친구와의 이별, 가족의 이별 등 이별의 순간에 무엇을 했는지 떠올려본다.
  - 떠나는 사람 혹은 남는 사람이 되어 그 느낌을 발표 혹은 글로 적어본다.

한 걸음 더

2011년 발생한 동일본 대지진은 일본 관측 역사상 최대 규모의 참사였다. 더불어 초대형 쓰나미를 불러와 많은 피해를 입었고, 후쿠시마 원자력 사고도 불러왔다. 지진과 화산 폭발, 태풍 등 자연재해가 잦은 일본에서 그 유래를 찾기 어려울 정도로 큰 피해를 줬다. 영화는 전체적으로 일본의 특수한 요소가 많지만 재난이란 특수한 상황에서 피해를 입고, 특히 살아남은 사람들이 겪어야 했던 마음의 상처에 대해 좀 더 깊이 생각할 수 있는 점에서 영화 수업으로 가치가 있다. 죽음이란 영원한 이별이 예정되어 있다면, 지금 곁에 있는 사랑하는 사람들에게 감사의 마음을 전하고, 스스로 현재를 충실히 살아갈 이유를 찾을 수 있다.

남북분단과 통일을 생각하게 하는 영화

국경의 남쪽
(South Of The Border, 2006)

장르(국가) 드라마(한국) ‖ **상영시간** 109분 ‖ **등장인물** 김선호(주인공), 이연화(선호 연인), 선호 아버지, 선화(선호 누나), 선호 매부, 선호 엄마, 서경주(남한에서 결혼한 부인) ‖ **공식 등급** 12세 관람가 ‖ **차쌤 추천 등급** 5학년 이상 ‖ **핵심 주제** 남북 분단과 그에 따른 개인의 아픔

영화 소개
남한에 있는 할아버지의 비밀편지가 발각되어 가족 전체가 남쪽으로 내려가야 하는 선호는 평소 사랑하던 연화에게 같이 갈 것을 애원한다. 하지만 연화도 가족 모두 함께 가길 원해 선호가 먼저 내려가 돈을 보내주면 연화도 탈북하려 했으나 운명은 그 둘을 쉽게 만나게 해주지 않았는데.

눈여겨볼 장면
- **프러포즈를 하는 선호와 받아들이는 연화** : 연화를 너무 사랑하고 상사병에 빠진 선호가 연화에게 아주 어렵게 사랑을 고백하는 모습에서 그의 성격을 엿볼 수 있다. 연화에 비해 선호는 매우 씩씩하고 직접적인 성격이지만 선호를 사랑한다.
- **헤어지는 선호와 연화** : 남쪽에서 온 할아버지의 편지가 발각되어 선호의 가족은 위험에 처하고 가족 모두 남한으로 탈출하려 한다. 선호는 연화에게 같이 갈 것을 애원하지만, 연화는 나중에 사람을 보내주면 같이 오겠다고 해서 헤어지게 된다.
- **선호 가족의 엇갈린 운명과 선호의 변화** : 천신만고 끝에 남쪽으로 탈출한 선호 가족은 남쪽의 할아버지가 이미 돌아가셨다는 소식에 낙담한다. 거기다 할아버지의 도움으로 연화 가족을 탈출시킬 계획도 어긋나고 선호가 받았던 정착금도 사기당해 잃어버린다. 이후 연화 가족을 탈출시킬 돈을 마련하기 위해 선호는 돈에 집착한다.
- **선호와 연화의 하나원에서 재회** : 누나는 선호의 안타까운 모습에 연화가 북에서 결혼했다고 거짓말을 하고 선호는 평소 자신의 성실한 모습을 좋아하던 경주와 결혼한다. 몇 년 후 연화는 탈북해 하나원에서 다시 만나는데, 선호가 결혼 사실을 모르고 연화에게 선호는 진실을 알려줄 수가 없다.
- **아침밥을 차려 놓고 떠난 연화** : 절대 떨어지지 않겠다고 약속한 연화는 아침이 되자 떠난다. 같이 살 수 없는 현실을 인정하면서도 선호를 사랑하는 연화의 마음을 나타낸다.

영화 이야기 나누기

- 선호와 연화의 성격은 어떠하며, 왜 북에서 헤어지게 되었는가?
- 선호는 남한으로 탈출했지만, 왜 연화 가족을 부를 수 없었는가?
- 선호와 연화는 하나원에서 다시 만나는데, 왜 선호는 진실을 말하지 못하는가?
- 절대 헤어지지 않겠다는 연화는 왜 아침밥을 차려놓고 떠나갔을까?

감상 후 활동

- 편지쓰기 : 각자의 주인공이 되어 다른 주인공에게 편지쓰기
  - 선호가 되어 연화에게 편지쓰기, 연화가 되어 선호에게 편지쓰기
  - 경주가 되어 선호 혹은 연화에게 편지쓰기

한 걸음 더

선호와 연화가 키스하는 장면은 선호와 연화의 순수한 사랑과 선호의 성격을 나타내는 부분으로 설명해주면 좋다. 남북분단의 현실과 멜로는 어울리지 않는 소재인 것 같지만, 아이들은 오히려 두 사람의 안타까운 사연에서 분단 현실의 아픔을 간접적으로 느낄 수 있다.

남북분단과 통일을 생각하게 하는 영화

웰컴 투 동막골
(Welcome To Dongmakgol, 2005)

장르(국가) 드라마, 전쟁(한국) ‖ **상영시간** 133분 ‖ **등장인물** 리수화(인민군 장교), 표현철(국군 장교), 여일(꽃 처녀), 인민군 하사관, 문상상(위생병), 택기(인민군 소년병), 스미스 대위(비행기 조종사), 촌장, 김 선생, 수, 석용, 응식(마을 주민들) ‖ **공식 등급** 12세 관람가 ‖ **차쌤 추천 등급** 4학년 이상 ‖ **핵심 주제** 전쟁 속에서 피어나는 인간애

영화 소개

1950년 6월 북한군의 남침으로 전쟁은 시작되었고 인천상륙작전 이후 전세가 바뀌어 인민군은 쫓기게 된다. 패잔병이 된 인민군과 역시 부대를 탈영한 국군이 전쟁이라고는 모르고 사는 동막골에서 우연히 만난다. 처음에 적대적이었던 이들이 마을에 추락한 미군 조종사 스미스와 함께 잠시 평화롭게 지내지만, 동막골 주변이 북한 대공포 진지라고 생각한 미군은 대규모 공습을 준비하며 동막골을 폭격하려 하는데.

눈여겨볼 장면

- 동막골 사람들과 처음 만난 인민군과 국군 : 몸을 다친 스미스와 동네 유일한 김 선생과의 엉터리 영어 대화, 전쟁이 난 것도 모르는 마을 사람들과 국군의 만남, 부대원을 다 잃고 은신처를 찾아온 인민군 패잔병들과 만남, 전체적으로는 긴장감이 넘치지만 매우 코믹한 상황으로 전개된다.
- 택기와 국군 위생병의 말다툼(54분경) : 6·25전쟁이 누구에 의해 먼저 벌어졌는지 싸움이 벌어지는데 인민군 장교가 북이 먼저 쳐들어갔다고 말해준다. 북의 일반 병사들은 남한과 미국이 먼저 북을 쳐들어간 것으로 알고 있었다.
- 멧돼지 고기를 함께 먹는 국군과 인민군 : 마을 사람들을 괴롭히던 멧돼지를 잡았지만 마을 사람들은 먹지 않고 파묻었는데 인민군, 국군 거기다 스미스까지 밤에 모여 고기 파티를 하며 동막골에서만큼은 서로를 이해하는 계기가 된다.
- 표현철(국군 장교)의 트라우마(1:12분경) : 한강 다리의 폭파의 명령을 받았고 피난민이 다 건너기도 전에 폭파해야 하는 상황에서 명령을 수행하고 난 뒤 죄책감에 시달린 것으로 보인다. 첫 장면에서 자살하려고 하던 이유가 설명된다.
- 힘을 합치는 인민군과 국군 그리고 스미스 : 동막골 주민을 보호하기 위해 군인들은 이때까지 적과 아군의 굴레에서 벗어나 자신들이 주민으로부터 받은 정을 갚기 위해

자신들이 마을 벗어나 다른 곳으로 폭격을 유도하려 가상 전투를 벌이려 한다.

영화 이야기 나누기

- 동막골 사람들과 군인들의 첫 만남은 어떠했는지 이야기해보자.
- 택기와 국군 위생병은 무엇 때문에 말다툼을 벌였는가?
- 국군과 인민군 그리고 스미스까지 한마음이 되는 계기가 된 사건은 무엇인가?
- 국군 장교는 과거에 어떤 나쁜 기억 때문에 자살하려고 했는가?
- 동막골을 폭격하려는 미군의 시도를 알게 된 군인들의 선택은 무엇인가?

감상 후 활동

- 자유발표 : 인상적인 장면을 이야기해보고 그 이유를 말해보자. 내가 만약 동막골의 군인이었다면 어떤 선택을 했으며 그 이유는 무얼까?

한 걸음 더

전쟁영화의 특성상 총탄에 피 흘리는 장면이 나온다. 일부 감상에 힘들어하는 아이가 없는지 유심히 살필 필요가 있다. 영화적 설정임을 설명해주는 것이 좋다.

남북분단과 통일을 생각하게 하는 영화

우리 학교
(Our School, 2006)

장르(국가) 다큐멘터리(한국) ∥ **상영시간** 131분 ∥ **등장인물** 리성대, 조성래, 김혜연, 리지옥, 변재훈, 서영훈, 김주령(이상 21기 고급부 3학년), 박대우(선생님), 신경화(교무부장), 조순화(초급부 선생님), 김갑렬(사감선생님), 김유섭(고2담임), 조호렬(축구코치), 후시지로(축구코치), 리호미(어머니 선생님) ∥ **공식 등급** 전체 관람가 ∥ **차쌤 추천 등급** 5학년 이상 ∥ **핵심 주제** 주체성 가지고 살기, 조선학교(우리학교) 바로 알기, 분단의 현실

영화 소개

해방 직후 조선인 1세대들은 일본 땅에서 살아갈 후손을 위해 조선학교(우리학교)를 세운다. 처음 540여 개가 넘던 학교는 80여 개만 남게 되었다. 김명준 감독은 홋카이도 조선 초중고급 학교의 교원 학생들과 3년 동안 동고동락하며 그들의 일상을 카메라에 담았다.

눈여겨볼 장면

- **학교에서 학생들의 갈등을 해결하는 방식** : 추운 홋카이도 지방에서 교복 위에 덧입는 것을 제한하는 것에 대해 촉발한 남녀 갈등의 문제를 해결하는 방식은 토론이다. 12년 동안 함께 공부하고 지냈는데도 남녀의 인식차에 의한 갈등은 풀기 쉬운 문제가 아님은 '우리학교' 아이들도 같다는 점에 주목한다.
- **학생들과 함께 생활하는 선생님** : 기숙학교 생활을 하는 아이들과 함께 생활하는 선생님들은 어떨 때는 가족같이, 어떨 때는 친구같이 아이들을 대한다. 무엇이 학생들과 선생님들을 끈끈하게 묶어주는지 생각해보게 한다.
- **운동경기에 출전하는 '우리학교' 학생들의 차별** : 정식 학교로 인가받지 못하기 때문에 아무리 실력이 뛰어나도 지역대표가 되지 못했는데, 동포들의 투쟁으로 90년대 이후부터는 출전은 가능하지만 지원은 받지 못한다. 다른 학교 아이들은 자신과 학교의 명예를 위해 출전하지만 '우리학교' 아이들은 동포의 명예와 감동을 준다는 사명감을 가지고 경기에 임한다.
- **재일동포들이 쪼개지고 '우리학교' 학생들이 힘들게 학교를 다니게 된 이유** : 일본의 패망 후 재일동포에게 식민지 이전의 조선 국적이 부여되었고 65년 한일협정 이후 한국국적취득자가 늘었는데 이것이 재일동포의 분열을 가속시켰다. 북한은 '우리학교' 초기부터 지원했는데 남한은 지원하지 않았다. 그래서 재일 조선인들 중 고향은 남쪽이

라도, 조국은 북쪽이라 칭하게 되었다.

영화 이야기 나누기

- '우리학교' 아이들은 학교에서 갈등이 생겼을 때 어떻게 풀어나가는가?
- '우리학교' 학생들과 선생님들은 왜 끈끈한 관계가 되었을까?
- '우리학교' 아이들이 받는 차별에는 어떤 것들이 있으며, 어떻게 극복하는가?
- 재일 조선인들이 고향은 남쪽, 조국은 북쪽이라고 생각하는 이유는 무엇인가?

감상 후 활동

- 영화 토의 : '우리학교' 학생들을 어떻게 볼 것인가?
  - 자기가 누구인지 늘 생각하고 느끼며 살아가야 할 '우리학교' 아이들의 입장이 되어 생각해보자.
  - 왜 '우리학교' 학생들은 어려운 길을 선택할 수밖에 없는지 생각해보자.

한 걸음 더

'우리학교'는 겉으로 보기에는 아이들이 북한 교육을 받는 것처럼 보이지만, 남과 북을 균형 있게 보고 인식하고 있다는 점을 영화에서도 확인할 수 있다. 일본으로 귀화하지 않고 민족의 주체성을 지키며 살아가기 위해 노력하는 모습에 더 중점을 두고 지도하는 것이 좋다.

남북분단과 통일을 생각하게 하는 영화

코리아
(As One, 2012)

장르(국가) 드라마(한국) ‖ **상영시간** 127분 ‖ **등장인물** 현정화, 최연정, 오두만(남측 선수), 리분희, 유순복, 최경섭(북측 선수), 이은일 코치(남측), 조감독(북측), 최단장, 박단장, 장대장(보위부) ‖ **공식 등급** 전체 관람가 ‖ **차쌤 추천 등급** 5학년 이상 ‖ **핵심 주제** 남북통일의 힘

영화 소개

제41회 세계선수권대회를 앞두고 남북 탁구단일팀이 만들어지고 금메달에 목마른 현정화는 충격에 빠진다. 선수와 코치 모두 반대에도 남북 단일팀이 만들어지지만 연습 방식, 생활 방식, 말투까지 너무나 달라 단일팀이 꾸려질지 걱정이다. 과연 남북 선수들은 악조건을 다 이기고 단결해서 최강 중국팀을 누르고 우승을 할 수 있을까?

눈여겨볼 장면

- **남측과 북측 선수들의 첫 만남**: 자유분방한 남한 선수들과 달리 엄격함을 유지하는 북측 선수들. 오두만의 농담 한마디로 촉발된 북측 리분희와 남측 현정화의 첨예한 말다툼을 주목하자. 코치들 역시 술로 대결하는 것 같지만, 마음을 열기 위해 노력하고 있음을 알 수 있다.
- **남북 선수들의 마음 열기**: 극심하게 대립하던 남북 선수들 사이에서 급기야 싸움이 벌어졌고, 남북 코치들은 남북 선수들의 마음을 열기 위해 이인삼각 경기, 버스에서 자리 같이 앉기 등을 한다. 승부욕이 남다른 현정화의 마음을 오히려 같은 승부욕을 가진 리분희가 이해한다. 첫 실전을 실패한 유순복에게 현정화는 자신의 첫 출전 경험을 알려준다.
- **현정화와 리분희의 복식조 결성**: 계속 실수하던 유순복이 코리아팀의 승리를 위해 양보하고 앙숙이었던 현정화와 리분희는 힘을 합쳐 현정화는 공격, 리분희는 수비를 맡는다. 중국 선수들의 도발에 코리아팀은 우리 팀으로 거듭난다. 간염으로 리분희는 급기야 쓰러지고 현정화와 리분희는 서로의 사정을 이해한다.
- **코리아 선수들의 힘**: 북한 측의 오해로 북한 선수들이 모두 북으로 돌아가려는 상황에서도 결승에 올라간 코리아 선수들은 감독, 코치, 단장 그리고 북한 보위부 대장마저도 감동시킨다. 우승한 뒤 각자 남북으로 헤어져야 하는 상황이 가슴 아프게 다가온다.

영화 이야기 나누기

- 남측 선수들과 북측 선수들이 단일팀으로 처음 만났을 때 어떤 일이 벌어졌는가?
- 남북 선수들의 다툼을 어떻게 해결했는가?
- 현정화와 리분희는 어떻게 복식조가 되었는가?
- 결승전에서 보여준 코리아 팀의 힘과 안타까움은 무엇이었는가?

감상 후 활동

- 코리아팀을 응원하는 광고를 만들자
    - 만약 내가 실제 경기를 관전한다면 어떤 응원 광고지를 만들지 생각해보자.
    - 영화 속 내용을 바탕으로 한 광고지를 만든다.

한 걸음 더

1991년 41회 세계선수권대회에서 사상 최초로 결성된 남북 단일팀의 실화를 바탕으로 한 작품이다. 남북 분단의 아픔과 통일의 가능성 그리고 통일되어 힘을 합쳤을 때 나오는 한민족의 힘을 보여준다. 현정화와 리분희의 이야기가 주를 이루지만, 최경섭과 최연정의 사랑 이야기도 분단의 역사와 아픔을 표현해주는 좋은 예로 접근할 수 있다.

```
남북분단과 통일을 생각하게 하는 영화
```

포화 속으로
(Into The Fire, 2010)

장르(국가) 전쟁(한국) ∥ **상영시간** 120분 ∥ **등장인물** 오장범(학도병 중대장), 박무량(북한군 진격대장), 구갑조(학도병), 북한군 정치위원, 강대위, 사단장 ∥ **공식 등급** 12세 관람가 ∥ **차쌤 추천 등급** 5학년 이상 ∥ **핵심 주제** 전쟁의 참혹함. 한국전쟁의 발발과 전황, 전쟁 속에 보이는 인간의 참 모습

영화 소개
북한의 남침으로 시작한 한국전쟁은 압도적인 화력의 북한군이 파죽지세로 내려오고 국군은 낙동강 전선 사수에 모든 걸 건다. 포항을 지키던 강석대 부대도 낙동강으로 집결하라는 명령을 받지만, 최전선을 비워둘 수 없어 어쩔 수 없이 71명의 학도병만 남겨두고 떠나게 되는데.

눈여겨볼 장면
- **포항을 지키는 임무를 맡은 학도병** : 국군은 낙동강 전선으로 가고 학도병만 남아서 포항을 지켜야 하는데 학도병들은 총 한번 쏘아보지 못했다. 강석대 중대장의 설명을 듣지만, 전혀 상황파악이 안 되고 오히려 놀러 온 것처럼 아무 생각이 없다. 오장범은 전투에 참여해봤다는 이유 하나만으로 71명 학도대의 중대장이 된다.
- **학도병 중대장 오장범과 구갑조의 갈등** : 심약한 성격에 얼떨결에 중대장이 된 오장범의 명령은 학도병들에게 먹히지 않고 더구나 평소 말썽과 싸움꾼이었던 구갑조 일당은 대놓고 오장범에게 반항한다. 구갑조 일당의 수류탄 오발사고로 식량을 다 잃고 난 후 갈등은 더 심화된다.
- **오장범이 어머니에게 쓰는 편지** : 북한군은 머리에 뿔 달린 괴물이 아니라 죽으면서 어머니를 찾는 모습에서 심적 갈등이 더 심해진다. 전쟁을 왜 해야 하는지 복잡한 심경을 어머니에 보내는 편지에 담는다.
- **"군인이라면 벌써 죽였소. 저들이 군인으로 보이오?"** : 박무량은 직접 학도병 부대로 찾아가 항복을 권유하지만, 학도병들은 결사 항전하려 한다. 그런 모습을 못마땅하게 여긴 북한군 정치위원의 비난에 박무량이 한 말이다. 전쟁이지만 어린 학생들을 죽이고 싶지 않는 박무량의 마음이 나타난다.

영화 이야기 나누기

- 왜 학도병만 남아 포항을 지키게 되었으며, 오장범은 왜 중대장이 되었나?
- 오장범과 구갑조는 왜 갈등했는가?
- 오장범이 어머니에게 보낸 편지는 어떤 내용이었고 왜 썼을까?
- 박무량은 왜 학도병들에게 항복을 권유했는가?

감상 후 활동

- 영화 토론 : "학도병은 군인인가? 군인이 아닌가?"(강석대 부대장이 학도병들에게 포항을 맡기면서 한 대사)
  - 군인이다 : 전쟁은 모든 것을 걸고 이겨야 한다. 학생이었지만 총을 들었다면 군인으로서 의무를 다해야 한다.
  - 군인이 아니다 : 아무리 전쟁이라고 해도 전쟁은 군인들이 전투해야 한다. 국가가 존재하는 이유도 그 때문이다.

한 걸음 더

"대구가 고향인데, 그때 열다섯이었고, (학도병들이) 포항에 온 것이 1950년 8월 9일입니다. 새벽 3시쯤 시내에서 딱꿍, 따다다다 하는 소리가 들려요. (중략) 이우근은 서울 동성중학교 3학년이었고, 죽기까지 일지를 썼어요. 열흘 후쯤 가서 동료들의 시신을 수습했는데. 이우근이 옷 속에서 작은 수첩을 발견했습니다. 그래서 편지가 알려지게 된 거죠."(당시 학도병 김만규(15) 님의 증언)

남북분단과 통일을 생각하게 하는 영화

국제시장
(Ode to My Father, 2014)

장르(국가) 드라마(한국) ∥ **상영시간** 138분 ∥ **등장인물** 덕수, 영자(덕수 처), 달구(덕수 친구), 덕수 부모, 덕수 고모, 승규(둘째 남동생), 막순(셋째 여동생), 끝순(막녀 여동생) ∥ **공식 등급** 12세 관람가 ∥ **차쌤 추천 등급** 5·6학년 ∥ **핵심 주제** 가족에 대한 책임감

영화 소개

한국전쟁이 발발하고 흥남에서 피난을 떠난 덕수네 가족은 막순이를 잃고 아버지와도 생이별한다. 졸지에 가장이 된 덕수는 남은 가족과 함께 부산으로 내려가 악착같이 생활한다. 가족을 위해 헌신한 덕수는 독일의 광산에서, 월남의 전쟁터에서 죽을힘을 다해 일한다. 독일에서 간호사로 일하던 영자를 만나 결혼도 하지만, 월남에서 총상을 입어 한쪽 다리를 평생 절게 된다. 1980년대 이산가족 찾기를 통해 끝순이를 만나 덕수도 한을 푸는 듯했으나 70대 노인이 되어서도 덕수는 자신의 삶을 살아보지 못하고 가족에게도 소외받는다.

눈여겨볼 장면

- 탄광에 매몰된 덕수, 그를 구하려는 영자와 덕수의 동료들 : 독일 말을 몰라 발만 동동 구르는 동료 광부들. 영자는 독일 책임자에게 눈물로 호소한다. 영자의 호소에 감동받은 동료들은 저지하는 독일 책임자를 밀치고 죽기를 각오하고 덕수와 달구가 매몰된 지하 갱도로 내려간다. 그들의 눈빛은 처연하면서도 슬픔과 울분이 묻어난다.
- 가게 '꽃분이네'에 집착하는 덕수 : 덕수에게 '꽃분이네'는 가게 이상의 의미를 가진다. '꽃분이네'를 버린다는 것은 헤어진 아버지를 덕수의 마음속에서 영영 보내야 하는 일이기 때문이다.
- "아버지, 내 약속 잘 지켰지예? 이만하면 내 잘 살았지예? 근데 내 진짜 힘들었거든예" : 70대 노인이 되어버린 덕수가 고집 세고 융통성 없으며 꼬장꼬장한 늙은이처럼 보이는 것은 힘든 시련을 겪으면서 가족에 대한 헌신과 책임감으로 살아온 영향이기 때문이다. 아버지의 사진 앞에서 그동안 말 못 할 아픔과 고통의 시간을 말하는 덕수는 어린 시절부터 짊어져야 했던 가장의 짐을 덜어놓는다.

영화 이야기 나누기

- 덕수의 인생을 생각해보고 내가 덕수였다면 어떤 기분이 들었을지 이야기해보자.
- 덕수가 자신의 삶을 살지 못한 이유는 무엇일까?
- 마지막에 덕수가 아버지를 만나 통곡한 장면과 대사를 생각해보고 덕수가 통곡한 이유가 무엇이었는지 말해보자.

감상 후 활동

- 영화 포스터 만들기
  - 포스터의 주제를 정하고 영화 속 인상 깊은 장면을 선정한다.
  - 장면은 필요에 따라 변형할 수 있다.
  - 기존에 영화 포스터를 그대로 그리지 않도록 한다.

한 걸음 더

마지막 장면에서 덕수가 아버지에게 받았던 것은 '위로'였다. 아이는 부모를 이해하지 못한다. 부모 역시도 그들의 부모를 이해하지 못했다. 덕수의 생을 통해 자신의 삶을 뒤로하고 가족 위해 헌신했던 모습을 살필 수 있다. 이것은 힘겨웠던 우리 역사와 그 시대를 살았던 윗세대의 삶을 볼 수 있어 의미 있다. 윗세대의 공로에 대한 인정과 위로는 아랫세대가 알아주는 것에서 시작한다. 그것을 연결하는 것은 바로 가족이었다. 국제시장은 진정한 가족의 의미를 되새겨 보는 데 의미가 크다. 이것이 바로 아이가 부모를 부모가 그 부모를 이해하는 시발점이 된다.

나오며

영화를 학생들과 함께 보고 수업을 한 지 오랜 시간이 흘렀다. 2000년대 초반 영화 수업을 처음 시작할 때만 해도 수업 시간에 영화 본다는 것에 불편한 시선이 있었다. 교사가 수업 안 하고 놀기 위해서 영화 틀어 놓는다는 편견이 흔했다. 그러나 다양한 수업 자료와 기법 그리고 영상매체에 대한 인식이 달라지면서 영화는 교과서에 실릴 정도로 대중적인 수업자료가 되었다. 또한, 영화를 교육적 자료로 보고 문학 수업의 연장선에서 감상 수업을 하는 교사와 영화를 제작하면서 영상을 가르치는 교사도 늘었다.

학급 특색으로 영화 수업을 한다고 공개적으로 선언했을 때부터 순탄하지 않았다. 당시 관행적으로 제출했던 학급경영록에 적시한 '영화 수업'이란 문구는 큰 파문을 일으켰다. 영화가 수업이 된다고?

영화가 수업이 된다고 선언했기에 그것을 밝히는 책임 역시 나에게 있었다. 누가 알아주든, 알아주지 않든 수업할 영화를 찾고, 찾은 영화로 수업하고, 그 과정을 기록으로 남겼다. 시간이 흘러 기록은 정리와 정선의 과정을 거쳐 『영화를 함께 보면 아이의 숨은 마음이 보인다』(2013, 전나무숲)과 『아이의 마음을 읽는 영화 수업』(2016, 에듀니티)으로 세상에 나왔다.

그 뒤로 시간이 흘렀다. 영화 수업은 영화감상 수업과 영화제작 수업으로 분기했다. 마치 좋은 글을 읽기 위한 문학 수업과 좋을 글을 쓰기 위한 작문 수업으로 나눠진 것과 같다.

영화는 그 자체가 종합적인 예술을 지향한다. 다른 어떤 장르의 예술보다 대중적이고, 창작과 자유롭고 다양하며 풍부한 해석도 가능하다. 영화 수업이라고 하면 제작을 먼저 떠올리고, 감상은 제작을 위한 하위 활동이라고 여기거나 아예 수업이라 여기지 않는 편견을 깨기 위해서라도 영화 수업에 관해 알려야 했다.

나는 그중 제작이 아닌 감상이 주가 되는 영화 수업을 해왔다. 우연히 시작했지만 순탄하지 않았다. 첫걸음은 영화를 수업으로 인정받기 위한 시도로 책을 썼다. 하지만 지금은 다양한 영화 수업의 과정과 방식을 정리하고 무엇보다 왜 영화 수업이 가치로운지 의미를 밝히는 작업이 필요했다.

그러다 2021년과 2022년엔 영화진흥위원회에서 주관한 청소년 영화교육 교육과정 연구 개발(KOFIC 연구 2021-04)을 통해 초등학교 영화교육 표준안과 그에 따른 학년별 교수학습지도안과 워크북을 연달아 발표했다. 국내 최정상 영화교육 관련 교수들과 나를 포함한 현장에서 영화교육을 하던 교사들이 힘을 합쳐 완성한 연구 성과물이었다. 독립된 교과로서 영화교육과정이 아닌 초등학교 정규 교육과정 안에서 영화가 교육적 효과를 발휘할 수 있도록 예술 교과와 비예술 교과가 영화를 통해 연계하여 편찬한 것은 평소 현장에서 영화교육이 어떻게 진해되고 운영되어야 하는지 오랜 시간 영화교육을 현장에서 운영한 나의 의지가 반영되었다. 더군다나 학년군별 영화교육 교수학습지도안과 워크북을 동시에 발간하여 학문적 토대 위에 실제 학교 현장에서 적극 활용할 수 있는 풀 패키지 형태의 교육과정을 완성했다는 점에서 큰 의미가 있다.

이런 시점에서 『아이의 마음을 읽는 영화 수업』을 다시 쓰는 작업을 시작하게 되었다. 출간한 지 오랜 시간이 흘렀기에 그동안 변화되거나 정리가 충분히 되지 않았던 영화교육의 여러 개념과 방식을 정의하고 정리하며 재구성할 필요가 생겼다. 특히, 영화감상 수업을 더 정리하고 정선하려 마음먹었다. 그래서 많은 내용을 덜어내고, 기존에 정의했던 개념과 방법과 과정을 좀 더 풍성하게 해야 했다.

또한 AI, 디지털교과서 등으로 대변되는 변화하는 미래교육 환경 속에서 영화교육은 어떤 지향을 할 것인지에 대한 고민도 담았다. 특히, 긴 글과 긴 영상을 보기 어려워하는 아이들의 특성을 고려하여 어떻게 영화교육의 방향을 잡을 것인지에 대한 고민도 깊었다. 시대의 변화에 맞게 영화교육을 변화시킬 것인지, 아니면 시대가 변해도 변치 않는 교육적 가치를 찾아 아이들을 이끌 것인지에 대한 고민이 주를 이뤘다. 그 속에서 무엇을 버리고 무엇을 지켜야 할지에 대한 고뇌가 깊었음을 고백한다.

이전 책인 『영화를 함께 보면 아이의 숨은 마음이 보인다』와 『아이의 마음을 읽는 영화 수업』을 사랑해주신 수많은 독자에게 깊은 감사를 드린다. 영화교육이라는 말조차 생소했던, 아니 영화 수업을 교육이라 여기지 않던 그 시절부터 보내주신 응원과 사랑 덕분에 여기까지 왔다. 또 2006년부터 영화교육과 교육에 대한 나의 이야기를 담은 초등영화교실의 회원들에게도 감사의 인사를 드린다. 마지막으로 이 책의 가치를 누구보다 크게 주목하고 함께 고민하고 글을 다듬는 데 큰 역할을 한 케렌시아 허병민 대표에게 무한한 신뢰와 감사를 드린다.